Bibliografische Information der Deutschen Nationalbibliothek.
Die Deutsche Nationalbibliothek verzeichnet diese Publikation
in der Deutschen Nationalbibliografie, detaillierte bibliografische
Daten sind im Internet über http://dnb.dnb.de abrufbar

Zweite Auflage - Februar 2017

Fotos - Robert Stöckler & privat
Umschlag & Layout - Robert Stöckler

© 2016 Herstellung und Verlag
BoD – Books on Demand, Norderstedt

ISBN: 978-3-7431-9323-9

Alle Rechte vorbehalten

Afrika ist wie die Oberfläche eines trüben Sees.

Du kannst nicht auf den Grund sehen.

Selbst Leute, die den See kennen werden Dir gegenteilige Aussagen machen über die Tiefe des Wassers.

Du kannst nicht wissen, ob es Steine unter der Oberfläche gibt, oder ob das Krokodil unter den Büschen lauert.

Aussagen eines gut meinenden Schweizer Conakry - Kenners[1]

---

[1] Die Aussagen stammen aus einer E-Mail vom 22. 12. 2008. Sie verwirrten mich damals, da sie aus der Feder eines Europäers stammten.

Vorwort

Seit mehr als 50 Jahren beschäftige ich mich wissenschaftlich mit Fragen der Entwicklungszusammenarbeit, zuerst als Student der Sozialwissenschaften in Löwen am Beispiel des ehemaligen Belgisch-Congo und später als Dozent für Soziologie und Entwicklungspolitik an der Deutschen Akademie Klausenhof.

Beim Weltkongress der Internationalen Gesellschaft für Soziologie 1966 in Evian lernte ich in der Research Group für Internationale Politik unter anderem den großen norwegischen Forscher Stein Rokkan kennen, der – insbesondere für die neu entstandenen Staaten in der sogenannten Dritten Welt – Herausforderungen formulierte, die erfüllt sein müssen, wenn ein Staat das Zusammenleben seiner Mitglieder demokratisch und effizient gestalten will. Ich glaube, dass dieses Grundmodell von Stein Rokkan auf verschiedene Institutionen angewendet werden kann, die demokratische Strukturen anstreben und funktionstüchtig sein wollen. Allerdings muss dieses Modell für die jeweilige gesellschaftliche Einheit perspektivisch gesehen werden, d.h. durch die Fragen: Woher kommen wir? Wohin gehen wir? Welchen Sinn hat unser Leben? und unsere individuellen und kollektiven (existentiellen) Antworten auf diese Fragen mitgestaltet werden, was je eigenes und gemeinsames Denken und Handeln erfordert.

An der Akademie Klausenhof wurden in den 60iger Jahren alle landwirtschaftlichen Experten für Übersee des gesamten deutschen Sprachraums, die ein – mindestens 3jähriges – Freiwilligen-Engagement zu leisten bereit waren, auf ihre Einsätze vorbereitet. Vielen habe ich nahezubringen versucht, zuerst zu beobachten und zu lernen, wie die jeweiligen Einheimischen die täglichen Arbeiten bewältigen und mit ihnen – unter Beachtung ihrer Traditionen und Werthaltungen – Neues aufbauen. Leider waren weder damals noch sind heute die großen Trägerorganisationen bereit, die jeweiligen Projekte nach klaren Kriterien zu dokumentieren und zu evaluieren. Viele wichtige Erfahrungen wurden gemacht, aber nicht zukunftsweisend und systematisch aufgearbeitet, sodass weder aus den positiven Erfahrungen noch aus den Fehlern genug gelernt wurde.

Dass manche Mitverantwortliche nach mehr als 50 Jahren Entwicklungspolitik und Entwicklungszusammenarbeit resignieren und sich quasi aus der Verantwortung zurückziehen wollen, ist angesichts der Notsituationen, denen wir in vielen Ländern – vor allem Afrikas – begegnen, und die zu Migrationsströmen und vor allem Migrationswünschen führen, nicht nur moralisch nicht vertretbar, sondern vor allem auch politisch, ökonomisch und gesellschaftlich falsch.

Was ist also zu tun? Auf mindestens 3 Ebenen sind Taten zu setzen und es ist darüber hinaus dafür zu sorgen, dass auch die Verknüpfung dieser 3 Ebenen funktioniert. Mit einigen Kollegen habe ich im Jahre 2007 ein erstes Konzept menschenorientierter Entwicklungszusammenarbeit unter dem Titel „Politik – Programme – Projekte" vorgelegt und als Band 10 der Linzer Schriftenreihe für Entwicklungszusammenarbeit (LISEZ) veröffentlicht. Diese Schriftenreihe habe ich mit Heinz Holley begründet und in deren erstem Band zum Thema „Die Entdeckung der Eroberung. Reflexionen zum Bedenkjahr 500 Jahre Lateinamerika" ist Folgendes als Selbstverständnis und Ausrichtung der Schriftenreihe festgehalten:

„**Linzer** Schriftenreihe für Entwicklungszusammenarbeit: der Ortshinweis im Titel dieser Reihe ist mehr als bloße Information darüber, daß diese Reihe im Linzer Universitätsverlag Trauner verlegt wird und die Herausgeber an der Johannes Kepler Universität Linz tätig sind. Linz steht dafür, daß in Oberösterreich wie auch in der Diözese Linz die Anliegen der Entwicklungshilfe, Entwicklungspolitik und Entwicklungszusammenarbeit schon lange Tradition haben. ... Daß Oberösterreich jenes Bundesland ist, welches im gesamtösterreichischen Vergleich mit Abstand die meisten Entwicklungshelfer entsandt hat, ist nur ein Hinweis auf eine starke Verwurzelung der Entwicklungsanliegen in vielen Gruppen. Darüberhinaus bestehen an der Johannes Kepler Universität Linz mit dem Interdisziplinären Forschungsinstitut für Entwicklungszusammenarbeit (IEZ) und der Abteilung Politische Soziologie und Entwicklungsforschung am Institut für Soziologie für Österreich einzigartig auch universitäre Einrichtungen, die sich in Forschung und Lehre ausdrücklich mit Entwicklungsfragen beschäftigen.

Linzer **Schriftenreihe** für Entwicklungszusammenarbeit: Entwicklung verlangt Kontinuität, Beständigkeit oder Nachhaltigkeit Das Identifizieren von Entwicklungshemmnissen in den reichen Industriestaaten des Nordens, in den armen Ländern des Südens und neuerdings auch in den Nachfolgestaaten des ehemaligen Ostblocks sowie die Suche und Verwirklichung gerechter und nachhaltiger Entwicklungswege können nicht alleine in isolierten Einzelpublikationen abgehandelt werden. Die Linzer Reihe für Entwicklungszusammenarbeit will eine Plattform für Information und Diskussion sein, die aktuelle entwicklungsrelevante Schwerpunkte thematisiert und in regelmäßigen Abständen einem interessierten Publikum zugänglich macht.

Linzer Schriftenreihe für **Entwicklungszusammenarbeit**: Entwicklungshilfe, Entwicklungspolitik, Entwicklungssoziologie, Dritte Welt und viele andere Begriffe wären denkbar gewesen, um dieser Reihe eine inhaltliche Kennzeichnung zu geben. Bewußt haben wir uns für Entwicklungszusammenarbeit entschieden, weil wir damit auch einen notwendigen Inhalt signalisieren möchten:

- Entwicklungszusammenarbeit betont die Notwendigkeit, das Unrecht ungleicher Entwicklung auch in seiner globalen Dimension zu sehen und durch partnerschaftliche Kooperation zu überwinden.

- Entwicklungszusammenarbeit soll zum Ausdruck bringen, daß diese globale Herausforderung nur interdisziplinär, in einem gemeinsamen Bemühen vieler Erfahrungen, Wissensgebiete und Berufe bewältigt werden kann.

- Entwicklungszusammenarbeit ist in diesem Sinne auch eine Einladung an die Leser dieser Reihe, Anregungen zu machen, Kritik zu üben und gegebenenfalls selbst Beiträge anzubieten."

Es ist sehr erfreulich, dass von der zuletzt angesprochenen Möglichkeit tatsächlich Gebrauch gemacht wird. Als Band 11 wurde nach der Grundsatzüberlegung zur menschenorientierten Entwicklungszusammenarbeit „Politik – Programme – Projekte" das Projekt einer grenzüberschreitenden Freundschaft „Ojemba" dargestellt, das alle Projektbeteiligten, ihre Freunde und diejenigen, die es werden wollen, über die Projektregion und ihr Umfeld informiert.

Besondere Freude macht mir die Bereitschaft von Herrn **Robert Stöckler**, sein Projekt in Conakry in diesem Buch umfassend und kritisch zu reflektieren. Was zunächst wie ein Abschlussbericht gedacht war, ist zu einer kritischen und fragenreichen Auseinandersetzung mit Zusammenarbeit im Allgemeinen und menschenorientierter Entwicklungszusammenarbeit im Besonderen geworden. Für alle Entwicklungspolitisch Interessierten und insbesondere für die in diesen Bereichen persönlich Engagierten kann dieses Buch Anregungen für die eigene Tätigkeit bieten und Geduld, Verstehen und Weiterversuchen anregen.

Hoffentlich lassen sich viele durch dieses Buch dazu herausfordern, auch ihre eigenen Erfahrungen einer kritischen Reflexion zu unterziehen und das, was sie getan haben, als Aufforderung und Lernhilfe für andere kritisch darzustellen. Hilfestellungen werden gerne und ausdrücklich geboten, die kritische Reflexionsbereitschaft muss selbst aufgebracht werden. Ich wünsche diesem Buch und weiteren Reflexionsbemühungen viel Erfolg.

Linz im Jänner 2014						Klaus Zapotoczky

Inhaltsverzeichnis

Afrika ist wie die Oberfläche eines trüben Sees *1*
Vorwort *2*
INHALTSVERZEICHNIS 6
Nachher weiß man es immer besser *9*

WIE ALLES BEGANN: 10
DIE MOTIVATION 13
DIE GESCHICHTE VON YAHA SYLLA 13
NACH DER ERSTEN REISE 16
BERICHTE, DIE MICH MOTIVIERT HABEN 17
   So helfen Oberösterreicher im Kleinen *17*
   Krankenkassen für die Ärmsten *18*
   Maliando in Guinea-Conakry *26*
   Kinderarbeit in Guinea *26*
DAS LAND UND DIE SITUATION 33
DAS LAND 33
   1. Die Situation des Bildungswesens *36*
   2. Das Gesundheitssystem *36*
   3. Wohnungswesen *37*
   4. Wirtschafts- und Arbeitssituation der Menschen *37*
   5. Verkehrswesen *39*
   6. Telekommunikation *39*
   7. Lebenssituation der Menschen *40*
DIE POLITISCHE SITUATION 41
   Oberst Camara - der "deutsche" Putschist *41*
   Die Zeit der Hoffnungen ist vorbei: Ein neuer Wandel tut not! *44*

DAS PROJEKT 50
DIE BESCHREIBUNG 50
   Zusammenfassung der Projektziele *51*
   Entwicklungspolitische Begründung *51*
   Ein nachhaltiger Entwicklungsprozess kann erwartet werden, weil: *52*
DIE PROJEKTARBEIT IN ÖSTERREICH 53
   Aus der Sicht von Erika Lipnik *53*
DIE VORBEREITUNGEN DER REISE 56
DIE HILFSGÜTERSAMMLUNG 82
   Ein Bericht von Lukas Eibensteiner: *83*

DIE BERICHTE 88
   Der erste Zwischenbericht aus Conakry - Ende Oktober 2008 .... *88*
   Der Reisebericht 2008 .... *91*
  TAGEBUCH DER 1. PROJEKTREISE VOM 13. OKT. BIS 20. NOV. 2008 93
   Schon als Kind habe ich Überlebensstrategien entwickeln müssen: *109*
  DIE SCHULMÄDCHEN 115
   Wieder daheim *116*
   Die Gründung der RAG – Robert d´Autriche pour la Guinee *117*

2009 129
  TAGEBUCH DER 2. PROJEKTREISE VOM 6. MAI BIS 4. JUNI 2009 135
   Reisebericht 2009 - Korruption ist zum System geworden *142*
   Flaming International School – Women for Jesus *143*
  SCHULBEGINN IN AFRIKA 158

2010 160
  TAGEBUCH DER 3. PROJEKTREISE VOM 14. APRIL BIS 19. MAI 2010 167
   Wieder zurück in Österreich *176*
  DAS FISCHERBOOT 177

2011 193
  TAGEBUCH DER 4. PROJEKTREISE VOM 19. JAN. BIS 23 FEB. 2011 193
   L´ecole d´Autriche – Die Österreichische Schule wird Realität. *193*
   Ein Geschäft für Familie Traoré *205*
  TAGEBUCH DER 5. PROJEKTREISE VOM 15. OKT. BIS 30. NOV. 2011 207
   Conakry *207*
   Baro *210*
   Die Koran-Schule wird eine Französische Schule *218*
   Zurück in Conakry *220*
   Der Brief an Mansa Camio *222*
  TAGEBUCH DER 6. UND LETZTEN PROJEKTREISE VOM 29. OKT. BIS 6. NOV. 2012
   226

BERICHTE, DIE MICH ZUM AUSSTIEG BEWEGT HABEN 228
  AFRIKA: ENTWICKLUNGSHILFE LANDET BEI DIKTATOREN UND KONZERNEN 228
   Kritik fruchtet nicht *228*
  AFRIKANER GEGEN HILFE 229
   Das nützt nur Diktatoren *230*
  DIE KRITIK: KORRUPTE REGIERUNGEN 231

DAS ERGEBNIS 232
  BILDUNG & ERZIEHUNG 232

Stärkung des Bewusstseins	*232*
Das Schulgeld	*232*
Die Österreichische Schule in Yattaya	*232*
Die französische Schule in Baro	*232*
Gesundheit & Ernährung	232
Einkünfte & Hilfsgüter	233
Saläre	*233*
Das Fischerboot	*233*
Energie	*233*

DIE WERBUNG 233
Name - Logo - Werbemittel 233
Die Zeitungsartikel 235
Das ORF - Fernsehen 237

WAS NICHT! 238
Ärzte ohne Grenzen 238
SOS-Kinderdorf 238
Spendengütesiegel 238

PERSÖNLICHE GEDANKEN 239
Orts- und Sachregister 243

Nachher weiß man es immer besser

Das Afrika-Projekt ist schon längst abgeschlossen, dennoch finde ich immer wieder im Internet Berichte von Menschen, die in Guinea so manches erlebt haben. So fand ich einen Bericht unter dem Titel „Die wilden Abenteuer eines Entwicklungshelfers", der am 2. Oktober 2012 erschien.[2] Ob mich ein Bericht dieser Art 2008 abgehalten hätte, nach Guinea zu fliegen, um ein Projekt zu starten?

Vermutlich nicht!

Wie schon unsere Großeltern sagten: „Nacha wissat ma´s imma bessa" oder „Nachher weiß man es immer besser", um der Worte eines Universitätsassistenten zu verwenden, bei dem ich meine Wissenserweiterung in empirischer Sozialforschung Ende der 1980iger Jahre als bereits 38igjähriger an der Johannes Kepler Universität begann.

Dies ist kein wissenschaftlicher Bericht, sondern ich habe aufgeschrieben, was in den fünf Jahren von 2008 bis 2012 erfolgt ist.

Sie können lesen, wie es zum Projekt kam. Über die Anstöße meines Mentors, den ersten Besuch in Afrika, die Geschichte einer jungen Mutter und verschiedene Berichte die ich damals las. Erst nach der Beschreibung von Guinea und der Situation in diesem Land erfahren Sie in Tagebuchform, wie ich das Projekt angelegt habe und was dann erfolgt ist. Dazwischen die Aktivitäten in Österreich.

Ich habe in der Schule nie Französisch gelernt, sondern vorerst nur durch meinen Aufenthalt als Siebenjähriger in Belgien. Erst seit Beginn der Vorbereitungen auf meine erste Projektreise habe ich mich intensiver mit dieser Sprache beschäftigt. Die Übersetzungen habe ich nicht wortgemäß, sondern sinngemäß durchgeführt. So, wie ich den Text erfasst bzw. verstanden habe.

Am Schluss beschreibe noch das Ergebnis aus diesem Projekt und auch das, was ich nicht erreicht habe.

---

[2] „Die wilden Abenteuer eines Entwicklungshelfers" ein Bericht in „DIE WELT" von Til Biermann vom 2. 10. 2012

Wie alles begann:

Natürlich begann alles bei Adam und Eva, doch in meinem Fall möchte ich im Jahre 1958 beginnen. Vom Herbst 1958 bis zum Sommer 1959 war ich zur „Luftveränderung" in Belgien. Besser gesagt in Francorchamps. Als Siebenjähriger habe ich das nicht mitgekriegt, Spa-Francorchamps war schon damals eine berühmte Rennstrecke. Belgien war damals noch Kolonialmacht der heutigen Volksrepublik Kongo. Dort sah ich zum ersten Mal in meinem Leben einen „Neger". Dort lernte ich Grundbegriffe der französischen Sprache. Dort musste ich eine Überlebensstrategie (ohne Mama) entwickeln.

Abbé Alphonse Pirnay, mein Pflegevater (1958) & P. Joseph Kaufmann mein Präfekt (ab 1961)

1961 kam ich ins Gymnasium nach Schlierbach. Es war ein Internatsbetrieb. „Robert ist noch recht verspielt, mit dem ernsthaften Studieren will es nicht so richtig klappen." Damals war das Gymnasium mit einem Internat (Herz-Jesu-Kolleg) verbunden. Externe Schüler waren nicht zugelassen. Was ich dort gelernt habe und wie immer man das gemacht hat, humanistische Grundwerte prägen mein Leben. Zum Muttertag 1963 schrieb ich meiner Mutter nach Hause, dass ich nun wüsste, was ich einmal werden möchte: Missionar. Ich hatte in der Woche davor eine Film-Dokumentation über einen Missionar im Kongo gesehen, die mich offensichtlich tief beeindruckte.

Die vier Jahre „im Kloster" haben mich zu keinem Zeitpunkt wirklich glücklich gemacht. Das Lernen habe ich dort auch nicht gelernt, das gelang mir erst mit 37 Jahren, als ich begann die Studienberechtigung zu erlangen und anschließend auf die Uni ging. Während der Ferien „durfte" ich dann mehrmals nach Belgien fahren. Einmal sogar in Begleitung meines um sieben Jahre jüngeren Bruders. Strategien fürs Alleinsein hatte ich ja schon 1958 entwickelt.

Im Kloster hatte ich an Mutter statt P. Joseph Kaufmann angenommen, der mich auch entsprechend begleitet hat. So, dass es bis heute eine gute, freundschaftliche Beziehung gibt. Immer wieder stand er mir als Gesprächspartner zur Verfügung. Wurde mein Mentor. Er entwickelte sich auch zum „Familienpfarrer". Immer wieder hat er mir Bücher empfohlen, so auch die Werke von Richard Rohr. Als Richard Rohr, der deutschstämmige Franziskanerpater aus Kalifornien, nach Österreich kam, hat mich Joe, wie mein Präfekt gerne genannt wird, auf die Männerwoche in Kärnten aufmerksam gemacht.

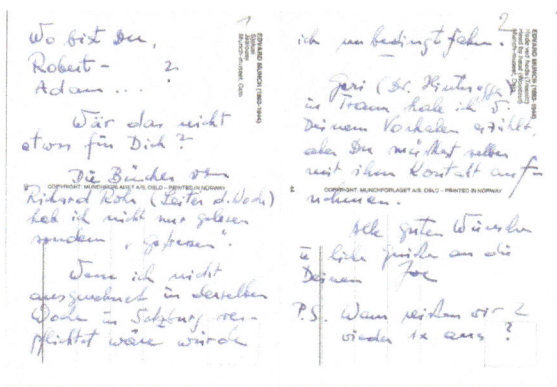

Die Empfehlung meines ehemaligen Präfekten und Mentors.

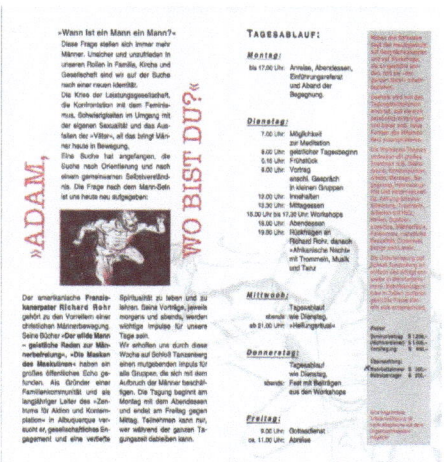

Zur Vorbereitung auf meine Großvaterschaft stand also meiner persönlichen Initiation nichts mehr im Wege. Auch wenn nicht alles glänzt, was Richard Rohr von sich gibt (siehe: Die fünf Botschaften!); Die Woche in Kärnten auf Schloss Tanzenberg hat mich tief beeindruckt. Ich hatte mich zu Trommelworkshops angemeldet.

Trommeln, afrikanisch Trommeln, das war es! Was das eigene Musizieren anbelangt, hatte ich das gefunden, was mich bis ins Innerste erfüllte. Nach dem Start mit Klavierunterricht als Zehnjähriger, dann als E-Bassist bei den Dreamers mit 16 und dem Versuch Kontrabass in der Musikschule zu erlernen war ich nun bei „meinem" Instrument angekommen.

Es hat sich einfach alles zusammen gefügt und es kam, was kommen musste.

Richard Rohr:
DIE FÜNF BOTSCHAFTEN

1. **DAS LEBEN IST SCHWER**
   Mach dir das frühzeitig bewußt und verschwende dein Leben nicht mit dem Versuch, es dir leicht zu machen, was alle nicht initiierten Männer versuchen werden. Wir müssen frühzeitig „mit dem Kreuz" gezeichnet werden. Sonst werden wir unser ganzes Leben damit verbringen, es zu vermeiden. „Der Stein, den die Bauleute verwerfen, ist in Wirklichkeit der Eckstein." (Psalm 118,22; Matthäus 21,42)

2. **DU WIRST STERBEN**
   Die Sterblichkeit des Lebens muß für den Jungen greifbar werden durch Prüfungen, Grenzerfahrungen, Verwundungen und die Konfrontation mit dem Tod und der Todesfurcht. Ohne eine echte Kosmologie sind wir unserer Pathologie ausgeliefert und der Frage, wer schuld ist. Alle Wunden müssen zu „heiligen Wunden" werden, um uns auf das endgültige Loslassen vorzubereiten.

3. **DU BIST NICHT SO WICHTIG**
   Der Initiand muß den rechten Platz in der Welt angewiesen bekommen, der ihm Achtung abverlangt. Sonst wird er ein aufgeblähtes oder abwertendes Selbstbild haben, das andauernde Bestätigung braucht (moderne Selbstwert-Bewegung). Demut ist von zentraler Bedeutung für wahrhaftes Menschsein und für menschliches Glück.

4. **DU HAST NICHT DIE KONTROLLE**
   Der Initiand muß an die Grenzen der eigenen Kräfte und Möglichkeiten geführt werden, die Ergebnisse zu kontrollieren. So wird er lernen auf einen Anderen zu vertrauen. Wir leben nicht in einer Welt des unbegrenzten Fortschritts, sondern in einer tatsächlich begrenzten Welt. Die Realität und Gott haben die Kontrolle. Du mußt eingestehen, daß du letztlich machtlos bist.

5. **DEIN LEBEN DREHT SICH NICHT UM DICH**
   Das ist *die* alles bündelnde Erfahrung. Du bist Fragment von etwas und von Jemand, das bzw. der viel größer ist als du. Deine Aufgabe besteht darin, zu lauschen, zu folgen und anzubeten - nicht darin, zu berechnen. Du bist Teil eines großen und heiligen Geheimnisses. Sonst wirst du davon ausgehen, daß *du* all die Muster selbst geschaffen hättest und daß es deine Aufgabe sei, sie selbst zu enträtseln. Das ist „Glaube" im eigentlichsten Sinne des Wortes!

Die Motivation

Seit dem Besuch der Männerwoche im Sommer 1996 beschäftige ich mich mit der Musik der Malinke. Deshalb war es nur eine Frage der Zeit, dass ich auch einmal den großen (vielleicht sogar den größten) Meister der Malinketradition Famoudou Konaté[3] besuchte. Er hat seine „Zelte" mitten in Conakry im Stadtteil Simbaya gare aufgeschlagen. Mein Wunsch war es, den großen Meister persönlich kennen zu lernen. Ihn als Menschen, als Trommler und als Pädagogen zu erleben. Und etwas über die Menschen in Guinea und deren Lebensbedingungen zu erfahren.

Im Nachbarhaus von Famoudou gibt es ein kleines, sehr mageres, zartes Mädchen namens Saly. Die Mutter des Mädchens, Yaha Sylla, ist beim Trommelunterricht dabei. Sie spielt die Kenkeni. Kenkeni nennt sich die kleinste der drei Basstrommeln. Täglich bringe ich der Kleinen was zum Essen in den Nachbarhof.

Ich bin sehr betroffen von dem was ich dort erlebt habe. Vieles, was ich dort erlebt und gesehen habe, ist für uns Europäer schlichtweg unvorstellbar. Wir haben einen Lebensstandard, der sich in den letzten Jahrzehnten zu einem sehr hohen entwickelt hat. Nun weiß ich, dass ich mich noch intensiver als bisher mit der Lebens-, Bildungs- und Arbeitssituation der Menschen in Conakry vertraut machen will. Ich fühle mich durch ein starkes inneres Bedürfnis angetrieben und motiviert, den Menschen in Conakry zu helfen.

Die Geschichte von Yaha Sylla

Schon als wir in der Elfenbeinküste waren hat mein Großvater meine Mutter nicht gemocht, bis meine Mutter geheiratet hat. Mein großer Vater wollte nicht, dass mein Vater und meine Mutter heiraten. Er ist der kleine Bruder meines Großvaters, der nicht nachgegeben hat, dass meine Mutter meinen Vater heiratet. Er ist es, der meine Mutter meinem Vater gegeben hat und meine Mutter ist dort geblieben. Es ist nicht überall gleich, er hat meine Mutter nicht besucht und meine Mutter ist bis zum Tod meines Vaters dort geblieben. Und mein Vater ist gestorben als ich gerade noch nicht auf der Welt war. Am dritten Tag nach dem Tod meines Vaters, da bin ich geboren.

---

[3] Eine Beschreibung des großen Meisters, der die Hälfte des Jahres in der nähe von Bamberg verbringt finden Sie auf seiner Homepage: http://www.famoudoukonate.com/

Nach dem Tod meines Vaters ist meine Mutter zu meinem Großvater gegangen, doch der hat sie verjagt. Zu diesem Zeitpunkt war ich noch ein Baby. Und meine Mutter hat ein Auto genommen, um nach Conakry zu kommen. Und meine Mutter hat zu diesem Zeitpunkt den kleinen Bruder meines Großvaters in Conakry angetroffen. Mr. Barry hat gearbeitet. Er ist es, der meine Mutter genommen hat und sich um sie und um uns alle gekümmert hat.

Famoudou hat mich gesehen. Zu diesem Moment war ich zu klein und Famoudou hat zu meiner Mutter gesagt sie soll mich zu ihm geben. Ich bin bei ihm geblieben bis ich groß geworden bin. Zu dieser Zeit hatte Mr. Barry keine Arbeit.

Und wenn ich für Famoudou arbeite, nimmt Famoudou das Geld, um es meiner Mutter zu geben. Und wenn Famoudou einen Kurs hat, komme ich an seine Seite, um Djembe zu lernen. Und wenn Famoudou fortgeht zu einem Konzert, dann nimmt er mich mit und das Geld, das ich verdient habe, hat er meiner Mutter gegeben. Und ich bin mit ihm geblieben, ich bin mit ihm groß geworden und er war es, der sich um mich gekümmert hat.

Als ich mit Saly schwanger wurde, war Famoudou nicht glücklich mit mir und er hat überlegt und zu mir gesagt, das ist nicht schlimm, aber es hat mir die Kindheit genommen. Ich ging ja in die Schule und meine Schwangerschaft hat verhindert, dass ich weiter in die Schule gehen konnte und Famoudou hatte das möglich gemacht.
Ich bin in die Schule gegangen und als ich die Schule dennoch verlassen hatte, war Famoudou wütend auf mich und er wusste nicht wie es weitergehen sollte.

Die Eltern von Salys Papa konnten sich nicht um mich kümmern, nicht ein bisschen. Und immer arbeite ich bei Famoudou, um mit meinem Gehalt Saly zu ernähren. Und der Papa von Saly kann nicht für Saly sorgen, auch nicht seine Eltern. Und als Saly auf der Welt war bekam sie den Namen einer seiner großen Schwestern. Nur sie hilft mir für Saly zu sorgen.

Nun ist mein Großvater, der sonst immer in der Elfenbeinküste lebt, wieder einmal hierher gekommen. Er hat gesehen, dass meine Mutter hier noch einmal geheiratet hat. Und er sagte, dass er das nicht gewollt hat. Und meine Mutter hat auch gesagt, dass sie nicht verheiratet bleiben darf. Und er hat gesagt, dass meine Mutter und alle ihre Kinder das Haus verlassen müssen. Aber meine Mutter ist weggegangen zu ihrem Mann und ihr Mann hat gesagt, dass er für uns keinen Platz hat.

Deshalb bitte ich dich, mir zu helfen, damit ich einen Platz finde, wo ich mit Saly und meiner Schwester leben kann.

Yaha Sylla hat die Beschreibung ihres Lebens ihrer Freundin Kora erzählt, da sie selber kaum schreiben kann.

Der große Meister der Malinke-Tradition Famoudou Konate und seine unmittelbaren Nachbarn. Vier Generationen vereint. Urgroßmutter, Großmutter, Mutter und Tochter.

Nach der ersten Reise

11. 2. 2008
Als ich aus Conakry, der Hauptstadt von Guinea in Westafrika zurückkam, habe ich alles ganz langsam angefangen. Ich besuchte noch meine Schwiegermutter im Altenheim, noch vor meiner Rückkehr in mein Haus. Sie war während meines Afrikaaufenthaltes dorthin übersiedelt. Sie hatte am Tag meiner Rückkehr Geburtstag.

Am Flughafen in München hatte ich mehrere Stunden Aufenthalt. Zuerst bummelte ich dort ein wenig. Es ist ja ein riesengroßer Flughafen. Da kam ich bei einer Buchhandlung vorbei. Ich kaufte gleich Lernbücher für Französisch. Ich möchte viel besser französisch sprechen, als ich es derzeit kann. Außerdem traf ich dort einen guten Freund mit seiner Frau. Sie waren unterwegs nach Japan. Ein Zufall!

Das erste was ich zu Haus tat? Ich nahm ein Bad. Ich legte mich ins warme Wasser und konnte mich gut entspannen. Eine Menge Post wartete auf mich. Viele Zeitungen.

Schon am nächsten Tag hatte ich einen Geschäftstermin. Ein Mittagessen mit langjährigen Kunden. Natürlich wurde über meine Afrikareise gesprochen. Und anschließend besuche ich noch das Geschäft meiner Kunden. Am Nachmittag kam eine Führungskraft zu mir, die ich schon seit längerer Zeit berate. Sie hat einen neuen Chef bekommen und will ihre Abteilung neu organisieren.

Am Donnerstag konnte ich beginnen, die Materialien meiner ersten Projektreise zu bearbeiten. Fast 400 Fotos, zehn Stunden Videos und 20 Stunden Audios. Von Freitag bis Sonntag konnte ich in meinen Erinnerungen sein. Nur unterbrochen vom Besuch bei einer Kundin am Freitagabend.

Am Montag erledigte ich, was sich in der Zeit meiner Abwesenheit aufgestaut hatte. Von Dienstag bis Donnerstag war ich dann mit meiner Frau und zwei Enkelkindern (Johannes und Laura) zu Besuch bei meiner Tochter Verena. Sie ist zurzeit auf Schiurlaub mit ihrem Mann Georg und ihren beiden Kindern Jana und Philipp. Eine Welt hoher Berge und viel Schnee.

Ich lerne nun täglich wenigstens eine Stunde französisch und komme recht gut voran. Es gibt noch viel zu tun. Es fehlen mir noch viele Worte. Und am meisten muss ich noch Grammatik lernen und üben.

Berichte, die mich motiviert haben

So helfen Oberösterreicher im Kleinen[4]
Klein, dezentral und unspektakulär: So hilft die Aktion „Sei so frei" der Katholischen Männerbewegung der Diözese Linz seit Jahrzehnten vielen Menschen in Afrika, Mittel- und Südamerika.

Hilfe zur Selbsthilfe heißt ein modernes Schlagwort in der Entwicklungszusammenarbeit. Bei „Sei so frei" steht nicht im Mittelpunkt, Personal in die Zielländer zu transferieren, sondern in diesen tragfähige Organisationen mit qualifizierten einheimischen Mitarbeitern aufzubauen.

„Wir achten darauf, dass sich diese Gruppen finanzieren können und ihre Leute in den Einsatzgebieten Autorität genießen. Solche Institutionen zu finden und aufzubauen, ist das Schwierigste unserer Arbeit", sagt der Verantwortliche in der Diözese Linz, Franz Hehenberger.

Leichter sei es, eine solche Gruppe dann zu begleiten. „Sei so frei" ist in Tansania, Uganda und Mosambik tätig, außerdem in Mittelamerika in Guatemala, und in Bahia, einer der ärmsten Regionen Brasiliens. In den Hauptstädten würden einander tatsächlich die Vertreter großer internationaler Organisationen auf die Füße steigen.

Gedränge in Hauptstädten[5]
„Die meisten hören aber an den Stadträndern zu arbeiten auf. Das ist problematisch, denn wenn du dort die Armut bekämpfst, wächst die doppelte Armut dazu, weil du neue Leute vom Land anziehst", sagt Hehenberger.

Das wecke Hoffnungen, die niemals zu erfüllen seien. Die armen Menschen, die vom Land zuziehen, könnten sich das teurere Leben in den Städten noch weniger leisten. „Sei so frei" ist nur in ländlichen Regionen tätig. Dort seien kaum Hilfsorganisationen aktiv, auch weil es deutlich mühsamer sei. Und weil der Bedarf noch größer sei. „Wir könnten noch mehr machen, wenn wir mehr Spenden bekämen. So haben wir einiges in der Warteschleife oder können Projekte nicht mit der gewünschten Geschwindigkeit entwickeln."

---

[4] www.nachrichten.at/oberoesterreich/So-helfen-Oberoesterreicher-im-Kleinen;art4,308326 14.12.2009
[5] ebendort

Gefördert wird nur, was den Menschen mit ihren einfachen Möglichkeiten nützt, also keine Großanlagen oder Großmaschinen, deren Betrieb zu teuer wäre. Landwirtschaft, Bildung und Gesundheitswesen zu verbessern, lauten die Ziele. Auch Wasserversorgung, etwa durch Brunnen oder Regensammeltanks, gehört dazu. Auf ökologische Verträglichkeit wird geachtet.

Korruption umgangen[6]
Die Oberösterreicher versuchen auch, nicht auf korrupte Verwaltungs- und Regierungsbereiche angewiesen zu sein. „Wenn man gute Leute vor Ort hat, dann ist das zu schaffen", sagt Hehenberger.

Kommentare:

Hilfe .... · von tourrabe · [7]
Wenn ich nur an die KMB denke, wird mir schlecht. Arbeite hier in Nepal seit eineinhalb Jahren im Entwicklungsbereich und wollte von diesem Verein eigentlich nur administrative Hilfe - kein Geld. habe diesen Voegeln zweimal geschrieben. Jetzt weiss ich, dass keine Antwort auch eine Antwort ist. Man wird von solchen "christlichen" Vereinen ganz einfach im Regen stehen gelassen. Die koennen mich alle a.. A.. l.. Tut mir leid, dass ich als Mitglied diese Kirche so lange finanziell und auch sonst unterstuetzt habe.

Krankenkassen für die Ärmsten[8]
In Afrika können selbstorganisierte Krankenversicherungen helfen, wo die Familien überfordert sind. Das Interesse an funktionierenden Krankenversicherungssystemen ist in Afrika in den letzten Jahren stetig gewachsen. Verschiedene Modelle stehen dafür zur Verfügung: freiwillige und verordnete, private und staatliche. Zur Einschätzung der Erfolgsaussichten ist eine genaue Kenntnis der Vor- und Nachteile der einzelnen Modelle nötig. Selbstorganisierte Versicherungen sind in Afrika offenbar eine Alternative, vor allem in sehr schwachen Staaten, und sind es wert, näher untersucht zu werden.

---

[6] ebendort
[7] ebendort
[8] Artikel von Bart Criel, entnommen aus der Zeitschrift für Ökumenische Begegnung und Internationale Zusammenarbeit „der Überblick": www.der-ueberblick.de/ueberblick.archiv/one.ueberblick.article/ueberblick665c.html. Der Autor ist Mediziner in der Abteilung Öffentliches Gesundheitswesen am Institut für Tropenmedizin in Antwerpen, Belgien.

Seit einigen Jahren wächst in Afrika südlich der Sahara das Interesse an der Entwicklung von Krankenversicherungssystemen. Die Finanzkrisen im öffentlichen Gesundheitswesen Afrikas haben sicher zu diesem Trend beigetragen. In den sechziger Jahren war die kostenlose Gesundheitsversorgung noch ein Grundrecht, und das öffentliche Gesundheitswesen sollte sich zu hundert Prozent aus Steuern finanzieren. Das erwies sich schnell als Illusion. Die internationale Schuldenkrise in den Achtzigern hatte drastische Auswirkungen auf die Gesundheitsbudgets in den Staatshaushalten. Die kostenlose Versorgung wurde zum Mythos: Letzten Endes waren Patienten gezwungen, teure Arzneimittel von privaten Anbietern zu kaufen, weil es kaum Medikamente im öffentlichen Sektor gab. Patienten mussten zudem für unterbezahltes – manchmal sogar unbezahltes – Gesundheitspersonal unter der Hand Gebühren entrichten.

Eine pragmatische Reaktion auf diese Situation war die Einführung der direkten Barzahlung der Patienten am Ort und zum Zeitpunkt der Inanspruchnahme von medizinischen Leistungen in den siebziger und achtziger Jahren. Heute ist diese Praxis der direkten Zahlung von Nutzungsgebühren in ganz Afrika an der Tagesordnung. Sie wurde durch die Bamako-Initiative der Weltgesundheitsorganisation (WHO) und der Unicef legitimiert. Die Bamako-Initiative wurde von afrikanischen Gesundheitsministern und Vertretern der Weltgesundheitsorganisation (WHO) und des Kinderhilfswerks Unicef im Jahr 1987 bei einer Konferenz in Bamako, Mali, beschlossen. Ziel der Initiative ist, bei der lokalen Grundversorgung im Gesundheitswesen die Gemeinden am Management des Gesundheitsdienstes und seiner Finanzierung zu beteiligen.

Die Initiative hat durchaus Erfolge hervorgebracht. So wurden Gebühren für Qualitätsverbesserungen im öffentlichen Gesundheitswesen verwendet, beispielsweise um sicherzustellen, dass lebensnotwendige Medikamente auch vorrätig sind.

Trotzdem liegen die Nachteile von Nutzungsgebühren auf der Hand, vor allem wenn diese vergleichsweise hoch sind, was in vielen afrikanischen Ländern der Fall ist. Sie erschweren armen Bevölkerungsgruppen den Zugang zu Gesundheitsdiensten und können sogar zum völligen Ausschluss führen, wenn das Familieneinkommen wie in vielen ländlichen Gemeinschaften in Afrika saisonal stark schwankt. Versicherungssysteme sind daher eine interessante Option, die auch zur Solidarität innerhalb der Gemeinschaft beitragen kann.

In Entwicklungsländern und speziell in Afrika südlich der Sahara sind zahlreiche kollektive Mechanismen zur Abfederung individueller Risiken entstanden. Die Risiken stehen im Zusammenhang mit wichtigen Ereignissen im Leben wie Geburt und Tod, aber auch Krankheit. In dieser Vielfalt von Arrangements zur gegenseitigen Hilfe gibt es Systeme mit und ohne Versicherung.

Die internationale Arbeitsorganisation (ILO) definiert Versicherung als "die Reduzierung oder Ausschaltung des unbestimmten Schadensrisikos für die Einzelperson oder den Haushalt durch Zusammenschluss einer größeren Zahl von vergleichbaren Risiken ausgesetzten Einzelpersonen oder Haushalten und ihre Beteiligung an einem gemeinsamen Fond, aus dem der Schaden, der einem Mitglied entsteht, ersetzt wird". Bei einer Versicherung müssen sich die Investitionen oder Kosten für die Versicherten nicht mit dem späteren Ertrag bzw. der Versicherungsleistung aus dieser Investition decken. Finanziell gesehen bedeutet das, dass es immer Gewinner und Verlierer geben wird: Alle zahlen ein, um den Schaden zu ersetzen, der Einzelnen entsteht. Das Versicherungsprinzip weicht somit vom Grundsatz der Reziprozität ab, nach dem Leistung und Gegenleistung einander mehr oder weniger die Waage halten.

Versicherung kann mit verschiedenen Stufen von Solidarität verbunden sein. Bei einer Versicherung wird stillschweigend anerkannt, dass die Höhe des persönlichen Ertrags nicht der Anfangsinvestition entsprechen muss. Bei Pflichtversicherungen, wie es sie in vielen europäischen Ländern gibt, wird den Menschen diese Abweichung per Gesetz aufgezwungen.

Die gängigsten Organisationsformen gegenseitiger Hilfe ohne Versicherung sind die der Solidarität in der Familie oder im Klan. Sie basieren auf der – nicht formal festgeschriebenen, aber deshalb nicht weniger bindenden – moralischen Verpflichtung, Familienmitgliedern zu helfen. Diese Systeme gegenseitiger Hilfe sind selektiv, da nur Mitglieder der Familie, des Klans oder der ethnischen Gruppe die Hilfe in Anspruch nehmen können. Die Hilfe kann und wird bei einer Reihe von Ereignissen mobilisiert, die nicht ausdrücklich definiert sind und es auch nicht sein müssen. Die "Deckung" umfasst nicht nur unangenehme Ereignisse wie Krankheiten oder Unfälle, sondern auch frohe Anlässe wie Geburten und Feste.

Neben traditionellen Systemen der Solidarität in der Familie entstehen in Afrika zunehmend neue Formen von Vereinigungen, die eine wichtige Rolle im Bereich der gegenseitigen Hilfe spielen. Diese Bewegungen können Menschen ohne verwandtschaftliche Beziehungen vereinen, sie greifen bei einer Vielzahl freudiger und schlimmer Ereignisse ein, und sie tragen zur Schaffung und Stärkung sozialer Netze bei.

Bei vielen dieser afrikanischen Systeme gegenseitiger Hilfe stehen Tod und Bestattung im Mittelpunkt – was gelegentlich das Missfallen junger Menschen erregt, die den Vorrang der Toten vor den Lebenden in Frage stellen. Nur wenige dieser Vereinigungen leisten jedoch im Krankheitsfall wesentliche Hilfe. Genau das wäre ein Grund für die Einführung von Vorsorgesystemen fremden Ursprungs auf Versicherungsbasis, weil diese die Lücke schließen, indem sie gezielt Ausgaben für die Gesundheitsversorgung abdecken.

Die tontine ist eine Form des Zusammenschlusses zur gegenseitigen Hilfe, die unter verschiedenen Namen in ganz Afrika weit verbreitet ist. In der englischen Literatur werden tontines als Rotating Savings and Credit Associations (ROSCAs) bezeichnet (siehe den Artikel von Verhoef in diesem Heft). Es handelt sich dabei nicht um Versicherungssysteme, sondern um relativ informelle (aber nicht illegale) Sparsysteme. Einer tontine gehört normalerweise eine begrenzte Zahl von Menschen an, die etwas gemeinsam haben (zum Beispiel den gleichen Beruf) oder die sich irgendwie gut kennen. Alle Beteiligten zahlen regelmäßig in einen gemeinsamen Topf, der dann jeweils einem Mitglied ausgezahlt wird. Die meist finanzielle Investition und der sich ergebende individuelle Nutzen halten sich im Prinzip die Waage. Tontines werden aber selten geschaffen, um die Kosten der Gesundheitsversorgung zu decken, weil diese schwer vorauszusehen sind.

Bei Vorauszahlungssystemen, die in der französischen Versicherungsfachsprache auch als Abonnement bezeichnet werden, wird dagegen vorab ein bestimmter Betrag, – manchmal für die Einzelperson, meistens aber für die Familie – an einen Gesundheitsdienst oder eine Gesundheitseinrichtung gezahlt. Bei jeder Inanspruchnahme einer Leistung wird dieses eingezahlte Guthaben um die geforderten Gebühren für die Leistung verringert, bis der gesamte Betrag verbraucht ist. Das System ist in der Praxis eher selten und wird eigentlich nur genutzt, um relativ klar vorhersehbare Gesundheitskosten vorzufinanzieren, etwa für die Schwangerenberatung oder die Behandlung von Kleinkindern.

Vorauszahlungssysteme sind trotzdem eine interessante Option, weil sie den Kauf von Gesundheitsleistungen zu einer Zeit ermöglichen, zu der Geld im Haushalt tatsächlich verfügbar ist. Ihre Reichweite ist allerdings dadurch begrenzt, dass teure Ereignisse wie ein Krankenhausaufenthalt schwerer vorzufinanzieren sind. Außerdem wird das Risiko in solchen Systemen im

Allgemeinen von einer relativ kleinen Gruppe (zum Beispiel einer Familie) gemeinsam getragen.

Bei den Gegenseitigkeitssystemen mit Versicherung ist zwischen der Pflichtversicherung, allen voran dem bismarckschen Sozialversicherungsmodell, das in mehreren europäischen Ländern praktiziert wird, auf der einen und freiwilligen Krankenversicherungssystemen auf der anderen Seite zu unterscheiden. Gesetzliche oder Pflicht-Krankenversicherungen gibt es in den meisten afrikanischen Ländern. In der Regel wurden sie in den letzten Jahren der Kolonialherrschaft oder in den ersten Jahren nach der Unabhängigkeit der jungen afrikanischen Staaten eingerichtet.

Das bismarcksche Sozialversicherungsmodell ist ein importiertes, europäisches System, das in Ländern mit einem völlig anderen sozialen und politischen Hintergrund eingeführt wurde. In der Praxis erfassen diese Systeme in Afrika nur einen Bruchteil der Bevölkerung, vor allem Staatsbeamte. Das ist eine kleine Minderheit – selten mehr als ein paar Prozent der Gesamtbevölkerung -, die häufig bereits relativ privilegiert ist im Vergleich zu ländlichen Haushalten, die von der Subsistenzlandwirtschaft leben. Es ist eher unwahrscheinlich, dass solche Systeme auf kurze oder auch mittlere Sicht eine nennenswerte Anzahl an Mitgliedern gewinnen werden. Außerdem führen viele afrikanische Länder derzeit unter dem Druck der Weltbank Strukturanpassungsprogramme durch, die als wesentliches Element eine Verringerung der Beamtenzahl vorsehen.

Eine Ausdehnung solcher Krankenversicherungssysteme auf die ländliche Bevölkerung oder auf Beschäftigte im informellen Sektor setzt funktions- und leistungsfähige staatliche Verwaltungsstrukturen voraus. Diese sind in weiten Teilen Afrikas südlich der Sahara heute leider nicht unbedingt gegeben. Ob die durchschnittliche afrikanische Regierung ausreichend Vertrauen in der Öffentlichkeit genießt, um erfolgreich eine landesweite Krankenversicherung organisieren und verwalten zu können, ist höchst zweifelhaft. Die Notwendigkeit, neue Krankenversicherungsmodelle zu entwickeln und zu erproben, die in erster Linie die nicht als Lohn- oder Gehaltsempfänger arbeitenden Bevölkerungsgruppen erreichen, wird daher allgemein anerkannt.

Eine weitere Unterscheidung kann zwischen Systemen gemacht werden, die einer gemeinnützigen oder einer an privaten Gewinninteressen orientierten Logik folgen. Bei privat orientierten Systemen richten sich Versicherungsprämien üblicherweise nach der Höhe des individuellen

Gesundheitsrisikos und sind vom Familieneinkommen unabhängig. Ein Großteil der afrikanischen Bevölkerung wäre demnach de facto von der Beteiligung an solchen privaten Krankenversicherungsinitiativen ausgeschlossen. Bei freiwilligen, öffentlichen Systemen ist die Prämie normalerweise ein Pauschalsatz, unabhängig vom individuellen Risiko der Versicherten. In der Versicherungsliteratur heißt diese Form der Beitragsbemessung, die sich aus der Risikostruktur der Versichertengemeinschaft ergibt, community rating.

Freiwillige Krankenversicherungssysteme gibt es in Afrika durchaus. Gerade in den letzten zehn Jahren haben sie einen rapiden Aufschwung genommen. Einer aktuellen Studie zufolge gibt es beispielsweise in Senegal heute rund 30 funktionierende Systeme, und ungefähr ebenso viele befinden sich im Aufbau. In Mali wurden im Jahr 2000 insgesamt 22 Krankenversicherungssysteme gezählt, davon waren zehn bereits funktionsfähig, die anderen zwölf "in der Reife".

Erfahrungsgemäß sind in Afrika zwei Modelle freiwilliger Krankenversicherung zu unterscheiden. Zum einen gibt es das Gegenseitigkeitsmodell. Hier fungiert eine Vereinigung oder Organisation von Mitgliedern (eine Mutual Health Organisation oder MHO) als Mittlerin zwischen Beitragszahlern und Leistungsanbietern. Unternehmenszweck des Versicherungsträgers ist die Interessenvertretung der beteiligten Haushalte. Versicherungsträger und Leistungsanbieter beraten und verhandeln die Bedingungen für die Leistungen, die den Versicherten angeboten werden, und legen die Finanzierungsmodalitäten für das Leistungspaket fest. Diese werden dann in einem Vertrag zwischen Versicherungsträger und Leistungsanbieter festgehalten.
Einer der wichtigen Unterschiede zwischen eher traditionellen Zusammenschlüssen zur gegenseitigen Hilfe und MHCs liegt gerade in diesen (mehr oder weniger ausformulierten) Vereinbarungen zwischen Haushalt und Versicherungsträger und zwischen Versicherungsträger und Leistungsanbieter. In traditionellen Systemen ist es Pflicht, Mittel zu mobilisieren, nicht aber, Ergebnisse zu erzielen. MHOs dagegen sind verpflichtet, Ergebnisse zu erzielen, das heißt gewisse Leistungsformen und -mengen zu einem vereinbarten Preis anzubieten. Nur selten haben sich MHOs aus traditionellen Gegenseitigkeitsgruppen entwickelt; die Initiative kam meist von außen. Neuere Forschungen im Rahmen der Projekts PRIMA (Projet de Recherche sur le Risque-Maladie) in Guinea-Conakry kommen zu dem Ergebnis, dass die Menschen dies nicht als Problem sehen: Sie erkennen sehr wohl die Stärken, aber auch die Schwächen traditioneller

Systeme und wissen gleichzeitig den spezifischen Beitrag der MHOs zu würdigen.

In Afrika, vor allem im französischsprechenden Teil, ist heute eine dynamische Entwicklung von Versicherungssystemen auf Gegenseitigkeit zu verzeichnen, auch wenn diese Bewegung noch jung und wenig strukturiert ist. Einige MHOs sind korporativ organisiert: Sie wenden sich an Personen einer Berufsgruppe und deren Angehörige, so zum Beispiel die Mutuelle des Travailleurs de l'Education et de la Culture (MUTEC) in Mali, die mehr als 10.000 Mitglieder hat. Andere sind nicht korporativ organisiert, das heißt, sie zielen auf eine beruflich eher gemischte und heterogene Bevölkerungsgruppe ab, deren Mitglieder aber andere gemeinsame Merkmale haben: zum Beispiel Menschen, die in derselben Gegend wohnen oder die demselben Club oder Verein oder derselben Gesellschaftsbewegung angehören (wie die MHO von Fandène in Thiès, Senegal). Korporative Organisationen haben normalerweise viel mehr Mitglieder als nicht korporative, die oft klein bleiben – mit höchstens ein paar Hundert Menschen. Das hat natürlich Auswirkungen auf die finanzielle Überlebensfähigkeit des nicht korporativen Systems.

Zahlreiche freiwillige Krankenversicherungssysteme in Afrika sind allerdings nicht nach dem Prinzip der Gegenseitigkeit organisiert, sondern nach einem technokratischen, vom Leistungsanbieter gesteuerten Modell. Der Unterschied besteht darin, dass es in solchen freiwilligen Krankenversicherungssystemen keine Mittler zwischen der Geld zahlenden und der Gesundheitsdienste anbietenden Partei gibt. Mit anderen Worten: Der Leistungsanbieter ist gleichzeitig Versicherungsträger.

Eine solche Organisationsform entspricht in etwa dem in den USA weit verbreiteten Modell der Gesundheitsvorsorgeeinrichtung (Health Maintenance Organisation oder HMO). In Afrika findet man dieses Modell in Form eines Distriktmanagementteams, das für Organisation und Bewirtschaftung eines Versicherungssystems verantwortlich ist. Eine solche Versicherung ist für die Menschen gedacht, für die der Distrikt explizit zuständig ist. Das können die Bewohner des ganzen Distrikts sein oder die Bevölkerung im Einzugsgebiet eines Gesundheitszentrums. Die Versicherten müssen sich im Allgemeinen an einen bestimmten Leistungsanbieter wenden. Der Leistungsanbieter ist auch Träger des finanziellen Risikos. Das Versicherungssystem für die Krankenhausbehandlung, das 1986 im Distrikt Bwamanda in der Demokratischen Republik Kongo entwickelt wurde, ist ein Beispiel für dieses Modell. Das Modell kann den Zugang zur Gesundheitsversorgung deutlich verbessern, wenn das Distriktteam dem Gemeinwohl verpflichtet ist und über die erforderlichen Managementfähigkeiten verfügt. Ein wesentlicher Nachteil des Modells ist aber das Fehlen einer Gegenkraft zu den Gesundheitsdiensten. Das Risiko, dass das Gesundheitspersonal den Entscheidungsprozess dominiert, ist gegeben, wie der Fall Bwamanda deutlich zeigt.

Abschließend ist festzuhalten, dass es in Entwicklungsländern im Allgemeinen und in Afrika südlich der Sahara im Besonderen durchaus ein Potenzial für Krankenversicherungen gibt. Das Arrangement zur Finanzierung der Gesundheitsversorgung beruht auf Prämienvorauszahlung und Risikoverteilung. Eine Krankenversicherung kann ein Weg sein, zusätzliche Ressourcen für unterfinanzierte Gesundheitssysteme zu beschaffen, den Zugang zu Gesundheitsdiensten dort zu verbessern, wo Nutzungsgebühren anfallen, und nicht zuletzt die Organisation der Nutzer von Gesundheitsdiensten zu stärken und ein Gegengewicht zur Machtposition des Gesundheitspersonals zu schaffen.

Gleichzeitig rate ich aber zur Vorsicht. Die Schaffung eines leistungsfähigen und gerechten Krankenversicherungssystems darf kein Schnellschuss sein. Eine langfristige Perspektive ist nötig, und die Bedeutung der sozialen Dimension bei der Entwicklung einer Krankenversicherung muss klar erkannt werden. In vielen Fällen wird eine Krankenversicherung eingerichtet, ohne dass die Initiatoren klare Vorstellungen haben oder vermitteln, welche Probleme sie genau lösen soll, fast als wäre die Schaffung einer Krankenversicherung an sich schon ein Ziel. Eine Krankenversicherung wird allzu oft als Allheilmittel gesehen – was sie nicht ist.

Wir müssen also unbedingt mehr über die Dynamik oder fehlende Dynamik in lokalen Krankenversicherungssystemen lernen, bevor wir ihre Verbreitung fördern, als seien sie ein neues Wundermittel. Eine zentrale Frage drängt sich auf: Eigentlich ist eine Versicherung die naheliegendste Option, um vielen afrikanischen Haushalten einen Zugang zu Gesundheitsdiensten zu gewährleisten. Es scheint einen Bedarf dafür zu geben. Die Versicherungsbeiträge sind zwar nicht billig, aber genügend Leute können sie sich leisten. Warum ist dann das Interesse – gemessen an den Mitgliedszahlen – noch so gering? Welche Erklärungen gibt es für diese offensichtliche Zurückhaltung? Warum verhalten sich Menschen, wie sie sich verhalten? Das sind die vorrangigen Fragen, die es mit einem multidisziplinären Ansatz aus Gesundheitswesen und Sozialwissenschaft zu erforschen gilt.

Maliando in Guinea-Conakry[9]

Einander zur Gesundheit verhelfen
Das Maliando-System im ländlichen Guinea-Conakry ist ein Beispiel für das Gegenseitigkeitsmodell, das in vielen afrikanischen, insbesondere westafrikanischen Ländern anzutreffen ist.

Maliando – das heißt in der Lokalsprache gegenseitige Hilfe – ist ein Zusammenschluss von Haushalten mit dem Ziel, den Zugang zu hochwertiger Gesundheitsversorgung zu verbessern. Er wurde 1998 gegründet und basiert auf freiwilliger Mitgliedschaft, Selbstverwaltung und einem partnerschaftlichen Verhältnis zu den örtlichen Gesundheitsdiensten. Für eine Prämie von rund 2,5 US-Dollar pro Person haben Maliando-Mitglieder Anspruch auf kostenlose Gesundheitsversorgung im Gesundheitszentrum – abgesehen von einer kleinen Eigenbeteiligung, die bei Inanspruchnahme zu zahlen ist –, auf kostenlose Behandlung im Krankenhaus bei notwendigen Operationen oder Geburtshilfemaßnahmen und bei der Behandlung von Kindern sowie auf eine Beihilfe, wenn ein Nottransport ins Krankenhaus erforderlich wird. Das System stößt auf die klassischen Schwierigkeiten, mit denen viele freiwillige Krankenversicherungssysteme noch zu kämpfen haben: relativ niedrige Mitgliederquoten von zehn Prozent oder weniger, ein labiles finanzielles Gleichgewicht und unzureichende Managementfähigkeiten der Verantwortlichen vor Ort.

Kinderarbeit in Guinea[10]
Guinea ist bei uns in Deutschland weitgehend unbekannt. Eingerahmt von Senegal, Mali, der Elfenbeinküste, Liberia und Sierra Leone liegt das Land an der Westküste Afrikas. Es gibt nicht viel an bilateralen Beziehungen zwischen Deutschland und der ehemaligen französischen Kolonie, die sich nach der Unabhängigkeit 1958 der Sowjetunion zugewandt hatte und die seit einem unblutigen Militärputsch 1984 von einer Militärjunta regiert wird. Dem überwiegenden Teil der Bevölkerung geht es nicht besonders gut. Das Land leidet unter Korruption und die Wirtschaft liegt am Boden. Eine Verbesserung der Lage ist nicht in Sicht. Junge Mädchen sind es, die in besonderer Weise leiden, junge Mädchen, die in Guinea keine Kindheit haben, sondern oft mit 4, 5 Jahren schon von frühmorgens bis spät in die Nacht arbeiten müssen. Um sie und ihre Situation soll es in dieser Sendung

---

[9] Ebendort, vom gleichen Autor
[10] Weltsichten, Inforadio rbb 93,1: 23.09.2007

gehen.

Juliane Kippenberg, Kinderrechtsexpertin von Human Rights Watch, im Gespräch mit Gabriele Heuser. Hier das Gespräch im Wortlaut:

Gabriele Heuser: Frau Kippenberg, wann waren Sie zuletzt in Guinea?

Juliane Kippenberg: Das letzte Mal war ich im Juni dieses Jahres in Guinea.

Heuser: Was ist Ihr erster Eindruck gewesen, als Sie dort gelandet sind?

Kippenberg: Der erste Eindruck der Hauptstadt ist extrem chaotisch. Conakry ist auf einer langen Halbinsel angelegt und besteht aus nichts weiter als Verkehrsstaus. Das Ganze ist sehr eng, sehr überfüllt, und es herrscht generell eine angespannte Stimmung. Ich war dreimal dort Ende letzten Jahres, dann im Februar dieses Jahres und dann kürzlich im Juni. Im Februar hatten die Proteste ihren Höhepunkt erreicht - ich war genau zu der Zeit da, als die Gewalt ausgebrochen ist, das war nicht unbedingt so geplant, aber so war es.

Heuser: Was hat man davon gemerkt?

Kippenberg: Man hat viel davon gemerkt. Man hat gemerkt, wie sehr wütend die Bevölkerung darüber ist, dass sich unter der Regierung von Präsident Conté ihre Lebenssituation immer weiter nur verschlechtert hat, obwohl es ein Land ist, das sehr reich ist an Rohstoffen, vor allem Bauxit. Ganz konkret war es so, dass ab einem bestimmten Zeitpunkt dass Fass zum Überlaufen kam und die Leute auf die Straße gegangen sind und Militärs, Polizisten Zivilisten angegriffen haben - eine sehr gewalttätige Situation.

Heuser: Das hat ja Konsequenzen gehabt, denn es wurde meines Wissens Ende Februar 2007 ein neuer Premierminister eingesetzt. Die Erwartungen an ihn waren hoch - haben die sich erfüllt und was hat sich seitdem geändert?

Kippenberg: Das ist die große Frage in Guinea, was wird sich dort jetzt wirklich ändern unter dieser neuen Regierung, die aus einem komplett neuen Kabinett besteht und einen neuen Premierminister hat, und die schon sehr klar gesagt hat, dass ihre wichtigste Priorität die Verbesserung der Lage der einfachen Bevölkerung ist. Gleichzeitig ist es so, dass der bisher amtierende Präsident weiterhin im Amt ist und Macht hat und diese auch ausübt. Man hat es mit einer sehr komplexen Situation zu tun, wo noch nicht klar ist, inwieweit diese neue Regierungsmannschaft auch wirklich Veränderungen durchführen kann. Man hat im Juni schon gemerkt, dass die Stimmung kippt, dass die Leute wieder sehr unzufrieden werden, dass beispielsweise in den Armenvierteln von Conakry sehr große darüber herrscht, dass weiterhin keine Elektrizität und kein Wasser zur Verfügung sind - oder sehr wenig. Es hat Versuche gegeben - u.a. auch unter Einbindung der Gebergemeinschaft - sehr kurzfristige Maßnahmen durchzuführen, die schlimmsten Missstände sozusagen anzugehen, aber ob das reicht, um wirklich tief greifende Reformen durchzuführen, die in dem Land absolut nötig sind, und ob das reicht, um auch die Bevölkerung ein Stück weit zu überzeugen, dass man es ernst meint - das ist noch nicht klar.

Heuser: Es heißt ja, während der Regenzeit im Moment ist erst mal Ruhe, aber wenn die Regenzeit vorbei ist, könnte es durchaus wieder auch zu gewalttätigen Auseinandersetzungen kommen.

Kippenberg: Man kann sicherlich sagen, dass die Geduld der Bevölkerung begrenzt ist, die Geduld der Gewerkschaften, die die Proteste ja angeführt hat, ist auch begrenzt, sie hat einen sehr kritischen Brief an die Regierung geschrieben kürzlich. Insofern wird man einfach sehen müssen, wie durchgreifend diese Veränderungen sein werden.

Heuser: Die Hauptforderungen sind, bessere Infrastruktur?

Kippenberg: Die Hauptforderungen der Opposition und der Gewerkschaften, die diese Proteste angeführt haben, waren Bekämpfung der Korruption, generelle Verbesserung der Lebensbedingungen der Bevölkerung, vor allem der Jugend und der jungen Leute. Es gibt auch Stimmen, dass die Bevölkerung besser profitieren muss von den doch erheblichen Rohstoffvorkommen, die es im Land gibt, und letztlich eine wirkliche Demokratisierung, die so nicht stattgefunden hat. Es hat ja extreme Gewalt gegeben im Januar und Februar, wo mindestens insgesamt 130 Menschen ums Leben gekommen sind, u.a. hat es im Januar eine Situation gegeben, in der friedliche Demonstranten niedergeschossen worden sind von der Armee und der Präsidentengarde. Die Verantwortlichen für diese Verbrechen sind bis jetzt nicht vor Gericht gestellt worden. Es gibt ein Gesetz zur Schaffung einer Untersuchungskommission, das ist aber immer noch nicht durch, und es muss einfach mehr passieren, dass das durch kommt und dann auch eine wirkliche Untersuchung stattfindet. Bis jetzt sieht man den politischen Willen noch nicht, diese Verbrechen auch wirklich zu ahnden, und das ist sicherlich in den Augen vieler Guineaner der erste Schritt.

Heuser: Sie sagen, die Bevölkerung möchte mehr Teilhaben auch an den Bodenschätzen beispielsweise haben, mehr davon selber profitieren. Wie arm ist die Bevölkerung denn?

Kippenberg: Man kann sicherlich generell sagen, dass Guinea eines der ärmsten Länder der Welt ist, es gehört zu den LDCs (Least Developped Countries) und es gibt einen extremen Gegensatz zwischen der Stadt und dem Land. Die Organisation Transparency International hat Guinea im vergangenen Jahr zum korruptesten Land Afrikas erklärt - es gibt also extreme Kritik daran, wie die Ressourcen dieses Landes gemanagt werden.

Heuser: Aber anscheinend gibt es ja doch eine gewissen Oberschicht, die sich zumindest Hausangestellte leisten kann, oder was müssen wir uns darunter vorstellen, wenn Sie sagen, es gibt Kinder, die als Hausmädchen arbeiten, in was für Haushalten arbeiten die?

Kippenberg: Sicherlich sind es vor allem städtische Haushalte, es sind aber nicht nur unbedingt reiche Haushalte. Natürlich ist es sehr üblich in eher gut gestellten Haushalten, sich mindestens ein Hausmädchen zu nehmen, aber auch in vergleichsweise armen Haushalten in der Stadt ist es sehr üblich, ein Mädchen - meistens vom Lande - zu holen, entweder eine Verwandte, eine arme Nichte, oder auch ein anderes Mädchen, beispielsweise aus der gleichen Herkunftsregion wie die Leute dieser Familie, und dieses zu beschäftigen und sehr hart auszubeuten.

Heuser: Ist das eher der Einzelfall oder die Regel?

Kippenberg: Das ist eher die Regel. Es ist schwer zu sagen, wie viele Hausmädchen es genau in Guinea gibt. Es gibt da keine Statistiken darüber, weder von UNICEF noch von der Regierung. Aber wir gehen davon aus, dass es sich mindestens um Zehntausende Mädchen handelt. Wenn man eine kürzlich erstellte Studie der Internationalen Arbeitsorganisation in Guinea zugrunde legt, die sagt, dass etwa 61 Prozent der Kinder, die arbeiten, Hausarbeit machen, dann würde das extrapoliert heißen, dass über eine Million Mädchen davon betroffen sind. Es ist ein sehr verbreitetes Phänomen und nach unseren Informationen bekommen die allermeisten Mädchen in dieser Arbeit kein Geld, und in sehr vielen Fällen werden sie regelmäßig geschlagen, wenn sie sich ausruhen wollen oder wenn sie krank sind, oder aus anderen Gründen. Sie werden letztlich in diesen Familien wie eine Sklavin behandelt.

Heuser: Wie sieht denn so ein typischer Tagesablauf von einem solchen Mädchen aus?

Kippenberg: Sehr oft sind sie die ersten, die aufstehen und die letzten, die zu Bett gehen. Oft fängt es damit an, dass sie morgens Wasser holen müssen - das ist auch noch eine sehr schwere Arbeit und gerade bei kleinen Mädchen wirklich bedenklich, denn das schädigt das Rückgrat auf Dauer. Dann sind diese Mädchen den ganzen Tag beschäftigt mit allen möglichen Hausarbeiten von Saubermachen über Kochen, Kinderbetreuung, zum Markt gehen und Einkaufen, und dann oft noch bis spät abends wieder alles aufräumen und um Mitternacht ins Bett gehen - das ist nicht selten. Manchmal werden diese Mädchen von den Frauen, die sie einstellen, außerdem auch dazu benutzt, etwas zu Essen in der Straße zu verkaufen und verbringen oft den Nachmittag und den Abend mit Verkaufen.

Heuser: Von Freizeit kann da keine Rede sein.

Kippenberg: Von Freizeit wirklich keine Rede. Es gibt keinen freien Tag in der Woche in der Regel und überhaupt keine Ferien. Oft ist es auch so, dass sie am Tag kaum eine Pause bekommen. Ich denke da an ein Mädchen, das von einer wildfremden Frau aufgelesen wurde. Ihre Mutter war bei einem bewaffneten Angriff aus dem benachbarten Sierra Leone umgebracht worden, und ihre Geschwister waren zum Teil auch schon gestorben, und sie lebte mit ihrem Vater und einem Bruder zusammen in der Grenzregion zu Sierra Leone. Und diese Frau hat sie auf einer Art Wochenmarkt gefunden und hat sich erst einmal als großzügige Helferin dargestellt und hat dem Vater angeboten, das Mädchen mit in die Stadt zu nehmen und ihr auch eine Ausbildung zu verschaffen. Der Vater hat sich da auch leicht überzeugen lassen, und das Mädchen ist dann in die Stadt gegangen, ist sehr ausgebeutet worden in dieser Familie, musste sehr hart arbeiten, ist vielfach geschlagen worden, hatte unter anderem eine Narbe am Kopf, weil die Frau ihr irgendwann mal einen Kochtopf über den Kopf gehauen hat, und sie wurde regelmäßig von Mann dieser Frau vergewaltigt. Diese Frau ging nämlich einmal in der Woche zu einem Wochemarkt, und jedes Mal dann hat dieser Mann sie vergewaltigt und sie gezwungen, darüber nicht zu reden. Das ist ein Extrembeispiel.

Heuser: Wie sieht es denn aus - erleiden, erdulden diese Mädchen ihr Schicksal einfach gottergeben, oder lehnen die sich dagegen auf. Gibt es

Leute, die ihnen helfen, ihre Situation zu verbessern, kümmert sich jemand um diese Mädchen.

Kippenberg: Ich hatte beispielsweise Fälle von Mädchen, die mir erzählt haben, dass Nachbarn ihnen geholfen haben - das ist aber nicht sehr häufig. In vielen Fällen gibt es solche Unterstützungen im direkten Umfeld nicht. Es gibt aber viele guineische Organisationen, die sich speziell mit der Situation dieser Mädchen befassen. Nun muss man natürlich sagen, das sind relativ kleine NGOs und auch personell relativ dünn besetzt und wenige Ressourcen haben, die können letztlich nicht die Gesamtsituation dieser Mädchen angehen. Aber die können gute Einzelarbeit machen und zumindest in einzelnen Städten des Landes wirklich auch helfen, die Mädchen aus den Situationen raus zu holen. Sie organisieren Ausbildungsplätze oder auch Schulen, je nach Alter. Außerdem, wenn das angesagt ist, versuchen sie auch, die Mädchen wieder in ihre Familien zu bringen, eine Rückführung zu organisieren. Wir haben im Juni 2007 unseren Bericht veröffentlich über die Ausbeutung von Hausmädchen in Guinea und haben eine ganz interessante Reaktion sowohl von der Presse als auch von der Regierung bekommen. Man hat gemerkt, es gibt auch mittlerweile eine freie Presse in Guinea - sicherlich nicht ohne Probleme und auch recht jung, aber es gab viele Radio- und Fernsehstationen und Zeitungen, die sich für dieses Thema interessiert haben. Es gab sehr offensichtlich eine Betroffenheit und ein Unwissen darüber, wie schlimm die Situation von vielen dieser Mädchen ist.

Heuser: Aber der Wunsch der Mädchen, sich selber aus der Situation zu befreien, taucht nicht sehr massiv auf?

Kippenberg: Doch - der ist teilweise sehr stark ausgeprägt. Ich habe viele Interviews geführt mit Mädchen, die wirklich da raus wollten, und einfach nicht wussten, wie. Eines der größten Probleme war, dass viele dieser Mädchen sehr jung verschickt worden waren und nicht wussten, wo ihre Eltern sind, ob sie noch leben, und wie sie da je wieder zurück können. Die sind zum Teil mit vier oder fünf Jahren verschickt worden, die wussten kaum noch, wo ihr Geburtsort war und wie die Namen ihrer Eltern waren. Und die waren wirklich komplett angewiesen auf diese Gastfamilie. Bei den älteren Mädchen und gerade denen aus Mali war das eher ein logistisches Problem - da wussten sie dann zwar, wo sie herkommen und wer die Eltern sind, aber es war einfach schwierig und teuer, von Conakry nach Mali zurück zu kommen. In manchen Fällen hat dann die internationale Organisation für Migration sich dann auch eingeschaltet und hat geholfen, dass die Mädchen zurückkommen.

Heuser: Ist also Hilfe aus dem Ausland erwünscht oder erforderlich?

Kippenberg: Hilfe aus dem Ausland ist erforderlich in vielerlei Hinsicht. Einerseits kann man sicherlich sagen, dass viel mehr getan werden müsste, um das Justizsystem zu stärken und dann auch dafür zu sorgen, dass Verbrechen gegen Kinder strafrechtlich verfolgt werden, zum Beispiel Vergewaltigung, zum Beispiel körperliche Misshandlung mit teilweise langfristigen Folgen, zum Beispiel Arbeitsausbeutung - das ist nach guineischem Recht auch nicht erlaubt - oder eben Kinderhandel. Das sind alles Verbrechen nach internationalem Recht und auch nach guineischem Recht, die strafrechtlich verfolgt werden müssten, und da passiert so gut wie gar nichts im Moment. Das ganze Justizsystem ist sehr schwach und auch sehr korrupt. Die EU hat da jetzt eine Initiative angestoßen zusammen mit einigen anderen Gebern, das Justizsystem zu rehabilitieren und zu reformieren. Aber da muss sehr viel getan werden und das müssen durchgreifende Veränderungen sein, um da eine Verbesserung zu erwirken. Im Bereich Ausbildung und Bildung ist es zwar so, dass schon erhebliche Summen von den Geberländern nach Guinea fließen, und es hat tatsächlich auch eine Verbesserung gegeben in dem Sinne, dass jetzt mehr Mädchen zur Schule gehen als früher. Aber die UN-Millenniumsziele sind noch lange nicht erreicht: allgemeine Grundbildung für Kinder im Jahre 2015. Wenn da nicht deutliche Schritte unternommen werden, wird man das Ziel nicht erreichen, und diese Hausmädchen sind eben eine besonders schwierige Gruppe. Weil, selbst Eltern, die ihre Kinder zur Schule schicken, die Hausmädchen nicht zur Schule schicken würden. Es gibt dann immer so eine ganz klare Diskriminierung.

Das Land und die Situation

Das Land[11]

Die Hauptstadt

Conakry (ehemals Konakry) ist die Hauptstadt Guineas. Die Einwohnerzahl liegt bei 1,871.195 (2005). Damit ist Conakry die größte Stadt des Landes.

Die Stadt Conakry entstand aus einer kleinen Fischersiedlung auf der Insel Tumbo, die vor der Halbinsel Kaloum im Westen Guineas im atlantischen Ozean lag. Genannt "kona kiri" (das was auf der anderen Seite liegt. Früher war der vorderste Teil der Halbinsel, auf dem Conakry liegt vom Festland getrennt; dieser Teil ist noch heute das Stadtzentrum (en ville).Mit zunehmender Bedeutung als Sitz der Verwaltung der Kolonie Rivières du Sud entwickelte sich der Ort auch zu einem wichtigen Handelsplatz. Durch Aufschüttungen wurde schließlich Tumbo (Kona Kiri) an die Halbinsel und somit auch an das Festland angeschlossen.

Anfang des 20. Jahrhunderts war Conakry eine prächtige Stadt mit Sandstränden und Uferpromenaden und baumbestandenen Boulevards. Man bezeichnete es damals oft als das „Paris Afrikas" oder auch als „Petit Marseille".

Die geografische Lage ist 9° 31' N, 13° 43' W Koordinaten: 9° 31' N, 13° 43' W. Auch heute befindet sich das schachbrettartig angelegte Zentrum immer noch an der Spitze der 30 km langen Halbinsel Kaloum.

Das Klima
Das Klima in Conakry ist ausgesprochen warm. Die Jahresdurchschnittstemperatur liegt bei 26,6 °C und es ist ganzjährig zwischen 25 und 30 °C. Die Niederschlagsmenge beträgt 4296 mm pro Jahr. Die Trockenzeit dauert von November bis Mai.

Die Geschichte

---

[11] Im Aids-Länderbericht der Organisation Internationale pour les Migrations (OIM) konnte ich einige Informationen über das Land entnehmen.

Im Jahr 1887 wurde Conakry, damals noch ein Fischerdorf, von Frankreich besetzt und zur Stadt ausgebaut. Conakry ist seit 1890 Hauptstadt von Französisch - Guinea, heute der Republik Guinea. Trotz Rohstoffvorkommen leben 40 Prozent der Bevölkerung im Elend. Korruption und Misswirtschaft haben Guinea zu einem der ärmsten Länder Afrikas gemacht. Der sozialistische Diktator Sekou Toure führte die Republik nach der Unabhängigkeit von Frankreich 1958 in die politische Isolation und den wirtschaftlichen Ruin.

Sehenswürdigkeiten
Das **Nationalmuseum** („Musée National") zeigt Kunstobjekte, vor allem Masken, aus dem ganzen Land. Die **Faysal-Moschee**, Ende der siebziger Jahre erbaut, gilt als die größte Moschee in Schwarzafrika. Im **Mausoleum Camayenne**, sind wichtige Persönlichkeiten Guineas begraben, so z. B. Sékou Touré und Samory Touré . Der **Volkspalast** (Palais du Peuple) dient kulturellen Zwecken (Ausstellungen, Kongresse) und ist Sitz des Parlamentes. Außerdem gibt es einen botanischen Garten.

Nur wenige Kilometer vor der Küste liegen die Inseln „Iles de Los" mit herrlichen palmengesäumten Sandstränden. Auf zwei dieser Inseln wurde bis in die 1960er Jahre Bauxit abgebaut.[12]

Roume, die Bade-Insel an der Spitze von Conakry
Die Insel Roume ist ein Bruchstück eines ehemaligen Vulkans, dessen Überreste ein sogenanntes Atoll bilden. Es entstand eine kleine Gruppe von Inseln, die "Îles de Los" genannt werden. Roume ist das kleine Bruchstück inmitten der beiden länglichen Inseln. Die Bootsfahrt starten im Hafen "Boulbinet" , und steuert auf die nördliche Spitze der Insel Kassa zu, umrundet diese, 30 Minuten später kommt man an.

Die Stadtteile Simbaya gare und Yattaya
Conakry ist heute eine der typischen, schnell wachsenden Dritte-Welt-Großstädte mit mehr als 1,5 Millionen Menschen, mit weit gehend maroder Infrastruktur, hoher Arbeitslosigkeit, riesigen Slums, Verkehrsproblemen und Umweltverschmutzung.

Die beiden Stadtteile sehen aus wie jeder andere, doch scheinen bei näherer Betrachtung doch auch Unterschiede zu sein. Sie dürften zu den ärmsten gehören. Sie sind meiner Meinung nach bereits Randbezirke der

---

[12] http://de.wikiactu.com/?page_id=6605

großen Stadt. Der Boden ist erdig - felsig und besteht aus brüchigem rotem, offensichtlich sehr eisenhaltigem Felsgestein. Außer den Hauptverkehrstrassen gibt es keine asphaltierten Straßen und die Erschließungswege oder -straßen der Wohngebiete sind aus dem rohen Felsgestein notdürftig herausgeschlagen und in der Regenzeit sammeln sich große Wasserlachen. Mit dem Auto sind diese Strecken nur im Schritttempo zu bewältigen. Bei uns würde niemand auf solchen „Straßen" mit seinem Auto fahren.

Es gibt keine Kanalisation und noch kein ausgebautes Wasserleitungsnetz. Einen Wasseranschluss kann man gegen Bezahlung bis ins Grundstück gelegt bekommen, aber kaum jemand kann es sich leisten. Wenn das Grundstück über keinen eigenen Grundwasserbrunnen verfügt, muss das Wasser oft von weit entfernten Verteilstellen mit Kanistern geholt und zu den Grundstücken geschleppt werden. Diese Arbeit wird wie eh und je überwiegend von Kindern und Frauen ohne Hilfsmittel erledigt. Die schweren 20 l Kanister werden wie in Afrika üblich auf dem Kopf getragen und balanciert. Das Wasser aus dem Leitungsnetz ist für Europäer ungenießbar und durch die enthaltenen Keime gesundheitsschädlich, die Darmflora der Einheimischen ist offensichtlich daran gewöhnt. Wasser aus Brunnen ist aus meiner Sicht für alle gefährlich, da Fäkalien ausschließlich in, mit an Sicherheit grenzender Wahrscheinlichkeit, undichten Gruben gesammelt wird, und der steinige Untergrund einen porösen Eindruck vermittelt.

Das elektrische Leitungsnetz wirkt wie ein ständiges Provisorium, aber die meisten Grundstücke sind an das Netz angeschlossen. Die Elektrizitätsversorgung ist starken Schwankungen ausgesetzt und fällt oft stundenweise vollständig aus oder die Stromstärke sinkt so weit ab, dass elektrische Glühbirnen nur noch Funzeln gleichen und elektrische Geräte nicht mehr betrieben werden können. Es gibt nur jeweils zwei oder drei Tage Strom und dann wieder einen stromfreien Tag. Dann kommt auch die Arbeit der Handwerksbetriebe, die Schweißgeräte benötigen, vollständig zum Erliegen. Der Straßenverkehr wird mit überwiegend schrottreifen Kisten, zum Teil noch mit Nachkriegsmodellen und Autos aus den 50iger Jahren abgewickelt, bei denen es oft an ein Wunder grenzt, dass sie immer noch laufen. Alte marode Dieselfahrzeuge sind gnadenlose Luftverpester und an den Hauptverkehrsadern hängt ständig der Gestank dieser umweltschädlichen CO_2- und Russ - Dreckschleudern.[13]

---

[13] Aus einer Beschreibung der Freunde Afrikas aus dem Jahr 2007.

1. Die Situation des Bildungswesens

Für Eltern, die über mehr finanzielle Mittel verfügen, ist der Privatschulunterricht sehr teuer, aber er bietet mehr Chancen für eine hochwertige Ausbildung als die staatliche Schule. Pro Person kosten die Privatschulen inklusive aller Gebühren durchschnittlich in den verschiedenen privaten Bildungseinrichtungen ab 30.000 GNF/pro Monat, d.h. 3,30 Euro bis zu 150.000 GNF/pro Monat, d.h. 17 Euro.

Im Allgemeinen bilden die Universitäten arbeitslose Akademiker aus, da es keine Arbeitsmöglichkeiten gibt. Gegenwärtig ist eine Zunahme der Privatuniversitäten (Kofi Annan) zu verzeichnen, ein Versuch, eine hochwertige Ausbildung zu einem oft sehr hohen und schwer erschwinglichen Preis für die Mittelklasse in Guinea anzubieten. Die Studenten erhalten anerkannte Abschlüsse, mit der Möglichkeit, hohe Positionen in Conakry oder im Ausland zu bekleiden.

Es gibt auch Berufsschuleinrichtungen im Rahmen einer privaten Ausbildung, mit der den Guineern eine hochwertige Ausbildung ermöglicht wird, die sie sofort im Berufsleben umsetzen können. Sogar mit dieser Unterstützung ist sehr unsicher, ob sie Arbeit bekommen.

2. Das Gesundheitssystem

Die Regierung hat in den Städten und auf dem Lande Gesundheitszentren eingerichtet, um im größtmöglichen Ausmaß und kostengünstig den Zugang zu einer besseren Medikamentenversorgung zu gewährleisten. Es gibt immer noch Regionen, die schlecht abgedeckt sind, entlegene Orte im Landesinnern, in denen der Bedarf oft spürbar ansteigt. Trotz einiger vereinbarter Subventionen müssen die Patienten ihre medizinische Behandlung selbst tragen. Es gibt kein Krankenversicherungssystem für die Patienten, es sei denn eine Mitgliedschaft in den Privatkassen. Das können sich nur die Reichen leisten.

Die Basis-Generika sind größtenteils in den Gesundheitszentren erhältlich. Medikamente sind sehr teuer, denn sie sind in Guinea nicht subventioniert. Der Grund dafür ist, dass Apotheken und andere auf Medikamente spezialisierte Einrichtungen zum Import mit Devisen gezwungen sind, deren Kurse in den Wechselstuben beim An- oder Verkauf täglichen Schwankungen unterworfen sind. Das DONKA Krankenhaus ist die beste medizinische Einrichtung.

3. Wohnungswesen
Die Situation im Wohnungswesen in Guinea ist unsicher. Es gibt keine Immobilienverwaltungsgesellschaften oder Strukturen für ein Wohnen zu einem gemäßigten Preis. Dadurch ist die Wohnungssuche schwierig. Die Mehrzahl der Bevölkerung lebt noch in stark verwahrlosten Gebieten, wo die Häuser noch in ihrem alten Kolonialstil geblieben sind. Nach langen Jahren der Einbußen unter dem ehemaligen Regime haben sich mit der Öffnung zur Demokratie die Wohnbedingungen besonders in einigen städtischen Gebieten und in den Vororten von Conakry deutlich verbessert.

Für Rückkehrer nach Guinea ist es nicht leicht, eine Wohnung oder ein Haus zum Mieten zu finden. Im Allgemeinen versuchen diese Personen zuerst bei ihren Familienmitgliedern zu wohnen.

Preise im Wohnungswesen
Der Mietpreis für ein Haus in Guinea ist sehr unterschiedlich, denn es steht den Eigentümern frei, Preise nach ihrem Gutdünken auszuhandeln:
• Ein „mittleres" Haus in der Stadt ist um 400.000 GNF d.h. 45 Euro, sogar bis 600.000 GNF, d.h. 65 Euro/pro Monat oder mehr zu mieten.
• In der Vorstadt sind die Preise erschwinglicher und liegen zwischen 150.000 GNF und 250.000 GNF (16 – 27 Euro).

Bei der Suche nach einem Haus muss ein Akquisiteur eingeschaltet werden, die es in der Stadt in großer Anzahl gibt. Diese Akquisiteure sind nicht immer vertrauenswürdig und verleiten Interessenten auch zu einer schlechten Wahl. Persönliche Beziehungen bleiben der beste Weg, um eine Unterkunft zu finden.

4. Wirtschafts- und Arbeitssituation der Menschen
Guinea hat 9,8 Millionen Einwohner, 85 Prozent sind Muslime. Die Hauptstadt Conakry galt einst als das Paris Afrikas. Heute leben rund 40 Prozent der Bevölkerung Guineas unterhalb der Armutsgrenze.

Die Stadt galt einst als Perle Afrikas, ist jedoch seit der Unabhängigkeit (1958) Guineas stark gewachsen. In den letzten Jahren ist allerdings bemerkbar, dass im Immobiliensektor stark investiert wird.

Die Arbeits- und Einkommenssituation der Menschen ist für einen Außenstehenden nur sehr schwer zu durchschauen. Man kann deshalb nur schildern, was man vor Ort sieht und erlebt. Die Landbevölkerung betreibt in kleinbäuerlichen Familienbetrieben überwiegend Subsistenzwirtschaft, das bedeutet, sie produziert ausschließlich für den Eigenbedarf. Auch Brandrodung ist noch eine weit verbreitete Form der Landwirtschaft. Diese beiden Formen der Landwirtschaft sind wenig produktiv und trotz guter natürlicher Bedingungen des Bodens und der Niederschläge reicht die Nahrungsmittelerzeugung Guineas nicht für den Eigenbedarf aus.

Reis wächst z.B. an Berghängen wie Gras und nicht auf bewässerten Reisterrassen wie in China oder Japan. Aus diesem Grund müssen sogar große Mengen an Reis importiert werden und selbst das Grundnahrungsmittel Reis hat sich in den letzten Jahren sehr verteuert. Bewässerungssysteme für die Trockenzeit, um gegebenenfalls weitere Produkte anbauen zu können oder eine zusätzliche Ernte zu erwirtschaften, fehlen vollständig. Die Menschen in den Städten leben sehr oft von dem s.g. informellen Gewerbe, d.h. Dienstleistungen wie z.B. Schuhe putzen, Frisieren oder z.B. mit einem „Telecenter" an dem man gegen eine Gebühr telefonieren kann. In den Nebenstraßen findet man ebenfalls Verkaufsstände oder kleine Buden. Frauen backen und frittieren und verkaufen ihre Eigenprodukte. Viele Menschen scheinen aber überhaupt keiner geregelten Arbeit nachzugehen, denn die meisten haben sehr viel Zeit. An allen großen Verkehrsknotenpunkten der Hauptstraßen gibt es Märkte mit unzähligen kleinen primitiven Verkaufsständen. Viele versuchen ihren Lebensunterhalt mit diesem Handel zu bestreiten. Es scheint wenige Festanstellungen zu geben, ausgenommen im Stadtzentrum rund um das Regierungs- und Diplomatenviertel. Die Männer suchen nach Gelegenheitsarbeiten.

Ein öffentliches Personenbeförderungssystem fehlt vollkommen. Die einzige Möglichkeit, einen anderen Stadtteil oder eine entfernte Arbeitsstelle erreichen zu können, besteht darin, in einem der unzähligen Sammel- bzw. Zusteigetaxis mitzufahren. Diese verkehren ständig auf den Hauptverkehrstraßen. Es sind oft alte klapprige PKW, die mit bis zu 6 Fahrgästen besetzt werden, oder es sind zu Kleinbussen umfunktionierte schrottreife Lieferwagen, die mit Menschen voll gepfercht werden. Man zahlt pro Teilstrecke etwa GNF 1.500 (ca 16 Cent), steigt zu und am Zielpunkt wieder aus. Man findet entlang der Straßen viele Handwerksbetriebe wie z.B. Tischler, Schlosser, Polsterer, Autoschlosser, die alle in offenen Schuppen so gut wie im Freien arbeiten und ihre fertigen Produkte einfach am Straßenrand zum Verkauf anbieten. Alles wird in lupenreiner Handarbeit hergestellt. Es wird, ob bei der Holz – oder Metallverarbeitung gesägt, gefeilt, gehobelt, gebohrt usw. und all diese Tätigkeiten mit einfachstem Handwerkszeug. Die Tischler stellen ausschließlich elementare Produkte des täglichen Bedarfs wie z.B. Betten, Tische, Stühle und Schränke her und alle Tischlereien produzieren ähnliche Produkte, der Wettbewerb ist groß. Die Schlosser fertigen große Stahltore für die Grundstücke und Metalltüren.

Der Staat verhält sich gegenwärtig völlig passiv und überlässt der erwerbstätigen Bevölkerung Privatinitiativen. Die Arbeitslosenquote ist sehr hoch. Demzufolge ist jeder, der einen Betrieb gründen will, gezwungen, mit seinem Eigenkapital anzufangen, da der Staat praktisch keine Kredite mehr für die Gründung einer Existenz gewährt.

5. Verkehrswesen

Guinea ist dabei, seine Landwege zu verbessern. Die wichtigen Hauptarterien sind asphaltiert. Jedoch entsprechen diese noch nicht dem Standard eines entwickelten Landes. Es gibt private Busverbindungen, die in fast jede Gegend in Guinea fahren. Dennoch werden seit einiger Zeit umfangreiche Arbeiten durch Großfirmen durchgeführt mit denen das gesamte Straßennetz der Städte im Landesinnern verbessert werden soll. Die Abwertung der guineischen Währung hat Einfluss auf das städtische Transportwesen und bringt Preissteigerungen mit sich, die einer Verlagerung abträglich sind.

Schienenverkehr findet fast gar nicht statt, wegen der Baufälligkeit des Rest - Netzes, das aus der Kolonialzeit stammt. Das öffentliche Verkehrssystem, wie öffentliche Busse und anderen Transportmittel, befindet sich heute in den Händen von Transportgesellschaften des Privatsektors.

6. Telekommunikation

Seit Juli 1997 verfügt Guinea über eine direkte Internetverbindung. Heutzutage findet eine Verbreitung und eine breite Kampagne zur Öffnung von Internetcafes statt. Die Verbindung ist in den Vororten von oft sehr schlechter Qualität und erlaubt den Internetusern kaum ein vernünftiges Surfen. Die Ausweitung des Netzes, mit der die Bevölkerung im Landesinneren in den Genuss einer besseren Qualität von Kommunikationsleistungen kommen soll, stellt eine Herausforderung dar. Im Jahre 1996 entschloss sich die Regierung zur Liberalisierung des Telekommunikationssektors, in dem bis dahin der Staat eine Monopolstellung genoss.

Telefon: Kürzlich erschien ein neuer Anbieter, Areeba, der erheblich zur Preissenkung beigetragen hat. Es ist heute möglich einen Chip für 35.000 GNF (3,80 Euro) zu erwerben. Der Preis für ein Ortsgespräch bewegt sich ungefähr um 400 GNF (4 Cent) pro Minute, und der Preis für ein internationales Gespräch um ungefähr 2500 GNF (27 Cent). Die Versorgung ist im ganzen Land nicht flächendeckend, verbessert sich aber ständig. Das Verbundsystem zwischen den verschiedenen Netzen verursacht viele

Probleme. Die Qualität der Gespräche ist sehr unterschiedlich. Der Preis für Mobiltelefone liegt für ein einfaches Grundgerät bei etwa 200.000 GNF (22 €). Festnetz gibt es so viel wie nicht.

7. Lebenssituation der Menschen

Das Leben spielt sich tagsüber, wenn es nicht regnet, überwiegend draußen im Freien ab und ist von der Sorge um die tägliche, überlebensnotwendige Mahlzeit geprägt. Die Menschen sind überwiegend sehr arm, Geld hat fast niemand, oder nur so viel, dass es gerade zum Überleben reicht. Im Monat Ramadan gibt es ohnehin nur eine tägliche Mahlzeit am Abend nach Sonnenuntergang. **Hauptnahrungsmittel ist Reis**, der in großen Mengen importiert werden muss. Weitere wichtige Grundnahrungsmittel sind Maniok, Foniohirse, Süßkartoffel, Erdnüsse und Mais. Ein begrenztes Angebot an Gemüse und Obst, Eier, Fisch als Haupteiweißlieferant und selten oder nie Fleisch ergänzt die wenig abwechslungsreiche Ernährung.
Hauptenergielieferant ist das beim Kochen verwendete Erdnuss- oder Palmöl. Als warme Mahlzeit wird meist Reis gegessen, der mit einer fetten, schmackhaften Soße (mit Fischstücken, Tomaten, Kartoffeln, roten scharfen Schoten) oder Erdnusssoße vermischt wird.

In der Regenzeit von April bis Mitte Oktober fallen starke Regenfälle und die sehr oft schlecht gegen Regen geschützten Häuser oder Hütten leiden unter diesen sintflutartigen Güssen und saugen sich mit Wasser voll. Viele Mauern sind schwarz vom Mauerschimmel. Die Ansammlung der niedrigen Gebäude, die nur selten von einem mehrstöckigen Haus unterbrochen wird, vermittelt im Zusammenhang mit ihrer Umgebung eher den Eindruck des Lebens auf dem Dorf als dem Leben in einer Großstadt, nur mit dem Unterschied, dass es keine Felder in direkter Umgebung gibt. Aber dünne, kleine Hühner laufen oft mitten unter den versammelten Menschen herum und ernähren sich von den herumliegenden Abfällen und Enten bevölkern die großen Pfützen, auch wenn diese mit Spül- oder Waschwasser vom Wäschewaschen verschmutzt sind.

Die hygienische Situation ist zusätzlich zur mangelhaften Wasserversorgung an vielen Orten sehr bedenklich. Es gibt keine Mülltonnen und keine städtische Müllentsorgung. Der Müll wird in offenen Wannen gesammelt oder einfach auf einen Haufen geworfen. Müllabholung kann man für GF 10.000 (2 €) im Abstand von 2 Wochen als Dienstleistung kaufen. Viele Bewohner können sich das aber nicht leisten und der Müll bleibt einfach liegen und viele äußere Lebensbereiche sind deshalb völlig vermüllt und verdreckt. In der Trockenzeit ist das Problem nicht so groß, da bei trockener Hitze alles sehr schnell trocknet und verbrannt werden kann. Während der

Regenzeit bleibt das meiste liegen und der Unrat beginnt zu faulen. Die Regenfälle verursachen in Bereichen mit abfallendem Gelände starke Wasserabflüsse, die den Unrat mitnehmen und ihn auf allen Wegen und Straßen verteilen.

Die politische Situation

1984 putschte sich Lansana Conte an die Macht und regierte lange mit harter Hand. Später ließ er sich in Wahlen bestätigen. Nach seinem Tod am 22. Dezember 2008 übernahm unmittelbar eine Militärjunta unter Oberst Moussa Dadis Camara die Macht. Menschenrechtsgruppen beklagen seitdem zunehmende Übergriffe und Plünderungen.[14]

Guinea war die erste der französischen Kolonien Westafrikas, die bereits am 02. Oktober 1958 ihre Unabhängigkeit erhielt. Die Franzosen zogen alle Spezialisten aus Guinea ab und überließen ihre ehemalige Kolonie ihrem Schicksal. Es wurde eine sozialistische Diktatur nach sowjetischem Vorbild errichtet, mit der die Abwirtschaftung des Landes begann. Er regierte bis zu seinem Ableben im Jahre 1984. Das Regime galt als unfähig und korrupt und die Abwirtschaftung des Landes nahm weiter zu, obwohl Guinea einen großen Reichtum an Wasser und Bodenschätzen besitzt, aber der Rohstoff wird exportiert. Der Umstand, dass **nur 2 Staatspräsidenten in insgesamt 50 !! Jahren je regiert** haben, weist unmittelbar auf die Probleme des Landes hin. Immer die gleiche Clique regiert, von Demokratie ist man weit entfernt und das Land verharrt auch nach Beendigung der selbst gewählten Abschottung in Stagnation. Die massiven Preissteigerungen der letzten Jahre und die immer schlechter werdende Versorgungslage der Menschen führte zu Generalstreiks und zu massiven Unruhen, die mit Waffengewalt niedergeschlagen wurden und bei denen mehr als 120 Menschen ums Leben kamen. 2007 kam ein neuer Premierminister, der ein völlig neues Kabinett mit neuen Ministern zusammenstellte, die nicht der früheren Regierung angehörten und nicht zum engsten Kreis der Vertrauten des Präsidenten gehören. Mit diesem Neuanfang verband sich eine vage Hoffnung auf eine langsame Verbesserung der Lage der Bevölkerung und vorsichtiger Optimismus machte sich breit. Die Lage blieb aber vorerst weiter wirtschaftlich und politisch angespannt.

Oberst Camara - der "deutsche" Putschist

Angetreten war Oberst Camara 2008 mit dem Versprechen, Guinea in die Demokratie zu führen. Mittlerweile jedoch hat er viele ehemalige

---

[14] www.welt.de/politik/ausland/article4668014/Guinea-arm-trotz-reicher-Bodenschaetze.html

Weggefährten gegen sich aufgebracht. Kritische Fragen nach einer zivilen Regierung beantwortet Camara oft auch auf Deutsch - er wurde bei der Bundeswehr ausgebildet.[15]

Oberst Moussa Dadis Camara, der selbsternannte Präsident

Die Proteste in Guinea richteten sich gegen den Führer der Putschisten, Oberst Moussa Dadis Camara. Nach dem Tod des langjährigen Diktators Lansana Conté hatte er im Dezember 2008 die Macht an sich gerissen und versprochen, das Land in die Demokratie zu führen. Mit einer zivilen Regierung, versteht sich. Nun wird immer deutlicher: Camara spielt mit dem Gedanken, sich selbst zur Wahl zu stellen.

Noch vor neun Monaten hatten ihm alle zugejubelt, als er die Macht übernommen hatte. Ruhig, leise, ohne Blutvergießen. Der Putsch wird schnell "*Le Putsch Allemand*" genannt, der "deutsche Putsch" - da er ihn mit einigen Vertrauten auf Deutsch vorbereitet haben soll. Eine Sprache, die außer ihm und seinen Vertrauten kaum jemand in Guinea spricht.

---

[15] Auszug aus einer Sendung von Marc Dugge, ARD-Hörfunkstudio Nordwestafrika *auf* www.tagesschau.de, gefunden bei der Kritischen Online AG „Neue Kriege" (www.jpberlin.de/online-ag/?tag=camara)

Deutsch gelernt hat er unter anderem an der Führungsakademie der Bundeswehr - an seinem roten Barrett steckt stets ein Abzeichen der deutschen Fallschirmspringer. Bei einer Fernsehdiskussion sagte Camara: "Ich habe in Deutschland meine Grundausbildung gemacht! Gruppenführer! Zugführer! Fallschirmspringerlehrgang! Wenn ich nach Deutschland zurückkehre, werde ich das als Präsident tun. Die Bundeskanzlerin soll mich empfangen - das ist das Mindeste, was ich an Respekt erwarte!"

Camara ist geladen, seine dunkle Sonnenbrille hat er abgezogen, die Augen funkeln vor Wut. Gerade hat ihn der deutsche Botschafter in Guinea vorsichtig gefragt, ob er gedenke, sein Versprechen einzuhalten. Das Versprechen, bei den kommenden Wahlen nicht als Präsident zu kandidieren, um eine zivile Regierung zu ermöglichen. Camara explodiert förmlich. Allein die Frage ist für ihn ein Affront: "Ich bin bei mir. Das ist mein Land. Ich bin Präsident. Respektieren Sie meine Autorität. Ich schätze Deutschland und seine Autoritäten sehr. Behandeln Sie mich nicht wie ein kleines Kind. Ich bin Präsident. Präsident von Guinea!"

Neun Monate nach dem Putsch sind bei Camara die Nerven gespannt. Dabei hatte er so viele Vorschusslorbeeren bekommen - auch in Guinea. Im Militär galt er eher als Außenseiter. Camara war keiner aus der alten Machtclique. Camara war einer, der integer und besonnen ist und es mit dem Kampf gegen Armut und Korruption ernst meint. Deshalb wurde er von den Guineern begeistert begrüßt. Das ist lange vorbei. Zu der Protestkundgebung gegen ihn im Stadion von Conakry sollen am Montag 50.000 Menschen gekommen sein - doppelt so viele, wie für das Stadion zugelassen sind.

Nach dem Tod von Präsident Conté war es Camara zunächst gelungen, die Machtkämpfe der Militärs in Schach zu halten. Und er hat dafür gesorgt, dass das Land nicht ins Chaos abgerutscht ist. Heute ist sich kaum einer sicher, ob ihm das noch bis zu den angekündigten Wahlen im Januar gelingen wird.

Die Zeit der Hoffnungen ist vorbei: Ein neuer Wandel tut not![16]

Hoffnungen auf Wandel unter der Militärregierung junger Offiziere, die anfänglich auch unter Gewerkschafter/inne/n vorhanden waren, sind brutal(st) enttäuscht worden. Die Militärs schlagen nun ihrerseits zu und wollen an der Macht bleiben. Ihr Chef erhielt einen Teil seiner Offiziers-Ausbildung bei der Bundeswehr in Hamburg, Leipzig und Dresden...

Ausführliche und überarbeitete Fassung eines Artikels mit dem Titel Zuckerbrot und Peitsche, der am heutigen Freitag, 2. 10. 2009 (vom Autor gekürzt) in der Tageszeitung ‚Neues Deutschland' erschien.[17]

Es sollte ein Versprechen nach Aufklärung darstellen und die „internationale Gemeinschaft" beruhigen - klingt aber ganz wie eine Drohung. „Wir werden die Verantwortlichen für diese Tragödie finden und vor Gericht stellen" tönte der Chef der Militärregierung der Republik Guinea, der 45Jährige Armeehauptmann Moussa Dadis Camara, am Dienstag und Mittwoch dieser Woche. Voraus ging das Massaker am Montag um die Mittagszeit, im Stadion der Hauptstadt Conakry.

Zahlreiche Menschen waren zusammengeströmt, im „Stadion des 28. September" – diesen Namen trägt das große Stadion von Conakry unter Anspielung auf den 28. September 1958, also das Datum, an dem Guinea in einer Abstimmung für seine vollständige Unabhängigkeit von der bisherigen französischen Kolonialmacht (und gegen den Beitritt zu einer damals geplanten ‚Communauté française', den Plänen für die Bildung eine Art französischen Commonwealth' folgend) votierte. Es geschah auch an einem 28. September – diesem Montag -, also am guineeischen Nationalfeiertag.

Dann eröffneten Soldaten das Feuer auf diese gemeinsame Großveranstaltung der Oppositionsparteien, die am Vorabend in letzter Minute verboten worden war. Aufgrund der Tatsache, dass das Verbot derart spät ausgesprochen worden war (unter dem Vorwand, die Menschen sollten an diesem Nationalfeiertag „auf die Straße gehen, um zu feiern", und nicht um über Politik zu streiten), wussten zahllose Menschen davon aber noch gar nichts, als sie am Montag sehr früh aus ihren Armenvierteln zu der

---

[16] Bernhard Schmid, 2. 10. 2009 www.labournet.de/internationales/gn/blutbad.html
[17] Der gekürzte Artikel ist zu finden unter: www.neues-deutschland.de/artikel/156707.zuckerbrot-und-peitsche.html?sstr=Schmid

Kundgebung strömten. An ihr nahmen Zehntausende von Menschen teil; ihr Gegenstand war die Forderung, der amtierende Da facto-Präsident und Offizier Moussa Dadis Camara dürfe nicht als Kandidat zur kommenden Präsidentschaftswahl (die nun, infolge ihrer kürzlich erfolgten Verschiebung, auf den 31. Januar 2010 angesetzt ist) antreten: Befürchtet wird, dass der Putschpräsident als Kandidat antritt und sich – als gleichzeitiger Machthaber – durch eine „Wahl" nur im Amt bestätigen lässt.

Militärkommandant Tiéboro Camara, der amtierende Minister „für die Spezialdienste (= Nachrichtendienste, politische Polizei), den Kampf gegen Drogenhandel und organisierte Kriminalität", empfing daraufhin die Wortführer der herbeiströmenden Anhänger der Opposition – nachdem er konstatiert hatte, dass seine Forderung, die Kundgebung doch um 24 Stunden zu verschieben, angesichts des einsetzenden Zulaufs vergeblich war. (Eine Forderung, die insofern heuchlerisch war, als das vom Regime am Sonntag Abend ausgesprochene Kundgebungsverbot für den ganzen Wochenzeitraum vom 28. September bis zum kommenden Montag, 05. Oktober gültig war.) Er begab sich zusammen mit ihnen ins Stadion und hielt sich einige Minuten dort auf – machte sich dann aber eilends vom Acker. Kurz darauf begann das Massaker.

Die Soldaten schossen mit scharfer Munition auf „alles, was sich bewegte"; manchen Informationen zufolge sollen die Soldaten, die daran beteiligt waren, zuvor unter Drogen gesetzt worden sein. Zahlreiche anwesende Frauen wurden zudem zu Opfer extremer, sexualisierter Gewalt. Laut Angaben örtlicher NGOs und der französischen Presse starben dabei mindestens 157 Menschen. Mutmaßlich kamen aber mehrere Hundert Menschen zu Tode, denn die Militärs durchkämmen seit Montag Nachmittag die Krankenhäuser von Conakry und schaffen Schwerverletzte und Tote weg. Aus der Universitätsklinik beispielsweise transportierte ein Armeelastwagen einen Berg von Leichen an einen unbekannten Ort.

Die Militärregierung des „Nationalen Rats für Entwicklung und Demokratie" (CNDD) spricht hingegen von 50 Toten. Von ihnen seien 46 im Stadion durch andere Kundgebungsteilnehmer in einer Massenpanik erdrückt worden, und drei seien „durch Querschläger erwischt worden". Die Schuld daran trage allein die Opposition, denn, so Dadis Camara, diese habe angeblich „zwei Polizeiwachen gestürmt und Waffen erbeuten wollen". Das Versprechen des Junta-Chefs, die Verantwortlichen zur Rechenschaft zu ziehen, richtet sich also eindeutig gegen die Opposition. Deren führende Politiker halten sich im Augenblick versteckt; mehrere ihrer Köpfe wurden am Montag selbst verletzt. Der frühere Premierminister Cellou Diallo etwa wurde von Soldaten geschlagen und kam mit fünf Rippenbrüchen davon. Am Dienstag kam es in Conakry zu weiteren Gewalttaten; mehrere Jugendliche, die Autos in Brand steckten und Barrikaden errichteten, wurden durch die Sicherheitskräfte erschossen.

Aufgrund der heftigen internationalen Reaktionen, die das Regime mutmaßlich in diesem Ausmaß nicht erwartet hatte - die EU, die Afrikanische Union, Washington und Paris erklärten schnell ihre scharfe Verurteilung der Repression -, bemühte Regimechef Dadis Camara sich jedoch um beruhigende Gesten. Er besuchte seit Dienstag mehrere der über 1.200 Verletzten, die das Blutbad hinterließ, demonstrativ an ihren Krankenbetten und versprach am Mittwoch eine „internationale Untersuchungskommission". Ferner spricht Moussa Dadis Camara seit Mittwoch nun der „Bildung einer nationalen Einheitsregierung",unter Einschluss der zivilen Oppositionsparteien, das Wort. Dies beinhaltet in der derzeitigen politischen Situation aber vor allem die Forderung nach Unterordnung der zivilen politischen Kräften, mit denen zusammen er eine Regierung bilden möchte. Denn schon bislang gibt es ein (teilweise) aus Zivilisten bestehendes Kabinett, unter Anführung von Technokraten und früheren Bänkern; es übt nur keine reale politische Macht aus, denn die Minister müssen allabendlich im Militärcamp Alpha Yaya Diallo (in Conakry) antanzen, wo Moussa Dadis Camara nach wie vor residiert, und sich quasi ihre Tagesbefehle abholen.

Zuvor hatte Dadis Camara wohl mit einer „milderen" internationalen Reaktion gerechnet: Seitdem der Putschgeneral Mohamed Ould Abdelaziz - der Anfang August 2008 in Mauretanien bewaffnet die Macht übernahm - am 18. Juli dieses Jahres dort offiziell zum Präsidenten gewählt wurde, fühlt er sich in seinen Plänen bestärkt, auf die Dauer an der Macht zu bleiben. Der Urnengang in Mauretanien wird zwar durch die dortige Opposition als „von Unregelmäßigkeiten und Manipulationen geprägt" bezeichnet (eine genaue Überprüfung der Vorwürfe ist nicht möglich), wurde aber durch die Ex-Kolonialmacht Frankreich vollständig gedeckt. Zuvor hatte der französische Präsident Nicolas Sarkozy im März dem damaligen Putschregime seine Unterstützung erklärt: „Ich sehe nicht viele Demonstrationen gegen diese Regierung." Allerdings läuft das politische Geschehen in Mauretanien unblutig ab. Von der Republik Guinea lässt sich das nicht behaupten, was auch mit dem hohen sozialen Druck aus der Bevölkerung zu tun hat.

Der westafrikanische Staat hat zwar seit seiner Unabhängigkeit im Jahr 1958 keine Demokratie erlebt und kannte überhaupt nur zwei Präsidenten, bevor eine Gruppe junger Offiziere am 24. Dezember 2008 die Macht übernahm - nachdem einen Tag zuvor der Tod des alten Staatsoberhaupts

Lansana Conté bekannt gegeben worden war. In Wirklichkeit war Conté wahrscheinlich schon länger zuvor gestorben. Lansana Conté, der sich auf die Armee stützte und eine wirtschaftsliberale Politik der „Öffnung" - unter Annäherung an die USA - durchführte, war 1984 auf Ahmed Sékou Touré gefolgt. Der im März 1984 verschiedene Sékou Touré hatte anfänglich eine antikoloniale Politik im Bruch mit der frühren Kolonialmacht Paris verfolgt, war jedoch im Laufe der Jahre an der Macht zunehmend einer starken Paranoia verfallen und hatte ein blutiges Repressionsregime eingeführt.

Dennoch, trotz dieser eher tragisch verlaufenen Geschichte, herrscht in Guinea absolut keine „Friedhofsruhe". Im Januar und Februar 2007 führten die Gewerkschaften, die in dem westafrikanischen Land außerordentlich stark verankert sind, zusammen mit Vereinigungen der Zivilgesellschaft einen mehrwöchigen Generalstreik durch. Dessen Niederschlagung forderte damals über 120 Todesopfer, doch in seinem Anschluss war die Autorität des alternden und kranken Präsidenten Lansana Conté schwer angeknackst.

Vom Machtwechsel am 24. Dezember hatten viele Guireer, und auch die Gewerkschaften, sich zunächst positive Auswirkungen erhofft.

Die jungen Offiziere, die hinter dem CNDD standen, waren zuvor - mangels Alters und Gelegenheit - nicht so stark in die weitverzweigten Netzwerke der Korruption verstrickt, die bis dahin das Regime geprägt hatten. Diese oligarchischen Netzwerke waren Teilhaber an der Ausplünderung des Landes durch internationale Konzerne, da ihre Angehörigen stärker an persönlicher Bereicherung durch Korruption interessiert waren und sind - also bereit waren, Verträge über die Ausbeutung von Rohstoffen zu deutlichen Ungunsten ihres Landes zu unterzeichnen.

Unter Lansana Conté, gegen Ende seines Lebens, hatte die Republik Guinea zudem dem internationalen Drogenhandel als „Plattform" auf den Vertriebswegen zwischen Kolumbien und Europa gedient. Die jungen Offiziere versprachen, mit diesen Seilschaften „aufzuräumen" und zudem die internationalen Wirtschaftsverträge neu auszuhandeln. Zwei Dutzend ältere Offiziere, die besonders intensiv an den früheren Praktiken teilhatten, wurden zwangsweise in den Ruhestand versetzt. Ferner verknüpfte sich mit der Person Moussa Dadis Camara's bei vielen die Hoffnung, dass der Ethnisierung der guineischen Innenpolitik ein Ende gesetzt werde. Denn er zählt zu keiner der drei großen „ethnischen" Gruppen - Peul, Mandingue, Soussou -, sondern zu einer kleinen Minderheit: jener der Einwohner der abgelegenen Südostprovinz Guinée Forestière.

Doch schnell haben sich die Dinge gewandelt. Die Militärs, nun auch die jüngeren unter ihnen, haben rasch Gefallen an der Macht gefunden. Dadis Camara umgab sich entgegen anfänglicher Erwartungen doch überwiegend mit Männern aus seiner „Ethnie", die zwar eine kleine Bevölkerungsgruppe bilden - mit denen er aber die Präsidentengarde, die Elitetruppe des Regimes, bestückt. Und er selbst lebt zwar nach wie vor in rustikalem Stil in einer Kaserne, wie er immer wieder betont; aber überwiegend deswegen, weil er den eigenen Waffenbrüdern nicht über den Weg traut. Indem er mitten unter ihnen wohnen bleibt, möchte er eventuelle Putschversuche gegen seine Führung vereilten. Seine Familie ist aber unterdessen längst in eine luxuriöse Villa in Conakry eingezogen.

Das angekündigte „Aufräumen" unter Drogenhändlern und Protagonisten der Korruption führte letztlich zu einer Welle brutaler Übergriffe, denen vor allem kleine Dealer in den Armenvierteln und Prostituierte zum Opfer fallen. Die Militärs führe ihre Politik eben durch, wie es ihrem Metier entspricht und wie sie es gelernt haben - „notfalls" mit roher Gewalt.

Das Gemetzel vom Montag dieser Woche markiert einen Point of no return in der Beziehung der sozialen Kräfte in Guinea zu dem amtierenden Regime. Zu Zehntausenden waren die Menschen am Montag früh aus den Armenvierteln von Conakry in das Stadion der Hauptstadt geströmt. Dies belegt, dass die gesellschaftlichen Erwartungen, die besonders die Ärmeren anfänglich auf das neue Regime setzten, enttäuscht worden sind: In ihrer großen Mehrheit leben sie noch immer ohne Strom und fließendes Wasser. Und in seinen Reaktionen vom Dienstag betonte Moussa Dadis Camara im Rahmen seiner Vorwürfe an die Opposition, deren Anführer hätten ja „schon 2007 die Jugend Guineas auf die Schlachtbank geschickt". Damit schiebt der Offizier nunmehr eindeutig und einseitig der Opposition die Schuld an der blutigen Repression von Anfang vorletzten Jahres in die Schuhe - und ergreift damit erstmals sichtbar Position zugunsten des damaligen alten Regimes.

Dadis Camara hatte noch im Juli dieses Jahres in einem Interview hoch und heilig versprochen, nein, auf keinen Fall werde er „im Jahr 2009 Kandidat sein". Damals war noch geplant, die seit dem 24. Dezember 2008 andauernde „Übergangsperiode" so rasch wie möglich zu beenden - und im Oktober dieses Jahres Präsidentschafts-, im Dezember Parlamentswahlen abzuhalten. Nun hat Moussa Dadis Camara den Kniff gefunden, um nicht wortbrüchig zu werden und dennoch seine Wahl zum nächsten „legitimen" Präsidenten der Republik Guineas vorzubereiten: „Aufgrund von

Verzögerungen bei der Einschreibung der Bevölkerung in die Wählerlisten" wurde der Wahltermin verschoben. Auf den 31. Januar kommenden Jahres. Dadurch kann der Juntaführer sein Versprechen halten und „2009 nicht kandidieren", dabei aber dennoch zur Wahl antreten.

Sofern er nicht über den aktuellen Skandal stürzt, dürfte Moussa Dadis Camara also in naher Zukunft vom Putsch- zum offiziell „gewählten" Präsidenten aufrücken. Die Macht der Armee wäre dann ungebrochen. Ach ja, interessant ist auch, wo der Regimechef sein militärisches Handwerkszeug als Offizier gelernt hat: Auf der Führungsakademie der Bundeswehr in Hamburg, sowie bei Lehrgängen zwischen 1996 und 2000 in Dresden sowie Leipzig.

Das offizielle Frankreich spielt unterdessen augenscheinlich ein doppeltes Spiel. Denn einerseits verurteilte „Kooperationsminister" (zuständig für die Beziehungen zu den früheren Kolonien sowie „Entwicklungszusammenarbeit") Alain Joyandet das Massaker und die Repression „auf das Schärfste", und Paris setzte diese Woche jegliche militärische Zusammenarbeit mit der Republik Guinea aus. Auf der anderen Seite aber setzt ein Teil des französischen Staatsapparats aber augenscheinlich auf eine „Normalisierung" der Beziehungen (nach langen Jahren der „diplomatischen Kälte" zwischen Paris und Conakry infolge der bruchförmig verlaufenen Entkolonialisierung) durch Annäherung und betonte Nähe zur guineeischen Militärjunta.

Am 17. September 2009 hatte der (informelle) Sonderberater von Präsident Sarkkozy, der UMP-Politiker Patrick Balkany, die „Nummer Zwei" der Militärregierung – Sékouba Konaté – in Paris ausführlich empfangen. Aus diesem Anlass erklärte Balkany, eine Kandidatur von Moussa Dadis Camara zur künftigen Präsidentschaftswahl werfe „überhaupt kein Problem" auf, denn Camara sei doch „ein guineeischer Bürger wie (jeder) andere auch".

Der als notorisch korrupt geltende Patrick Balkany war seit den späten 1990ern einige Jahre lang von der politischen Bildfläche verschwunden gewesen, erlebte jedoch in jüngerer Zeit – unter Nicolas Sarkozy – ein politisches Comeback. Er hat zwar keinerlei formelles Mandat des französischen Staates inne (mit Ausnahme dessen als Bürgermeister des Paris Geschäftsvororts Levaillois). Doch seit über einem Jahr ist er auf zahllosen Reisen in Afrika unterwegs und hält dort enge Beziehungen zu mehr oder minder zweifelhaften Regime-Chefs, im direkten Auftrag des Präsidenten der Republik, Nicolas Sarkozy.

Das Projekt

Die Beschreibung

Postanschrift
AAFFC c/o Pierre Gbamou - Cece Labile Pierre des Instables
B.P. 2053 Conakry (Rép. de Guinée), West-Afrika

Projektträger im Entwicklungsland
AAFFC

Kurzbeschreibung
AAFFC = Association pour l'augmentation de la formation des femmes dans Conakry (Verein zur Erhöhung der Bildung von Frauen in Conakry), eine von den Einwohnern des Stadtteiles Simbaya gare gegründete Selbsthilfeorganisation. Der Stadtteil liegt zirka bei 9° 37 nördlicher Breite und 13° 36 westlicher Länge.

Projektbezeichnung
Erhöhung der Bildung von Frauen in Conakry

Land
Republik Guinea, Westafrika

Region/Ort
Stadtteil Simbaya gare, Gemeinde Ratoma

Zielgruppe und Zielsetzung
Zielgruppe sind Einwohner des Stadtteiles Simbaya gare und darüber hinaus. Das städtische Projekt befindet sich in der Gemeinde Ratoma. Die Zielsetzung des Projektes ist es, den Alphabetisierungsgrad und damit das Bildungsniveau insbesondere der Mädchen und Frauen zu heben. Es sollen im Stadtteil vorhandene Potentiale erkannt und gebündelt werden, um eine bessere Zukunftsperspektive zu schaffen. In der Folge sollen Möglichkeiten der Selbstversorgung mit Nahrungsmitteln entwickelt werden, um die ökonomische Lage der Familien zu verbessern.

Das Ziel des Projektes ist auch die Verbesserung der medizinischen Basisversorgung der Bevölkerung durch die Ausstattung und den Betrieb von schon errichteten Gesundheitsstationen und die Beschaffung von Medikamenten, um so das Leben der Einwohner in dieser Gegend nachhaltig zu verbessern und die Lebensqualität der Menschen zu erhöhen.

Zusammenfassung der Projektziele
Durch ein verbessertes Bildungsniveau der Mädchen (späteren Ernährerinnen und Erzieherinnen) soll eine nachhaltige Stärkung des Selbsthilfepotentials geschehen. Es soll in einer konkret begrenzten Region eine Steigerung der weiblichen Schüler nachgewiesen werden können. Vorerst einerseits durch Sensibilisierung und Animation und andererseits durch monetäre Unterstützung der Eltern.

Bis zum Anfang des Schuljahres 2011 soll an einem zentralen Platz ein Schulgebäude errichtet werden, um den Mädchen eine Ausbildungsmöglichkeit bis zum Ende der Grundschule im Stadtteil zu geben. Auch eine Schulkantine und eine Bibliothek werden einzurichten sein.

Bis dahin soll das Bewusstsein der Notwendigkeit des Schulbesuchs für Mädchen gesteigert werden. Dies soll durch eine Untersuchung und Erhebung in einem klar abgegrenzten Gebiet geschehen.

Die Standardausrüstung einer bestehenden Gesundheitseinrichtung soll erweitert werden. Der Aufbau eines Gesundheitsdienstes mit dem Ziel, akute und chronische Mangelzustände zu beheben, d.h. neben Beratung und Behandlung, Medikamente gegen Magen-Darm-Infektionen, HIV, Atemwegserkrankungen, Parasitosen, Hepatitis, Hautausschlägen, Malaria zur Verfügung zu haben.

Einbeziehung umweltschonender Energiequellen und angepasster Technologien, um eine bestmögliche Unabhängigkeit von den städtischen Energieunternehmungen zu erhalten.

Soziokulturelle Beratung (eher Begleitung), Unterstützung bei der Planung und der Durchführung bestimmter Teile des Projektes.

Unterstützung des Projektes in finanzieller und materieller Hinsicht.

Entwicklungspolitische Begründung
Das Bildungs- und Gesundheitswesen ist derzeit in Guinea in einer äußerst desolaten Lage. Das Bruttosozialprodukt für die Erziehung beträgt 3,3%. Es existieren 38 Krankenhäuser, d.h. 186.474 Einwohner pro Krankenhaus. Die Geburtenziffer ist 48/1.000, die Sterblichkeitsrate ist 22/1.000, die Säuglingssterblichkeit ist 149/1.000.

Alle bisherigen Entwicklungsprogramme zur Verbesserung der Lebensqualität der Bevölkerung erleiden immer wieder Rückschläge wegen der mangelhaften Gesundheitsversorgung und Ausbildung der Bevölkerung.

Um diese Kalamität zu bekämpfen, werden sich die Bürger und Einwohner von Simbaya gare zu einer Selbsthilfeorganisation zusammenschließen. Für die Entwicklung im Stadtteil werden sie die Association pour l'augmentation de la formation des femmes dans Conakry (= AAFFC) gründen.

Ein nachhaltiger Entwicklungsprozess kann erwartet werden, weil:
die Initiative für das Projekt aus dem Stadtteil kommt, die Bereitschaft, Selbsthilfe zu leisten und zu koordinieren, vorhanden ist, die Motivation und das Engagement beträchtlich sind, die Kommunikation und der Erfahrungsaustausch mit anderen Akteuren unter dem Gesichtspunkt der Verbesserung der Lebensqualität ständig läuft, die Erweiterung des Projektes vorgesehen ist durch:
weitere Beiträge der Bürger des Stadtteiles und durch Projektpartnerschaften, finanzielle und personelle Zusammenarbeit sowie karikative Unterstützungen.

Die Projektarbeit in Österreich

Aus der Sicht von Erika Lipnik

Für mich begann es, als Robert Stöckler von seiner Afrikareise zurück kam. Er erzählte mir von Afrika, seinen Eindrücken und Erlebnissen mit den Menschen. Ich war schon längere Zeit auf der Suche, s nnvolle Projektmithilfe zu leisten. Größere Organisationen zu unterstützen, da hatte ich immer eine Bremse eingebaut. Das war mir zu unpersönlich. Ich wollte mich nicht mit einem Spendenbeitrag « freikaufen ». Ich wollte aktiv helfen. Für mich war es irgendwie naheliegend, hier zu helfen. Die Möglichkeit Land, Geschichte, die Menschen und die Musik kennen zu lernen. Na ja, ein wenig kannte ich die Musik bereits durch das Trommelr, das mir viel Spaß und Freude machte. Und die Aussicht, selbst einmal nach Afrika zu reisen und mir das vor Ort anzusehen, bestand. Da ich Robert vom Trommeln kannte, dachte ich mir, warum nicht.

Die Idee zu helfen war da. Wie, wo und was? Viele Fragen und Ideen. Der gute Wille und unser europäisches Denken. Los ging es. Was wollen wir genau machen und wie? Robert hatte die Idee, Hilfsgüter mit einem Container per Schiff nach Afrika zu bringen. Klang irgerdwie einfach und machbar. Sammeln, verpacken und in den Container und ab auf das Schiff. Wenn ich mehr darüber nachgedacht hätte wie aufwendig das wird, vermutlich hätte ich es nicht getan. Andererseits hätte ich niemandem helfen können und nichts Neues gelernt. Und das war wirklich viel. Ich hatte keine Ahnung von einem Projekt.

Erst nach der Ursulinenhofveranstaltung « Sag mir wie st Afrika » haben wir uns nach langem hin und her dazu entschlossen eine Hilfsgütersammlung zu organisieren.

Es wurden Flyer und Visitenkarten gestaltet und verteilt Werbung in den Printmedien, per Mail, per Post versandt und persönlich verteilt. Das Ergebnis dieser beiden Sammeltage jeweils in Linz und in Kirchdorf war überwältigend. Viel haben die Leute gespendet, einfach unglaublich. Manches war sehr liebevoll zusammengelegt worden. Teilweise waren ganz neue Sachen dabei. Bei den Babysachen war es sehr gut zu sehen. Unwahrscheinlich. Viel unglaublicher waren die Mengen an Damen und Herrenbekleidung. Wenn ich daran denke, wie viele Schachteln wir mit XL und XXL beschriftet haben. Ich glaube es waren 2-3 Paletten oder mehr. Deshalb unglaublich, weil ich mit Afrika nicht wirklich diese Dimensionen an Kleidungsgrößen verbunden hatte. Ich war sehr verwundert darüber. Der Container war voll.

In Micheldorf war soviel an Hilfsgütern eingelangt, dass wir kurzfristig eine Lagerstätte benötigten. Das hieß wieder, telefonieren und die Sachen dorthin bringen. Nach einer nochmaligen Sortierung stellten wir fest, diese Menge füllt einen zweiten Container.

Meine Tätigkeiten
Ein kleiner Einblick in meinen Tätigkeitsbereich. Davon habe ich in vier Monaten (November 2008 – März 2009) ca. 240 Stunden dokumentiert, danach habe ich die Dokumentation wieder aufgegeben.
Container: Kauf und Verkauf, Terminvereinbarungen, Besprechungen mit Aduna, Helfer in Linz und Kirchdorf, Rail Cargo, ESV-Halle Wels, Lagerhaus Steyregg, Transporte, Sortieren der Hilfsgüter Datensammlungen, Recherchen, Korrespondenz und verwalten von: Adressen der Paten, Helfern und Sponsoren; Afrikainformationen, Frauenprojekte, Mikrokredite, Solarenergie, Vereinsgründung? Spendengütesiegel? Gestaltung der Radiosendung – weibliche Genitalverstümmelung; Newsletter; Onlinemarketingseminar, Organisation von Trommelkursen, Projektpräsentationen, Benefiz- und Infoveranstaltungen, Verwaltung des Spendenkontos; Werbung, Werbemittel: Buttons, Facebook, Flyer, Briefpapier, Dankeskarten, Mailings, Plakate, Visitenkarten, Regionalzeitungen, Roll-Outs, T-Shirts, Aushängen von Werbemitteln. Logogestaltung, Entwurf von Gerald; Internetseite: Gestaltung und Wartung von Ronald. Und ich habe versucht Französisch zu lernen.

Organisierte Veranstaltungen:
Sag mir wie ist Afrika im Ursulinenhof Linz und Choreografie der Tanzstücke, Infoveranstaltung mit tam tam d´Autriche im Familienzentrum Kidsmix Linz, Containersammlung und Containerbemalung am Containerhafen Linz, Hilfsgütersammlung in Micheldorf bei der Apotheke zum Hl. Georg, Trommelworkshop für Afrika im Kidsmix in Linz, 2. Projektpräsentationen: Ekiz Kidsmix, Linz, Bulgariplatz, « Kann spenden Sünde sein » WKO Kirchdorf, JUZ Micheldorf, Königswiesen und Sankt Pantaleon, Waidhofen/Ybbs, Flohmarkt in der ESV-Halle in Wels, Benefiz bei „Folget dem Stern" in Micheldorf, Gesunde Gemeinde Vorderstoder – Trommelkurs, Projektpräsentation im Pfarrheim Kirchdorf mit der tam tam trommelgruppe, Trommeln für Afrika in der Volksschule Inzersdorf und Projektpräsentation in Schlierbach im SPES.

Meine Erkenntnis aus diesem Projekt:
Eine einfachere Vorgehensweise. Nicht gleich ein großes Projekt starten. Die Möglichkeiten vor Ort nutzen und die Menschen nicht überfordern. Egal

ob es Fragen, Geld, Listen oder Hilfsgüter sind. Viel weniger Zeit mit Listen und Internet verbringen. Sich weniger mit Werbung beschäftigen. In kleinerem Rahmen denken und handeln. Sich in afrikanische Denkstrukturen begeben. Darauf achten: Wer nicht selbst aktiv wird, wird nicht unterstützt. Soll heißen, niemanden eine Hilfe aufdrängen. Sich zurückhalten. Geduld haben. Es gibt ein afrikanisches Sprichwort: Wir haben die Zeit und die Europäer die Uhren. Afrika hat soviel Potential, wir Europäer werden in vielen Jahren ganz anders auf Afrika blicken und dabei werden wir staunen was Afrika noch schaffen wird. Davon bin ich überzeugt. Wenn wir aufhören helfen zu wollen und uns z.B. auf unsere Regionalprodukte konzentrieren und nicht auf Billigprodukte z.B. aus Afrika beziehen. So helfen wir unserer Region und ganz nebenbei Afrika. Es macht keinen Sinn, Hilfsgüter mit soviel Aufwand nach Afrika zu bringen. Ich freue mich, wenn ich das noch miterleben werde.

Sehr interessant war auch, dass hauptsächlich Frauen aktiv hier mitgeholfen haben und Männer vorwiegend finanzielle Unterstützung gegeben haben. Ich habe in dieser Zeit viel gelernt und sage herzlichen Dank an ALLE Beteiligten.

Ich sehe es als Erfolg, wenigen Mädchen, Frauen und Männern ermöglicht zu haben, eine Zeit lang anders zu leben. Auch wenn es nur ein Mädchen gewesen wäre, sie wird es weitergeben.

Danke für die gemeinsame Projektzeit.
Erika Lipnik

Ein Beispiel für die Betreuung der Paten und Spender. Jeder erhielt eine Dankeskarte

2008

Die Vorbereitungen der Reise

Mit Pierre Gbamou und anderen habe ich von Österreich aus meinen Besuch, der für November geplant war, in unzähligen Mails vorbereitet.

24.2.2008
Guten Tag oder Guten Abend, ich denke an Dich. Ich danke für alles, was Du für mich getan hast. Pierre.

1.3.2008
Hallo Robert, ich grüße Dich. Ich denke immer an Dich. Ich grüße alle Kinder, die Du hast. Ich grüße Deine Frau und Deine Kinder. Bis bald. Pierre

8.3.2008
Hallo Robert, es ist Pierre. Ich habe Deine E-Mail erhalten. Ich denke oft an die Zeit, da Du bei uns in Conakry warst. Ich grüße Deine Kinder. Ich möchte wissen, warum Du mich nie anrufst. Pierre. Ich denke immer an Dich.

10.3.2008
Liebe Freunde in Conakry, ich hoffe, dass es Euch gut geht. Hier die Beschreibung meines Hilfsprojektes für Conakry. Wenn Du nicht alles lesen willst, so bitte ich Dich dennoch zur Beantwortung der nachfolgenden Fragen:
   1. Wie viel Geld braucht man um in Conakry ein Kind oder einen Erwachsenen zu ernähren?
   2. Wie viel kostet ungefähr die Miete für ein (kleines/großes) Haus?
   3. Wie hoch sind die Schulgebühren?
   4. Was ist noch wichtig für Euch, woran eventuell ein Europäer gar nicht denkt?
Vielen Dank für Deine Hilfe. Liebe Grüße. Robert aus Österreich

19.3.2008
Robert, guten Tag oder Guten Abend, ich habe Deinen Brief gesehen. Ich verstehe das so, dass Du ein großes Projekt vorhast. Gib mir bitte die Zeit, dass ich deine Fragen gut reflektieren kann. Heute habe ich Deinen Brief gelesen. Morgen komme ich wieder (ins Internet Cafe), um nach guten Überlegungen zu antworten, weil das ist keine kleine Sache, die Du da machen willst in Guinea. Über Dein Projekt bin ich sehr zufrieden und ich möchte nicht, dass Du damit strandest. Es ist notwendig, dass ich dir

befriedigende Antworten liefere. Morgen komme ich um Dir sehr gut zu antworten. Pierre.

20.3.2008
Hallo Pierre, danke für Deine Antwort. Du bist der zweite, der mir antwortet. Ich freue mich, wenn Du für mich arbeiten möchtest. Es wird ein tolles Projekt. Ich brauche Menschen in Conakry auf die ich mich verlassen kann. Menschen denen ich vertrauen kann. Ich danke Dir für Dein Interesse an meinem Projekt. Es zeigt von großer Intelligenz. Das ist wahrscheinlich eine große Chance für Dich. Es erfordert nicht nur die Bereitschaft zu großem Engagement, sondern es braucht auch viel Wissen um die Möglichkeiten in Eurem Land und viel Kraft zur Umsetzung von Vereinbarungen. Ich freue mich über Deine intensive Auseinandersetzung mit meinen Fragen. Ich bitte Dich, mein Verbündeter zu werden. Kann ich mit Dir rechnen? Robert

20.3.2008
Robert Stöckler, Ich habe sehr viel nachgedacht über Deine Fragen und ich habe auch andere Menschen befragt, die mehr wissen als ich. Beim Lesen Deiner Fragen habe ich den Eindruck gewonnen, dass du eine breite Palette an für uns wichtigen Investitionen in Guinea tätigen wilst. Daher brauche ich noch weitere Informationen.

1) Auf welchem Gebiet wollen Sie in Guinea investieren? Und wenn es auf dem Gebiete des Handelns oder der Landwirtschaft ist, dann sagen Sie es uns.
2) Sie sprechen von Ernährung. Alle Menschen in Guinea ernähren sich von Reis.
3) Kinder: möchten Sie die vernachlässigten Kinder nehmen, die von der Straße, oder allgemein? Es muss das Gebiet definiert werden, wo Sie die Kinder aufnehmen möchten. Generell gilt in Guinea die Armut. Die meisten Kinder sind mager. Man isst nur ein Mal am Tag.
4) Wohnen: bezüglich der Wohnsituation lassen Sie mich wissen, ob Sie in den Bau von Wohnungen investieren wollen und die Sie dann vermieten oder verkaufen wollen. In einem Zimmer schlafen 5 bis 10 Personen. Einen Preis für ein Haus kann ich Ihnen nicht sagen. Man müsste wissen, welche Art von Haus Sie bauen wollen.
5) Bildung: es gibt zwei Arten von Bildung, oder drei:
a. die Bildung des Kindes in der Schule,
b. die berufliche Ausbildung von Kindern, die keine Möglichkeit hatten, in die Schule zu gehen (zB Maurer, Spengler, Schneider, Friseur, Mechaniker...)
c. Alphabetisierung von jungen Erwachsenen

Bei uns kommt man mit sieben Jahren in die Schule, mit vier in die Vorschule.

Die Kosten für die Schule sind unterschiedlich. Sie sind abhängig von der Schule. Vor allem variieren die Preise nach Klassen bzw. Schuljahren. Auch die Entlohnung der Lehrer ist sehr unterschiedlich. Ich werde Ihnen noch berichten. Schließlich möchte ich Sie daran erinnern, dass vor allem eine Vereinbarung mit der Regierung zu treffen sein wird. Es muss das Projekt, das Sie machen wollen, in einer Annerkennungsurkunde zertifizieren. Die Kosten dafür betragen GNF 4,000.000 (€ 750).

Ich möchte, dass Du mir ein wenig mit Geld hilfst, damit ich mir ein Telefon kaufen kann. Meines ist mir hinuntergefallen und ich habe kein Geld. So könnte ich immer mit Dir in telefonischem Kontakt sein. Es ist Geld erforderlich, wenn ich immer für Sie da sein soll. Internet und Telefon verschlingen Geld. Ich möchte mit Ihnen arbeiten. ADRESSE. CECE LABILE PIERRE GBAMOU. NUMERO DE CARTE 03011601 xxxxxx. PIERRE.

21.3.2008
Hallo Robert, eine Sache habe ich noch vergessen. Hier die Informationen. Wegen des Hauses will ich Ihnen sagen, dass man natürlich ein Haus bauen oder kaufen kann. Ein Grundstück kostet 150,000.000 bis 200,000.000 GNF. Ein fertiges Haus 350,000.000 bis 400,000.000 GNF. Miete zwischen 350.000 bis 400.000 GNF im Monat. Ich habe Dich nicht um Geld gefragt, damit ich was zu essen habe, sondern dass ich mit Dir in Kontakt sein kann und dir Neuigkeiten berichten kann. Pierre

25.3.2008
Hallo Pierre, Danke für Deine hervorragende Antwort. An Deinen Gedanken kann man erkennen, dass Du ein gebildeter Mensch bist. Intelligent und umsichtig. Ich möchte, dass du für mich arbeitest und will Dir dafür monatlich einen Betrag schicken. Ich werde die bisherige Beschreibung meines Projektes noch einmal an alle meine Freunde senden. Somit wirst auch Du wieder alles lesen können. Dort werde ich auch die Fragen formulieren, die ich derzeit noch habe. Bitte um Deine entsprechende Antwort.

27.3.2008
Hallo Robert, ich möchte mit Dir gut zusammenarbeiten. Die Arbeit hat noch nicht angefangen. Wenn es aber losgeht, wird es laufend etwas zu berichten geben. Ich habe im Auto mein Telefon verloren. Immer wenn ich dich

anrufen möchte, muss ich mir ein Telefon ausborgen. Meine derzeitige Telefonnummer: 224 xxxx. Morgen antworte ich Dir. Pierre.

28.3.2008
Robert, guten Abend. Hier sind die Antworten zu Deinen Fragen. Der Mietpreis in Conkary variiert je nach Haustyp zwischen 2,5 Mio. und 4,5 Mio. GNF. Die Schulgebühren in einer Schule in Kipé kosten 3,5 Mio. GNF. Doch es gibt zwei Gruppen, jene die im Internat sind und jene, die täglich heimgehen. Es gibt andere Schulen, wo die Schulgebühren zwischen 70.000 und 150.000 GNF je Monat liegen. Um ein Kind zu ernähren braucht man am Tag etwa 9.000 GNF oder im Monat etwa 360.000 GNF. Im Jahr 4,320.000 GNF. Für einen Erwachsenen sind es 8,370.000 GNF. Es ist noch zu sagen, dass der Preis am Markt jeden Tag sich ändert. Es gibt viel zu tun! Grüße an Dich und Deine Familie. Alles Gute. Pierre

28.3.2008
Pierre, Bienvenue dans le projet: Alphabétisation Conakry, a bientôt. Robert

La nummero de transaction (MTCN) est: 8056752525
   Auftragsdatum: 28/03/2008
   Überwiesener Betrag :   €43,09
   Geldüberweisungsgebühr : €10,00
   Zusätzliche Servicegebühr(en) : €1,50
   Gesamtbetrag: €54,59
   GF 300.000,--

4.4.2008
Hallo Robert, ich möchte Dich grüßen und informieren, dass ich das Geld mit einem guten Umrechnungskurs behoben habe. Für die nächste Überweisung bitte den Namen so schreiben: CECE LABILE PIERRE GBAMOU. Ich denke, dass Du ein wenig genervt bist. Schreib mir. Ich möchte Dir für Dein Projekt helfen. Es ist eine sehr gute Initiative für Guinea, mein Land und für mich. Ich werde vor Dir und vor Gott sein. Pierre
Bis bald Robert Stöckler.

8.4.2008
Hallo Pierre, nun wollen wir also loslegen mit unserer gemeinsamen Arbeit. Dazu ist es notwendig, dass wir einige Dinge vorweg einmal klären: ich möchte, dass wir sehr offen und ehrlich miteinander umgehen. Fragen und offene Punkte müssen immer sofort geklärt werden. Für den Beginn brauche ich noch viele Informationen. Deine Arbeit wird darin bestehen, mir die

gewünschten Informationen zu beschaffen. Vorerst müssen wir noch klären, wie wir miteinander kommunizieren wollen. Durch unsere unterschiedlichen Kulturen kann es sein, dass du oft meine Fragen nicht verstehst. Darüber müssen wir uns austauschen.

Yahoo Messenger wäre eine gute Möglichkeit mit relativ niedrigen Kosten miteinander zu kommunizieren. Zu Deiner Information: Telefonieren von Österreich nach Conakry kostet eine Minute 10.000 GF. Was kostet es, von Conakry nach Österreich zu telefonieren? Eine Stunde im Internet zu sein kostet in Conakry 5.000,-- GF. Das bedeutet, der halbe Preis und 60-mal mehr Kommunikationszeit. Man kann also in „Echtzeit" chatten, also schriftliche Informationen austauschen.

Es könnte sein, dass wir beide in eine Situation kommen, wo wir überfordert sind. Du, weil Du im Schreiben der französischen Sprache nicht perfekt bist und ich weil ich hauptsächlich in der Sprache und ein wenig im Schreiben meine Probleme habe. Wenn du nun ein Internet-Cafe findest, wo es eine Kamera und ein Mikrofon gibt, dann müsste es möglich sein über den Messenger von Yahoo zu kommunizieren. Wir könnten uns hören und uns sogar sehen! Das wäre sehr hilfreich. Bitte organisiere uns diese Möglichkeit. Ich bin in Yahoo unter robertdautriche zu finden.

Pierre, ich würde Dich ein Mal in der Woche anrufen für eine Stunde im Internet. Das kostet bei Euch 30.000 GNF. Um diesen Betrag kann ich mit dem normalen Telefon von hier aus nur drei Minuten telefonieren. Aber wir haben mehr Gesprächsbedarf. Alleine schon deshalb, weil ich noch nicht so gut Französisch kann und nicht so schnell verstehe. Hier sind die Anweisungen, wie Du mich auf Skype findest ………..Wir brauchen nur einen Zeitpunkt finden, an dem wir beide im Internet sind. Auf bald. Robert

14.4.2008
Robert, wie ich schon sagte, ich bin in der Stadt um ein Cyber-Cafe zu finden, wo es eine Kamera gibt. Ich habe Dich angerufen, aber niemand hat abgehoben. Ruf Du mich an. Pierre.

14.4.2008
Hallo Robert, heute Morgen habe ich ein Internet-Cafe gefunden wo es eine Kamera gibt, aber kein Telefon. Eine Stunde kostet 20.000 GNF. Das Hinfahren und Retour kostet 10.000 GNF. Ruf mich an und wir werden einen Termin ausmachen. Die E-Mail, die ich Dir gestern geschrieben habe, ist nicht gelungen. Die Entlohnung der Lehrer ist zwischen 350.000 und

400.000 GNF. Aber es differiert je nachdem an welcher Schule die Lehrer unterrichten. Glaube an mich. Es fordert mich sehr. Pierre

17.4.2008
Robert, bei einem Libanesen habe ich eine gute Kamera gefunden. Er sagte 1,500.000, aber wir haben viel diskutiert und wir verblieben bei 1,200.000 GNF. Sehr gute Qualität, sehr gute Marke. Aber das ist ein hoher Preis. Ich habe viel herumgesucht. Fast zwei Tage. Es gibt noch Fragen. Um eine Antwort zu bekommen, muss ich ins Ministerium. Um die Anzahl der öffentlichen Schulen, der Privatschulen und deren Schüler zu erfahren. Dazu muss ich in die Stadt. Bis Morgen Robert, mein Chef. Pierre

20.4.2008
Hallo Pierre, danke für Deine Arbeit. Du bist sehr fleißig. Hier bei uns gibt es PC-Kameras von 18 bis 30 €. Lass Dir die beiliegenden Fotos ausdrucken und zeig sie beim Händler her.

22.4.2008
Robert Stöckler, ich habe diese Kameras gesehen, doch bei Euch gibt es einen Fix-Preis und bei uns ist das sehr unterschiedlich. Der Preis für eine Fotokamera ist 120 € und für eine Foto- und Filmkamera 390 €. Sie sind neu und der Preis steigt, Robert. Pierre.

23.4.2008
Hallo Pierre, hier noch einmal Fotos und Preis der Kameras bei uns.

24.4.2008
Robert Stöckler, in der Beilage kannst du die Einkünfte einer Familie erkennen. Ich verstehe Dich nicht immer. Manchmal denke ich, dass Du glaubst, ich möchte Dich betrügen, wenn es um den Preis eines Fotoapparates geht. Ich sage Dir immer die Wahrheit. Der Handel in Guinea ist bizarr. Jeder setzt den Preis fest, wie er will. Jeder der lügt, hat kein langes Leben. Der, der die Wahrheit sagt, lebt lange. Wir brauchen eine Kamera mit sehr guter Qualität, damit wir sie lange nutzen können. Ein Fotoapparat kostet 100€, eine Kamera mit Kopfhörer für den Computer kostet 120€. Eine Filmkamera SONY kostet 250-300€. Ich werde Dir immer die Wahrheit sagen, auf dass wir lange leben werden. Ich werde Dich nicht betrügen. Robert ich werde bei der Wahrheit bleiben, damit ich lange lebe im Projekt mit Dir. Du musst mir antworten. Pierre, bis bald. Ich werde Dir immer die Wahrheit sagen, damit wir lange leben werden.

1.5.2008

Hallo Robert, wie geht es Dir? Ich habe nicht gewusst, welche Kamera Du meinst. Jetzt habe ich verstanden. Du kannst nun das Geld schicken. Wenigstens 100 €, denn – das ist Guinea – der Preis wechselt manchmal. Damit ich schnell arbeiten kann. Pierre

3.5.2008
Herr Robert, bei meiner ersten Antwort habe ich Dir gesagt, dass die Löhne generell sehr niedrig sind. Sie sind schlecht bezahlt. Bei den Privatschulen ist das Salär bei ungefähr 600.000. Ein Sack Reis kostet derzeit 210.000 GNF. Einwohnerzahl kann ich Dir keine nennen, weil seit 1996 keine Zählungen gemacht wurden. Heute gehen die Kinder ab drei Jahre in die Vorschule und ab fünf bis sechs Jahren in die Grundschule. Die wenigsten Kinder gehen in eine öffentliche Schule. Höchstens 10 bis 15 Prozent der Mädchen gehen in die Schule. Über die Anzahl der Schulen usw. konnte ich noch nichts herausbringen. Ich werde Dich bald informieren. Über die Kameras reden wir ein anderes Mal. Danke Robert. Pierre

3. 5. 2008
Benefizveranstaltung im Ursulinenhof Linz – Sag mir wie ist Afrika

5.5.2008
Hallo Pierre, heute möchte ich mich für Deine bisherigen Aktivitäten bei Dir bedanken. Gerne werde ich bei meinem nächsten Besuch in Guinea alle Möglichkeiten mit Dir besprechen, die es gibt, um Dir und Deinem Land zu helfen. (Kaffee, Kakao) Bis zum November möchte ich dabei bleiben, die Erhöhung des Bildungsniveaus der Frauen in Conakry als Ziel zu fixieren. Ich bitte Dich um Konzentration auf meine Fragen und Wünsche. Was mich beschäftigt ist die Differenz zwischen den Möglichkeiten der Einkünfte und den notwendigen Ausgaben.

Ich habe von einigen Bekannten aus Conakry Antworten auf meine Fragen erhalten. Von Lancinet, Saran, Bobley Ibrahim, auch von Adama und Moustapha Gueye. Meine Erkenntnisse daraus sind, dass man in Conakry ungefähr 400000 bis 450000 FG braucht, um zu überleben. Ein Lehrer verdient ungefähr diesen Betrag. Wie schaffen das die Menschen, die nicht so viel verdienen? Ich möchte, dass Du mir erklärst, wie das nun wirklich geht!

Ich möchte, dass Du jeden Tag aufschreibst, was Du einnimmst und was Du ausgibst. Was genau brauchst Du für die Miete, was musst Du ausgeben für Essen. Was brauchst Du sonst noch. Vielleicht findest du Freunde, die das auch aufschreiben. Kannst Du bitte Yaha für diese Arbeit gewinnen. Du weißt, dass ich von ihr eine Mitarbeit erwarte!

Nun noch einige sehr wichtige Fragen: Wie groß ist der Stadtteil Simbaya gare? (Die Fläche und die Anzahl der Menschen.) Was ist die Gemeinde Ratama? Also, wie viele Menschen wohnen in welchem Gebiet? Ist es möglich, die Anzahl der Kinder (männlich, weiblich) zu erfassen? Kann man ermitteln, welche Kinder in die Schule gehen und welche nicht. In welche Schule gehen die Kinder? Welche öffentlichen Schulen gibt es in diesem Gebiet? Mit wie vielen Schülern? Wie groß ist der Anteil der Mädchen? Wie viele private Schulen gibt es? Wie ist das Schulsystem?

Ich werde einen Fragebogen ausarbeiten und Dich beauftragen, dass Du ein Haus nach dem anderen besuchst, um wichtige Erhebungen zu machen. Nun bin ich schon sehr gespannt, ob Du es schaffst, dass wir direkt über Internet kommunizieren. Das ist eine große Herausforcerung. Ich freue mich auf Deinen Erfolg. Liebe Grüße, Robert, Dein Auftraggeber

9.5.2008
Hallo Pierre, hier zwei Dokumente. Ich hoffe, dass Du sie öffnen kannst. Ich habe im Moment nicht ausreichend Zeit, um alle meine Entscheidungen zu finalisieren. Ich werde versuchen bis Montag alles fertig zu stellen. Gruß. Robert. Geht es Dir gut?

12.5.2008
Hallo Pierre, ich habe Dir meine ersten Gedanken für den Fragebogen bereits geschickt. Heute erhältst Du ein Muster für einen Plan. Ich bitte Dich mit der Erstellung einer Karte Deines Stadtteiles zu beginnen und mir Deine ersten Entwürfe zu schicken. Wir brauchen diese Karte, um das Arbeitsgebiet genau einzugrenzen.

Für mich wäre gut, wenn ich von Dir die Koordinaten des Stadtteiles erhalten würde. Ich könnte dann die Karte im Internet genau studieren. Die geografische Lage von Conakry ist mit folgenden Koordinaten zu finden: 9° 31' N und 13° 43' W. Die Koordinaten meines Ortes in Österreich sind: 47° 55' 38,23" N und 14° 04' 54,78" O. Kannst du mir die genaueren Daten von Simbaya gare besorgen? Robert

20.5.2008
Hallo Robert, heute war ich im Informationsamt und auf Der Post. Um die Unterlagen für die Karte zu bekommen brauche ich 150.000 und für das Postfach brauche ich 250.000 GNF. „Robert en guinée rien ne ce regle

deriere largent" Robert, hier in Guinea ist nichts umsonst. Wenn ich Dir eine Karte zeichne, dann wird sie sicher falsch. Bis bald Robert, Pierre.

25.5.2008
Pierre, auch bei uns in Europa braucht man für Alles Geld. Ich schicke Dir Deinen Gehalt am 31. Mai, das Geld für die Karte und das Postfach dazu. Bezüglich der Koordinaten. Die sind sehr wichtig für mich, damit ich den Platz auf der Weltkarte finden kann. Übrigens, wenn Du schlampig schreibst oder auch nur einen Buchstaben falsch schreibst, dann kann ich das nicht verstehen. Bitte in Hinkunft genauer sein. Am Montag oder Dienstag schicke ich Dir noch zusätzliche Informationen. Gruß. Robert

28.5.2008
Hallo Pierre, nun habe ich den Fragebogen noch einmal durchgearbeitet. Du erhältst in der Beilage eine Datei (pdf) zum Ausdrucken und verwenden und ein Datei (xls) zum eintragen der erhobenen Daten.

1. Du befragst eine Familie. Dabei füllst Du den Fragebogen handschriftlich aus.
2. Du trägst alle Daten in eine neue xls-Datei ein.
3. Diese Datei wird unter dem Namen der befragten Familie gespeichert.
4. Du schickst mir diese Datei

Außerdem schicke ich Dir die genaue Darstellung des Arbeitsgebietes. Ich erwarte von Dir, dass Du im Teil A 1 beginnst. Wir arbeiten also jeden Häuserblock durch. Du persönlich beginnst vorerst einmal alleine. So kannst du am besten Erfahrungen sammeln. Du machst gute Aufzeichnungen und lässt kein Haus aus.

Und nun zur Kamera:
1. Die Kamera soll nur Fotos machen können. Sonst nichts.
2. Die Kamera musts Du an einen Computer anschließen können. So kannst Du mir die Fotos schicken.
3. Du suchst die entsprechende Camera. Du sagst mir welche Camera das ist. Du nennst mir den Preis.
4. Ich überprüfe, ob das funktionieren kann und schicke Anfang Juli das Geld für den Kauf.
5. Die Kamera kommt zu Moustapha. Die Fotos sollen von Moustapha gemacht werden. Ich möchte Moustapha damit fördern.
6. Jedes Mädchen, das noch nicht zur Schule geht, obwohl es schulpflichtig ist, wird fotografiert.
7. Das Foto (die Fotos) werden mit der Fragebogendatei an mich geschickt.

Nun kannst Du alles in Ruhe durchlesen und studieren. Ich hoffe Du verstehst meine Wünsche. Ich freue mich auf die weitere Zusammenarbeit mit Dir. Liebe Grüße. Robert

8.6.2008
Hallo Robert, ich weiß, dass Du uns helfen willst. Und dabei helfe ich Dir. Ich bete zu Gott, damit er uns viel Glück gibt für die jungen Mädchen in Simbaya gare. Als ich heute zur Post kam, haben sie mir gesagt, dass ein Postfach mit dem Projektnamen 500.000 GFN kostet. Daher habe ich eines auf meinen Namen ausgestellt. Auf diese Adresse kannst du nun schreiben und auch etwas schicken. Robert. Bis bald.

GBAMOU CECE PIERRE DES INSTABLES
BP:2053
CONAKRY
REPUBLIQUE DE GUINEE
TEL:0224.64641990.
TEL:0224.60494468.

10.6.2008
Hallo Pierre, heute schicke ich die erste Post an das neu errichtete Postfach. Ich hoffe, dass der Brief ankommt. Wenn das klappt, wird es auch möglich, weitere Versuche zu machen. Zum Beispiel: ich könnte den Kopfhörer mit Mikrophon und die Internet-Kamera schicken. Außerdem möchte ich gerne die T-Shirts unseres Projektes schicken.

Pierre, ich freue mich, wenn ich Deine ersten Befragungsergebnisse erhalte. Wann wirst Du die Daten in die Excel-Datei eingeben? Das ist sehr viel Arbeit, wenn man das genau macht. Bitte um erste Ergebnisse mit eMail. Grüße aus Österreich. Robert

12.6.2008
Robert, guten Abend mein Chef. In Conakry gibt es medizinische Erstversorgungszentren. Laufend werden neue eröffnet. Es fehlt ihnen an allem. Doch wenn du denen was gibst, z.B. Medikamente, dann werden sie das sofort am Markt verkaufen. Wenn du Medikamente schicken willst, so ist es besser, wenn wir eine Apotheke eröffnen. Dann können wir uns besser um die Gesundheit der Mädchen kümmern. Morgen werde ich Dir die ersten ausgefüllten Fragebögen schicken. Mit carte-memoire kann man die Fotos speichern und mit dem Computer verbinden, um sie zu schicken. Ich sah

eine Kamera der Marke Canon et SONY. Ich möchte ein Gerät das bestens funktioniert mit Karte. Morgen schicke ich Fragebögen. Pierre.

13.6.2008
Robert, ich habe Dir geschrieben wegen der Anerkennung durch das Gouvernement. Dazu hast du mir noch nicht geantwortet. Ich möchte, dass du nicht glaubst, dass ich um Geld bitte, damit ich es dann essen kann. Ich möchte, dass Du an mich glaubst. «Maintenant toi c´est moi et moi c´est toi». Du bist ich und ich bin Du. Robert Du wirst mich kennenlernen, aber das ist nicht heute, sondern es ist dann, wenn wir Zeit miteinander verbringen. Es ist notwendig, dass wir uns mit der staatlichen Anerkennung beschäftigen. Damit wir nicht zu viel bezahlen müssen, wenn Du den Container schickst. Ich werde Dir die Fragebögen schicken, doch heute habe ich für den Transfer zu wenig Geld dabei. Morgen Abend um 19 Uhr werde ich das machen. Robert, alles wird so gemacht werden, wie Du willst. Glaube mir und habe Vertrauen in mich. Ich habe Leute im Ministerium gefragt wegen unserer Anerkennung. Die haben gemeint, das wird mindestens 300 bis 400 € kosten. Morgen wieder. Pierre.

13.6.2008
Hallo Pierre, danke für Deine Informationen.

Krankenhaus:
Ich werde mit einer Organisation sprechen (Ärzte ohne Grenzen). Diese Organisation hat in Conakry über 300 Mitarbeiter. Diese haben schon Erfahrung. Vielleicht können wir dadurch etwas für das Krankenhaus in unserem Arbeitsgebiet tun. Was machen die Menschen in unserem Gebiet, wenn sie krank sind? Wo ist das nächste Krankenhaus? Wie viele Mediziner gibt es?

Medikamente:
Wenn ich Medikamente mitbringe, dann werde ich persönlich dafür sorgen, dass sie gut verwendet werden. Mein Freund ist Apotheker. Er ist bereit, jemandem aus Conakry hier in Österreich die Produktion von Medikamenten zu lernen. Wir werden dann Wirkstoffe nach Afrika bringen und die Medikamente dort herstellen.

Welche Medikamente werden besonders gebraucht?
Welche Wirkstoffe werden gebraucht?
Kannst Du mit der Ärztin sprechen, die im Jänner Yaha geholfen hat, ob sie in unserem Projekt mitarbeiten will?

Befragung:
1. Ich habe Dir genug Informationen geschickt, wie ich mir die Befragung der Haushalte vorstelle. Ich habe Dir genau mitgeteilt, wie das Arbeitsgebiet zu bearbeiten ist. Ich möchte, dass du persönlich die ersten Befragungen machst. Zuerst bearbeitest Du ausschließlich das **Gebiet A**. Dort beginnst Du mit dem **Gebiet 1**. Und sonst ist nichts zu tun!!! Ich möchte, dass Du genau so vorgehst. Wenn Du persönlich Deine ersten Erfahrungen gemacht hast, reden wir weiter. Ich möchte zuerst Deine Auswertungsbögen gesehen haben.
2. Anschließend will ich, dass Dich **Yaha** und **Adama** unterstützen. Dazu musst Du die beiden gut einschulen. Sie müssen von Dir lernen, wie man das richtig macht. Auch davon möchte ich Auswertungsbögen sehen. Wenn beide fähig sind, diese Arbeit zu machen, dann kann man ihnen das Gebiet 2 und 3 zuteilen.
3. Wenn das alles gut funktioniert, dann können wir darüber reden, ob andere Personen auch noch mithelfen können.
4. Es ist auch noch vorgesehen, dass Moustapha die Fotos macht. Das habe ich Dir schon am Anfang aufgetragen.

Kamera:
Du musst wissen, dass ich Dir wirklich vertraue. Ich habe genug Erfahrung, um zu wissen, dass man auch falsche Sachen einkaufen kann. Das möchte ich verhindern. Ich will von Dir wissen, welche Kamera Du genau kaufen willst. Also den Namen der Kamera und auch das Modell. Wenn das nicht möglich ist, dann wirst Du auch keine Kamera kaufen. Dann bringe ich eben persönlich eine Kamera mit, wenn ich nach Conakry komme. Ich habe volles Vertrauen in Dich. In deine Ehrlichkeit. Ich bedenke aber immer, dass Du keine Erfahrungen hast. Ich möchte Fehler vermeiden. Das ist alles. Danke für Deine engagierte Arbeit. Viele liebe Grüße aus Österreich. Robert

14.6.2008
Pierre, ich bin ein wenig verwirrt. Gestern schrieb ich einen sehr ausführlichen Brief. Mit all meinen Ideen zu unserem Projekt. Mit meinen Ideen auf alle Deine Fragen. Im letzten Satz habe ich Dir auch für Arbeit und Dein Engagement gedankt.

Anerkennung durch die Regierung:
Bitte sprich mit Deinem Freund, ob eine Kooperation mit seiner anerkannten Organisation möglich ist. Vielleicht können wir uns dadurch die Gründung einer eigenen Association sparen. In Österreich werde ich keinen Verein für unser Projekt gründen. Wenn Dein Freund nicht mit uns kooperieren will, dann finde ich von hier aus eine afrikanische Organisation! Ist das klar?

Schlimmstenfalls werde ich mit Dir persönlich den Antrag um die Anerkennung eines Vereines machen, sobald ich in Conakry bin.

Deine Leistung:
Und jetzt möchte ich Deine Arbeitsleistung in Form der konkreten Umfrageergebnisse sehen. Das ist eine Menge Arbeit. Jetzt erwarte ich von Dir, dass du mit dieser wichtigen Arbeit beginnst. Ich möchte nun kontinuierlich Ergebnisse sehen. So, wie vereinbart.

Deine Entlohnung:
Ich möchte dir ein Salär bezahlen, das mit Deiner Leistung im Einklang steht. Du bekommst jeden Monat einen Betrag. Natürlich sollst du auch die Kosten für die Fahrten mit dem Taxi und die Internetkosten refundieren. Ich möchte, dass Du von dem Geld, das Du in meinem Projekt verdienst, gut leben kannst.

Ich hoffe, dass die Zusammenarbeit nun klarer ist. Ich möchte mit Dir nicht ständig diskutieren. Am wichtigsten ist für mich, dass Du die Aufgaben, die du im Projekt hast, gut und zeitgerecht erledigst. Doch eines muss klar sein! Es muss das passieren, was ich mir vorstelle! Und wenn Du das nicht so machen willst, überzeugst Du mich erst von Deiner Idee! Ein Sprichwort in Europa: „Wer zahlt, der schafft an!"
Bis bald. Robert

15.6.2008
Robert, Deine E-Mail habe ich gelesen und gut verstanden. Das ist gut. Ich werde meinen Freund kontaktieren und ich denke, er wird mich verstehen. Er ist ein wahrer Humanist. Reisekosten habe ich hin und zurück 10.000 GNF. Internet kostet pro Minute 2.500 je Minute. Manchmal brauche ich eine Stunde. Du solltest die Beilage anschauen, ob das gut ist so. Bis bald Robert. Pierre

18.6.2008
Hallo Pierre, vielen Dank für die Übermittlung der Dokumente. Gratulation zur ersten Befragung. Nun möchte ich Dich über meine Ideen und Wünsche informieren. Ich habe ein gutes Gefühl. Die Arbeit kann bald beginnen:

Es ist ein Vater und drei Mütter in dieser Familie. Zwei Mütter heißen wie der Vater. Eine Mutter heißt anders. Ist der Vater der Vater aller Kinder? Oder ist es, dass jede Mutter einen anderen Mann hat? Gibt es mehrere Väter? Welche Kinder gehören zusammen? Sind das vielleicht drei Familien? Die Einkünfte der Familie sind 250.000 GNF und die Ausgaben sind 930.000

GNF. Woher kommt der Betrag von 680.000 GF. Wie geht das? Ich möchte das verstehen! Ich muss das verstehen! Verstehe ich richtig, dass alle Kinder dieser Familie zur Schule gehen. Bis auf Ibrahima und Fanta sind alle Familienmitglieder gesund. Und genau diese beiden wollen im Projekt mitarbeiten? Ist es möglich, dass Du die Daten auf einer Excel-Datei eingibst und mir dann schickst? Ich möchte auch wissen, wo die Familie lebt. Ich möchte das in unserem Gebietsplan eintragen. Bis bald. Robert

19.6.2008
Salut Robert, ärgere Dich nicht, ich bin nicht dazu da, dass Kosten entstehen. Zur Familie Kaba: Da gibt es einen Vater. Er hat drei Frauen. Alle zehn Kinder gehören zu den drei Frauen. Zu den Einkünften: die Eltern sind Händler, solche die am Markt verkaufen (der Vater und die Mütter). Ich sagte, das Einkommen ist nicht stabil. .... Alle diese Kinder haben den gleichen Vater aber unterschiedliche Mütter. Alle Kinder gehen in die Schule, aber manchmal kann es sein, dass das eine oder andere Kind nicht zur Schule gehen kann, weil das Geld für die Schulgebühren aller Kinder nicht ausreicht.

Zu meinen Ausgaben: Internet kostet 2.500 GNF pro 30 Minuten. Um ein Blatt zu scannen 5.000 GNF. Um in die Stadt zu fahren brauche ich 10.000 hin und zurück. Das kostet mich in der Woche etwa 50 000 bis 60.000 GNF. In Wahrheit, vielleicht kannst du diesen Betrag ein wenig erhöhen, das wäre gut, weil die Übersendung der Fragebögen wird ja mehr. Nicht zu vergessen die Kamera. Das ist es, was ich für die Arbeit brauche. Bis morgen. Pierre.

23.6.2008
Hallo Pierre, danke für Deine Mail. Langsam beginne ich Dein geschriebenes Französisch zu verstehen. Es ist nicht korrekt! Hier zwei Beispiele: Du schreibst: "Ne vous embruyer pas" das muss heißen: "embrouillez!!" oder du schreibst: "conduments" muss heißen: "condiments!" Wenn du falsch schreibst, ist es für mich oft nicht zu verstehen. Auch wenn nur ein Buchstabe fehlt oder falsch ist, wird es für mich schon schwierig. Das ärgert mich nicht! Du kannst ja beginnen, französisch schreiben zu lernen, oder?

Was mich ärgert!!!!!
1. Ich ärgere mich, wenn Du auf meine Fragen und Aussagen nicht antwortest!
2. Ich ärgere mich, wenn Du meine Wünsche und Aufträge nicht korrekt durchführst!

Hier die offenen Fragen vom letzten Mail:
Die Ausgaben können nicht höher sein als die Einnahmen. Das musst Du im Gespräch mit den Menschen abklären. Man kann nicht mehr ausgeben, als man einnimmt.
Also: Was verdient eine Familie?
Und: Wie verwendet diese Familie das eingenommene Geld?
Wer von dieser Familie will in unserem Projekt mitarbeiten?
Wer von dieser Familie kann das? Es braucht dazu Fähigkeiten. Welche hat diese Person?

Die vierte Frage von meinem letzten Mail: Ist es möglich, dass du die Daten in eine Excel-Datei einträgst und dann zu mir schickst? Wenn Du das Microsoft-Programm ECXEL verwendest, dann ist das senden von Daten kein Problem mehr. Es kostet nichts eine EXCEL-Datei bei einem Mail anzuhängen.

Die fünfte Frage von meinem letzten Mail: Ich möchte wissen, wo diese Familie wohnt. Wie können wir die bereits befragten Familien in unseren Plan eintragen?

Bevor zwischen uns beiden die konkrete Vorgehensweise nicht geklärt ist, ist es sinnlos, andere zur Mitarbeit einzuladen. Wenn Du schon nicht genau weißt, wie die Befragung zu erfolgen hat, wie soll sich dann Yaha auskennen. Ich will ganz bestimmte Daten für meine Befragung!!!!!!!

Ich habe Dir auf das Postfach einen Brief geschickt. Am gleichen Tag, als ich die Nummer bekommen habe. Dieser Brief müsste schon längst in Conakry sein. Da waren zwei Kuverts drinnen. Eines für Dich und eines für Yaha. Du solltest dringend zum Postfach gehen, um zu schauen, ob der Brief angekommen ist. Ich warte auf Deine Erfolgsmeldung.

Nachdem Du sehr oft zum Internet gehst, solltest Du Dir eigentlich einen Sonderpreis ausmachen. Auch brauchst Du einen Tarif für die Zeit, in der Du nur die Daten eingibst und kein Internet benötigst.

Nun muss mit den Befragungen und Übersendung der Daten gearbeitet werden. Fahrten in die Stadt sind derzeit kaum notwendig. Wenn Du mit wichtigen Personen über unser Projekt Gespräche führst, so will ich wissen mit wem Du über was redest. Ich brauche alle notwendigen Informationen. Wie wir bisher gesehen haben, haben wir unterschiedliche Sichtweisen. Ich will, dass wir sehr zielgerichtet arbeiten.

Bezüglich der Kamera will ich nun zum letzten Mal mit Dir reden: Ich will wissen, welche Marke und welche Type Du kaufen willst. Und ich werde vorher überprüfen, ob diese Kamera auch den Anforderungen entspricht. Vorher gibt es von mir kein Geld dazu. Im Übrigen will ich Dir eine Kamera schicken, sobald der erste Brief bei Dir in Conakry angekommen ist.

Bitte bearbeite diese Botschaft gewissenhaft und beantworte alle meine Fragen. Ich möchte Dich nicht nach jedem Mail auf fehlende Informationen hinweisen müssen. Danke für Deine Mühe. Liebe Grüße. Robert

29.6.2008
Robert Stöckler, ärgere Dich nicht. Ich werde alle Fragen beantworten, die Du gestellt hast. Bitte entschuldige meine orthografischen Fehler. Beim nächsten Mal werde ich aufpassen, dass ich keine Fehler mache. Du musst Dich nicht aufregen. Ich habe gut verstanden und werde entsprechend disponieren. Ich werde antworten, in diesen Tagen. Danke für Deine Kommentare, Robert. Pierre

4.7.2008
Robert, als ich zum Ministerium fuhr, sagte man mir, dass ich eine Anfrage und ein Dossier erstellen und es bei ihm abgeben soll, noch bevor Du nach Conakry kommst. Er verlangt 200.000 GNF für das Abgeben des Dossiers. Ich traf meinen Freund, der mir folgende Adresse gab:
MOUVEMENT HUMANISTE, LES HUMANISTE DE GUINEE
KIROTTY- LAMBANYI- COMMUNE DE RATOMA
COMPLEXE SCOLAIRE HUMANIS MON PEUPLE
SAOUROMOU HENRY PEGUITHA
Coordinateur fondateur cshp - mobile: 224.64433474 ou 224.60367344.
Pierre.

4.7.2008
Heute habe ich bei Moustapha vorbeigeschaut, um ihn und seine Mutter zu grüßen. Es geht ihm sehr gut. Vielleicht kannst Du etwas für ihn tun. Die Kamera: ich möchte die Marke Sony. Die ist sehr gut und wird lange halten. Pierre

7.7.2008
ROBERT. Bitte sei geduldig mit mir, ich werde Dich zufriedenstellen. Ich werde die Befragung noch einmal überarbeiten, sei ein wenig geduldig. Morgen werde ich das zu Ende bringen. Du wirst seher, bitte. Pierre.

9. 7. 2008

Eine Mail an Kunden, Trommelschüler und Freunde aus der Region:
Hallo,
zum Infoabend - Hilfsgüter für Afrika im **Gasthaus Georgenberg am Freitag, dem 18. Juli ab 19 Uhr 30** lade ich Dich herzlich ein. Im Rahmen meines großen Afrika-Projektes bekomme ich die Möglichkeit, einen Container mit Hilfsgütern **im kommenden Herbst** nach Westafrika zu schicken. Ich werde die Sachen persönlich vor Ort verteilen. Zur Abwicklung der Sammlung hier in Österreich brauche ich kurzfristig (auch Deine) Unterstützung.

Das Programm:
1. kurzer Bericht von meiner Reise nach Conakry Jan/Feb 2008
2. Vorstellung Projekt - Kann Spenden Sünde sein?
3. Information - Hilfsgüter für Afrika
4. Klärung von Details zur Durchführung

Es wäre schön, wenn Du kommen könntest. Oder schickst Du sonst jemanden, der dich "würdig" vertritt? Liebe Grüße, Robert Stöckler

9. 7. 2008
Hallo Robert, da ich nicht weiß, ob ich am 18. kommen kann, möchte ich auf diesem Weg einige Gedanken dazu kundtun. Ich stehe zu 100% hinter einer Alphabetisierungskampagne. Was mir nach 3 Afrikaaufenthalten immer klarer geworden ist: Spendenverteilung macht unfrei, unselbständig und hält die Leute vor Ort klein. Ich weiß ja nicht, was du sammeln möchtest, aber im Senegal sind durch Kleidersammlungen heimische Schneider arbeitslos geworden!!!!!!!!!!!!! Was mir viel, viel besser gefällt, ist eine Staudammreparierung in Burkina Faso, die es den Einheimischen nachhaltig und auch in der Trockenzeit ermöglicht, von den Fischen zu leben und diese auch zu verkaufen!!! Bin gespannt auf deine Antwort. A.

17. 7. 2008
Hallo A., welche Antwort erwartest du von mir, weil Du so darauf gespannt bist? Ich habe ein Bildungsprojekt für Conakry aufgesetzt. Ein Nebenprodukt davon ist eine Hilfsgüterlieferung. Solltest du Interesse an einer Mitarbeit bei der Sammlung von Hilfsgütern haben, dann bist du gerne eingeladen. Du könntest zB funktionstüchtige Nähmaschinen organisieren, damit die Schneider in Guinea gut arbeiten können. Eine Staudammregulierung in Burkina Faso kannst du ja gerne fördern. Mach Dein eigenes Projekt dazu. Ich habe in Conakry alle Hände voll zu tun. Ich habe 2003 durch eine Benefizveranstaltung den Bau von zwei Brunnen in Burkina Faso mitfinanziert. Liebe Grüße. Robert. zufrieden mit meiner Antwort?

11.8.2008
Hallo Pierre, meine letzte Botschaft an Dich habe ich am 23. Juni geschrieben. Das war vor sieben Wochen. Ich habe einige Zeit gebraucht, um meinen Ärger vergehen zu lassen. Du hast mir nicht einmal den Empfang des ersten Briefes auf das Postfach mitgeteilt. Keine Erfolgsmeldung. Ich habe Dir Kopfhörer mit einem Mikrofon und eine sehr gute webcam geschickt. Keine Reaktion von Dir!

Ich bin sehr sicher, dass Du alles tun willst, um eine gute Arbeit zu machen. Leider fehlt Dir die Erfahrung die für manches notwendig ist.
Wollen wir mit unserer Zusammenarbeit noch einmal von vorne beginnen? Willst Du daran arbeiten, dass wir mit Video telefonieren können? Am 16. Oktober komme ich nach Conakry. Willst Du bei der Vorbereitung meines Besuches mithelfen? Ich warte auf Deine Antwort. Gruß. Robert

13.8.2008
Hallo Yaha, hier einige Informationen, damit du weißt, welches Haus zu suchen ist. Es sollte etwa so groß sein, wie das Haus von Pierre. Es muss sauber sein und im Projektgebiet. Ich möchte: eine Toilette und / oder Badezimmer im Haus, ein Wohnzimmer und zwei weitere Räume, eine verschließbare Tür und einen Hof oder Platz mit Mauer und Eisentor. Es wäre schön, wenn der Container im Hof Platz finden könnte. Der Container wird Ende Oktober ankommen. Die Größe: 6 Meter x 2,5 Meter. Rede auch mit Pierre und Adama. Die werden Dir sicher beim Suchen behilflich sein.
Robert

13. 8. 2008
Sehr geehrte Kolleginnen und Kollegen, hallo Trommelschülerinnen und -schüler, liebe (Trommel)freunde und Bekannte, sehr geehrte Damen und Herren,

am 3. Mai habe ich im Rahmen einer Benefizveranstaltung erstmalig das **Projekt "Alphabetisierung für Frauen in Westafrika"** vorgestellt. Die Veranstaltung war gut besucht. Wir haben viele Spenden bekommen. Es wurden einige Schulpatenschaften übernommen. Ich bitte nun auch auf diesem Weg um Ihre / Deine Unterstützung in Form

1. einer finanziellen Spende für den Bau einer Schule oder
2. einer Übernahme einer Schulpatenschaft für ein Mädchen oder
3. einer Hilfsgüterspende.

Ich freue mich über Ihre / Deine Reaktion. Robert Stöckler
für das Projekt „Alphabetisierung Conakry", Bildung für Frauen in Westafrika.

15.8.2008
Bonjour Robert. Ich habe Deine Botschaft gelesen und bin glücklich. Wegen des Hauses bleib geduldig. Ich habe ein sehr schönes Haus für Dich gesehen. Ruf mich in diesen Tagen an, damit wir darüber diskutieren können. Pierre.

16. 8. 2008
Guten Tag Dr. Bademba. Von Kalil Abraham habe ich Ihre Adresse bekommen. Er sagt mir, sie hätten eine offizielle Hilfsorganisation. Ich bitte Sie um Ihre Hilfe. Dürfen wir den Namen Ihrer Organisation verwenden? Zu welchen Bedingungen? Haben Sie schon öfter Hilfslieferungen erhalten? Können Sie uns Tipps geben? Wer kann uns durch den Zoll helfen? Geben Sie uns bitte Ihr Einverständnis, damit wir unsere Hilfslieferung nach Simbaya gare mit möglichst wenigen Komplikationen ins Land bringen. Danke für Ihre Unterstützung. Gruß. Robert Stöckler.

26.8.2008
Hallo Robert, Du kannst feststellen, dass ich mir Zeit genommen habe, um Dir zu schreiben. Ich habe kleine Probleme mit Yaha. Doc h es hat Zeit gebraucht um gut zu reflektieren und nachzudenken. In meinem Leben gilt: Arbeit, Gerechtigkeit, Solidarität. Das Wort „schlecht Denken" fehlt. Ich habe ein Haus gefunden etwa 100m von meiner Wohnung entfernt. Drei Zimmer, Salon, Dusche, ein Zimmer im Hof und eine Garage. Nach allen Diskussionen sagte er 400.000 GNF. Yaha sagte, dass das ein gutes, aber teures Haus ist. Es gibt zwei andere um 250.000 und 300.000 GNF aber die sind sehr ungepflegt. Außerdem liegen die fern vom Arbeitsgebiet. Robert, ich bin sehr viel herumgegangen, habe überall gefragt. Es gibt keine Häuser.
Pierre

30.8.2008
BONJOUR ROBERT, leider hat der Besitzer des Hauses, das ich mit Yaha gefunden habe, heute wieder abgesagt. Er sagte, dass seine Frau nun drinnen wohnen will. Nun habe ich ein schlechtes Gefühl, das soll sagen, dass ich mich schlecht fühle, ich bin sauer. Mach Dir trotzdem keine Sorgen wegen des Hauses. Bis Du kommst, werde ich eines gefunden habe. Wenn es nicht anders geht, muss ich mir manchmal ein Moped oder ein Fahrrad ausborgen. Gestern war ich auch hier, aber die Zeit war zu kurz. Ich habe mich intensiv mit ihr (vermutlich ist Yaha gemeint) unterhalten. Danke für Deine Ratschläge. Pierre

1. 9. 2008
Sehr geehrter Herr Stöckler, Durch eine zufällige Begegnung mit Abraham Kalil hab ich erfahren, dass Sie gerade ein Hilfsprojekt n Guinea vorbereiten. Inwiefern können Sie vor Ort noch Hilfe gebrauchen? Ich bin selbst nämlich seit längerer Zeit auf der Suche nach einer Möglichkeit, in Afrika einige Monate Vollzeit Entwicklungsarbeit zu verrichten. Ich bin seit einigen Monaten fertig mit meinen zwei Masterstudien Wirtschaftswissenschaften (Erasmus Universität Rotterdam) und European Studies (Collège d'Europe) und spreche gut Französisch. Meinen Lebenslauf (auf Englisch) finden Sie im Anhang. Gerne erfahre ich von Ihnen, inwiefern Sie meine Hilfe in Guinea brauchen können. Es würde mich freuen, bei einem kleineren Projekt in Afrika tätig zu sein. Mit freundlichen Grüßen, A. B.

1. 9. 2008
Hallo Herr B., danke für Ihre Anfrage. Es trifft sich gut. Morgen, 2. 9. ist im Elternkindzentrum Bulgariplatz in Linz, Zaunmüllerweg 4 um 19 Uhr 30 eine Informationsveranstaltung. Kommen Sie einfach und entscheiden Sie anschließend selbst, ob und welchen Platz Sie in unserem Projekt haben könnten. Freundliche Grüße. Robert Stöckler

2.9.2008
Hallo Yaha,
Ich habe 450.000 für Dich, 450.000 für Pierre und 1,600.000 GNF für das Haus geschickt. Das Sind 2,500.000. Bitte sprich mit Pierre. Er muss mir nähere Informationen über das Haus mitteilen.

Transaktionsnummer:	1345919807	
Auftragsdatum:	01/09/2008	Wechselkurs* 1 EURO = 6556,779178 GNF
Überwiesener Betrag:	Euro 381,28	Auszahlung in Landeswährung = 2499969 00 GNF
Name des Empfängers:	MARIAMA SYLLA	
Status:	abgeholt	

2. 9. 2008
Infoveranstaltung – Projektvorstellung mit tam tam d´Autriche
Familienzentrum Kidsmix Linz

2. 9. 2008
Sehr geehrter Herr Stöckler! Es war sehr eindrucksvoll, Sie und Ihre Ideen und vor allem auch Ihre Mitstreiter kennen zu lernen, so dass ich mir

insgesamt mehr vorstellen kann. Natürlich ist es auch spannend, Dinge wachsen zu sehen und mitzuerleben, wie sich das Projekt entwickelt. Das Projekt steckt noch sehr in den Kinderschuhen und es sind mir jedoch mehrere Punkte aufgefallen:

1) finde ich es psychologisch nicht gut im beabsichtigten Zielgebiet nur Mädchen zu unterrichten, denn das gibt sicher Probleme. Auch Knaben würden profitieren, wenn Unterrichtsmaterialien und ein ordentlicher Lehrer zur Verfügung gestellt und insgesamt die Ausbildung verbessert werden würde.
2) Die Kinderkleidung müsste auch nach Knaben- u. Mädchenkleidung sortiert sein, da es hier große Unterschiede gibt. Wie wollen Sie das vor Ort händeln? Eine Bananenschachtel pro Kind? oder die Kleidung einzeln ausgeben?
3) Schlimmstes Szenario: Der Container wird nicht voll. Wer bekommt dann die wenigen Sachen?
4) Vorort müsste auch regelmäßig der Schulbesuch überprüft werden.
5) Ich will niemanden heruntermachen, aber der junge Mann mit null Lebenserfahrung mag sehr gescheit sein, aber in Afrika kann ich ihn mir nicht vorstellen. Das gleiche gilt für die Mutter mit dem 5-jährigen Sohn.
6) Kind zu Bett bringen finde ich aus verschiedenen Gründen gar nicht gut.
7) Die Auskunft über Ärzte ohne Grenzen kann ich nicht glauben. Ich spende seit Jahren für diese Organisation und lese mir die Informationen sehr ausführlich durch. Aber ich lasse mich gerne eines Besseren (in diesem Falle Schlechteren) belehren.
Ich hoffe Sie sind mir nicht böse, wenn ich Ihnen so ehrlich meine Meinung sage. Mit freundlichen Grüßen! E. L.

3. 9. 2008
Salut Robert, ich habe das Geld abgeholt und gleich die Miete für das Haus bezahlt. Es hat zwei Schlafzimmer, Dusche und Salon. Es gibt keinen Strom im Haus, weil es noch nicht an das Stromnetz angeschlossen ist. Für den Strom wollte man von mir 200.000 GNF, aber man muss auch noch die Kabel verlegen. Außerdem brauchst du noch ein Bett zum Schlafen, einen Esstisch, Sessel, Vorhänge und Fauteuils. Grüße. Yaha.

4.9.2008
Hallo Robert, sei nicht überrascht, dass ich Dir so spät schreibe, aber wir haben nun das Problem mit dem Haus gelöst. Pierre

8. 9. 2008

Sehr geehrte Frau L., danke für Ihre Gedanken zu unserer Arbeit. Schade, dass Sie am Dienstag die Gelegenheit nicht genützt haben, gleich vor Ort und direkt mit mir diesbezüglich zu reden. Ich denke, dass es - wie überall - unterschiedliche Sichtweisen gibt. Aus Ihren Zeilen konnte ich nicht herauslesen, ob und was Sie zu unserem Projekt beitragen möchten. Herzlichen Dank für Ihre Gedanken. Freundliche Grüße Robert Stöckler.

9.9.2008
Hallo Robert, die Fotos vom Container habe ich gesehen. Heute war ich im Haus um es zu putzen. Es ist sehr groß. Wir müssen noch ein Bett samt Matratze kaufen, das kostet 1,500.000 GNF und ein Bett für Besucher mit Matratze um 950.000 GNF. Die Fauteuils für den Salon kosten 1,700.000 GNF, Tisch und Sessel kosten 1,000.000. Die Vorhänge für alle Zimmer kosten 300.000 GNF und für den Strom müssen wir noch 200.000 GNF bezahlen. Ich möchte das wirklich gut vorbereiten, damit Du zu frieden bist, wenn Du ankommst. Bitte sei nicht böse, dass ich Dir erst heute geschrieben habe, aber ich wollte vorher alle Preise kennen. Das Eruieren aller Kosten hat eine Weile gedauert. Liebe Grüße. Robert Gesamtpreis 5,900.000 GFN. Pierre

9.9.2008
Hallo Robert, ich weiß, dass Dir Yaha alle Informationen über das Haus gegeben hat. Sie hat Dir auch alle Notwendigkeiten geschildert. Ich glaube, dass in jedem Zimmer . . . . . . und auch ein Ventilator. Das ist es, was ich glaube. Ich weiß nicht, wie Du darüber denkst. Kannst du mich bitte anrufen, damit wir das besprechen können. Pierre.

11.9.2008
Auftragsdatum: 11/09/2008
Überwiesener Betrag : €597,56
Geldüberweisungsgebühr : €35,00
Gesamtbetrag: €632,56
Wechselkurs * 1 Euro = 6275,543057 GNF
Summe in lokaler Währung = 3750014,00 GNF

Hallo Yaha, es freut mich sehr, dass Du Dir mit der Einrichtung des Hauses so eine große Mühe machst. Ich möchte sehr vorsichtig vorgehen.

Ich möchte, dass Du ein Bett und eine gute Matratze kaufst. Ich wünsche mir ein Bett, das ungefähr 140 cm x 200 cm groß ist. (oder 160 x 200 oder 180 x 200). Für das zweite Schlafzimmer möchte ich erst ein Bett kaufen, wenn ich

in Conakry bin. Auch die Fauteuils möchte ich mit Dir gemeinsam kaufen.
Ich hoffe sehr, dass Du das verstehen kannst.

Ich möchte, dass Du einen Esstisch kaufst und sechs Stühle. Der Tisch soll eine Größe von ungefähr 100 x 160 haben. Ich bin froh, wenn Du Vorhänge nähen lässt, wenn Du Dich um die Elektrizität, das Wasser und die Kannen kümmerst.

Ich habe Dir also folgende Beträge geschickt:
Bett und Matratze	1,600.000
Tisch und Sessel	1,400.000
Vorhänge und Vorhangstangen	300.000
Elektrizität	200.000
Wasser und Kannen	250.000
insgesamt also	3,750.000

Bitte gehe wirtschaftlich mit dem Geld um. Zeige mir, wie geschickt Du bist. Ich freue mich auf Deine gute Leistung. Robert

14.9.2008
Hallo Robert, seit gestern will ich Dir schreiben, doch es waren so viele Leute im Internet-Cafe. Wir haben gekauft, worum Du gebeten hast. Bett und Matratze 1.800.000, Fauteuils 1.200.000, Tisch und Sessel 400.000. Und wir haben die Vorhänge gekauft, aber keine Hölzer mit denen man sie montiert. Den Rest des Geldes haben wir gebraucht um zum Markt zu kommen und die Gegenstände zu transportieren. Die Sache mit dem Strom und mit dem Wasser ist noch nicht geregelt, weil wir das Geld für den Transport nicht berechnet hatten. Ich grüße Deine Familie. Pierre

14.9.2008
Hallo Robert, ich muss Dir Auskunft geben über die Fauteuils. Anstatt um 1.700.000 haben wir welche um 1.200.000 gekauft. Pierre hat korrekt gehandelt. Wir sind im Fastenmonat Ramadan, das große Fest der Muslime. 30 Tage essen wir den ganzen Tag nichts. Yaha

15.9.2008
Hallo Yaha, nun bin ich sehr verärgert. Ich habe mehrmals gesagt, dass ich keine Fauteuils brauche. Ich habe auch kein Geld dafür geschickt. Ich habe eine ganz genaue Liste geschickt, was mit dem Geld zu tun ist. Du hast das nicht respektiert. Ich bin auch sehr traurig, weil ich mich nicht auf dich verlassen kann. Ich arbeite hier in Europa unermüdlich für dich und die

Menschen in Simbaya gare. Und du bist nicht bereit meine Wünsche zu erfüllen.

Ich werde mich nun einige Tage zurückziehen. Ich mache einen Vorschlag: Du verkaufst die Fauteuils. Dann hast Du Geld. Mit diesem Geld kannst Du die Vorhangstangen kaufen. Du kannst den Strom besorgen. Du kannst Dich um das Wasser kümmern. Wenn Du das geschafft hast, kannst Du mich wieder anrufen. Bis dann. Robert

Ich möchte, dass Du meinen Wunsch in aller Ruhe mit Pierre besprichst. Ich bin sicher, dass er Dir helfen wird.

15. 9. 2008
Hallo Robert! Wie besprochen die Namen der an der Aktion beteiligten Künstler: Marianne Banwinkler, Fritz Heidecker, Anna Handlbauer, Johann Hoffelner und Manfred Koutek. Wir sind am Freitag 19. Sept um 10 Uhr beim Container. Sollte es stark regnen fällt alles ins "Wasser ". Mit freundlichen Grüßen. Johann Hoffelner.

18. 9. 2008
Hallo Hans, für Freitag habe ich einen Fotografen "organisiert". Braucht nur noch das Wetter passen. Lg. Robert

19. 9. 2008
Hilfsgütersammlung und Bemalung am Containerhafen in Linz.
Hilfsgütersammlung in Micheldorf – Apotheke zum Hl. Georg.

22.9.2008
Guten Abend Robert, ich möchte mit Dir über das Problem wegen der Fauteuils sprechen. Seit Du mir das gesagt hast, merke ich, dass es für Yaha sehr wichtig ist, dass du in Deinem Salon Fauteuls hast. Menschen, die Geld haben, haben auch Fauteuils im Salon. Das ist es. Wenn Du da bist, werden wir gemeinsam mit Yaha sprechen, dass man das trotzdem nicht so machen kann. Ich weiß, dass du mich verstehen wirst. Wir sind jetzt für die Ewigkeit vereint und man muss sich gegenseitig Ratschläge geben, damit unsere Verbindung lange dauert. „les bons comptes fonds de bon ami(es)." (wörtlich übersetzt: Gute Konten machen gute Freunde. Wahrscheinlich soll das sagen: Strenge Rechnung, gute Freunde. Oder eben besser: nicht nur ich, sondern auch gibt Ratschläge). Auch gute Ratschläge machen gute Freundschaften, glaube ich. Danke. Ich denke dass Du verstehen wirst. Pierre.

22.9.2008
Hallo Robert, ich grüße Dich sehr herzlich und bitte Dich, dass Du Dich über das was ich gemacht habe, nicht ärgerst. Alles, was ich mache, das tue ich deshalb, weil ich möchte, dass es Dir sehr gut geht, wenn Du nach Conakry kommst. Dass Du zufrieden bist, wenn Dich die Leute besuchen kommen, um Dich zu grüßen. Sie brauchen die Fauteuils. Ich habe sie auch gekauft, um Dich glücklich zu machen und Dir Vergnügen zu bereiten. Neben dem Haus gibt es Wasser, das ist gut. Man kann es ohne Geld bekommen. Bitte sei geduldig. Yaha

30. 9. 2008
Der Container geht auf Reisen.

4.10.2008
Hallo Robert, am Abend werde ich Dir antworten, danke.

5.10.2008
Hallo Robert, ich habe den Strom ins Haus einleiten lassen und die Hölzer für die Vorhänge gekauft. Dafür habe ich 380.000 GNF ausgegeben. Im letzten Telefonat hast du mir gesagt, wenn du kommst, möchtest Du nicht krank werden und ich soll Leute finden, die gut für Dich kochen. Yaha hat welche gefunden, aber ich habe gesehen, dass diese nicht ausreichend reinlich sind für Dich. Ich dachte ich nehme eine Person und die Schwester von Yaha dazu. Und jemand zur Reinigung und Wäsche dazu. Damit alles sauber ist, solange Du hier bist. Das, was ich Dir sage, bleibt unter uns. Wenn Du ihr das sagst, wird sie anders denken. Aber für mich steht Deine Gesundheit im Vordergrund. Wir sind Freunde, also halten wir Stillschweigen. Denke über meinen Vorschlag nach und gib mir dann Deine Entscheidung bekannt, dann kann sie nicht anders entscheiden. Das sollst du ihr nicht sagen. Sie wird glauben, dass ich nicht will, dass ihre große Schwester für Dich arbeitet. Es ist Deine Gesundheit, die ich vor Augen habe. Wir brauchen Leute, die besonders hygienisch für Dich kochen. Du sollst bereits am ersten Tag in Guinea ein Essen vorfinden und Trinkwasser in ausreichender Menge. Ich weiß, wie man das macht. Du musst Yaha sagen, dass ich die beiden Personen aussuche. Denn es ist Deine Gesundheit, die ich sehe. Ich habe Dir gesagt, dass Du darüber mit ihr nicht reden darfst. Sie wird denken, dass ich gegen ihre Schwester bin, aber Du weißt ja, dass es die mangelnde Sauberkeit ihrer Schwester ist. Das will ich Dir sagen. Ich bin Dein Freund, ich kann Dich nicht täuschen (anlügen), es ist für Deine Gesundheit. Pierre. C´est pour ton bien. Du kannst mich anrufen, wegen des Essens am ersten Tag.

7.10.2008
Hallo Robert, es ist Yaha. Ich schreibe Dir heute, weil du mir gesagt hast, ich soll Dir über die fehlenden Sachen eine Liste schicken: Teller, Löffel, Tassen. Gläser, Kaffeetassen, Töpfe, Schüsseln, einen Ofen. Ich möchte Dein Essen und das Essen für die anderen nicht mischen. Wegen Deiner Gesundheit und der Sauberkeit Deines Essens. Außerdem möchte ich nicht, dass Du mehrere Köchinnen hast, wegen Deiner Gesundheit. Hier kann nicht jeder für Dich kochen. Ich möchte nicht, dass du nach Afrika kommst und dann hier krank wirst. Daher will ich für dich nur eine Köchin. Das alles ist normal für Deine Gesundheit. Am Ende bitte ich Dich, sei nicht wütend über meine Bemerkungen. Es ist für Dein Wohlbefinden in Afrika, wenn Du hier bist. Folge meinem Rat.

9. 10. 2008
Liebe Freunde im Afrikaprojekt, wie im Betreff schon angedeutet, hat sich eine neue Fügung ergeben:

Gestern hatte ich ein Gespräch mit einem Gemeindearzt aus der Region und seiner Frau. Sie sind unserem Projekt sehr zugewendet und der Mediziner hat mir sozusagen die Übernahme der Leitung des medizinischen Bereiches in unserem Projekt abgenommen. Heute hat er mich angerufen um mir zu sagen, dass ich am 24. November, also drei Tage nach meiner Rückkehr die Möglichkeit habe, beim **Rotary-Club** Kremstal (Kirchdorf) mein Projekt präsentieren kann. Der diesjährige Veranstaltungsreferent hat ihm dies zugesagt. Noch was. Der Präsident des Clubs ist auf der Suche nach einem größeren Sozialprojekt. Na, dann mal in die Hände gespuckt!!!!

Für 24. Oktober bin ich zur FLORIAN-GALA 08 eingeladen. Es wird dort zur Übergabe der Regionalpreise durch den Landeshauptmann kommen. Da werde ich wohl eine Stellvertretung entsenden müssen. Für 28. November 18 Uhr 30 wird eine Informationsveranstaltung für Linz (EKiZ Bulgariplatz) organisiert. Am 2. Dezember um 19 Uhr soll in der WKO Kirchdorf ein Informationsabend für die Interessierten der Region stattfinden. Am 4. Dezember beim Kolpingvereinsabend werde ich wahrscheinlich auch das Projekt präsentieren.

Vorerst mach ich noch für das Projekt die Trommelworkshops in Linz, Freitag 14 - 18 für Anfänger und Samstag von 10-18 für Erfahrene. Es gibt noch eine Besprechung mit der Organisation ADUNA in Linz. Mamadou Djallo ist ja bereits seit gestern in Conakry. Am Montag bekomme ich noch Medikamente und am Dienstag habe ich einen Drehtag mit dem ORF Regionalfernsehen. (10 Uhr Apotheke Micheldorf, Hilfsgüter. 11 Uhr 30 in meinem Beratungsraum in Inzersdorf und ab 14 Uhr in Grünau beim Workshop mit der Musikhauptschule Kirchdorf.) Am Mittwoch 15. 10. um ca 1 Uhr 30 holt mich der Shuttledienst ab und bringt mich zum Flughafen München. Ich fliege über Brüssel und Dakar nach Conakry und komme dort um 17 Uhr 55 Ortszeit an.

Dann tauch ich mal ab und kümmere mich um die Vorbereitung meines Einsatzes in Conakry. Liebe Grüße. Robert

10.10.2008
Hallo Robert, ich habe vergessen, Dir zu sagen, dass der Eigentümer des ersten Hauses sagte, er gibt es uns nicht mehr, weil seine Frau dort wohnen wird. Das zweite haben sie uns gegeben. Für drei Monate. Nachher muss man ausziehen. Ich habe auch noch ein anderes gefunden. Dort müssten wir noch einige Arbeiten verrichten. Dafür könnte man es länger nützen. Sogar für Jahre. Pierre

10. 10. 2008
Trommelworkshop für Afrika im Kidsmix in Linz

11.10.2008
Hallo Robert, es ist Yaha. Ich schicke Dir die Gesamtsumme für die Sachen, die wir noch einkaufen müssen. Außerdem brauchen wir Lebensmittel für den ersten und zweiten Tag Deiner Ankunft. Das ist eine Summe von 700.000 GNF. Das ist es, was ich dir heute zu schreiben habe. Wenn du diese Mail erhältst, rufe mich bitte an.

12.10.2008
Hallo Yaha, hier die Transactionsnummer 3577535056. Ich freue mich darauf zu sehen, wie Du mein Haus hergerichtet hast. Gruß. Robert.

Auftragsdatum:	12/10/2008
Überwiesener Betrag :	€130,00
Geldüberweisungsgebühr :	€17,50
Gesamtbetrag:	€147,50
Wechselkurs * 1 Euro	6332,441774 GNF
Summe in lokaler Währung	823218,00 GNF

Die Hilfsgütersammlung

Erika Lipnik und Lukas Eibensteiner haben mich in Linz unterstützt. Im Raum Kirchdorf waren mit dabei: Mag. Rudolf Oberdammer mit seiner Familie, Resi Schedlberger, Familie Blaha und Resl aus Kremsmünster, Gudrun Schardax aus Schlierbach, Renate und Emmerich Hotz aus Klaus, und ………

Ein Bericht von Lukas Eibensteiner:
Alles begann, als Robert Stöckler – ein bekannter Unternehmensberater aus Kirchdorf an der Krems – seine Liebe zur afrikanischen Musik – nämlich das Trommeln – entdeckte. Um den Trommelvirtuosen Famoudou Konaté kennen zu lernen, nahm Herr Stöckler im Frühjahr 2008 an einem Trommelworkshop in Guinea, teil. Als er in Guinea ankam und das ganze Elend sah (keine Kanalisation, instabiles Stromnetz usw.) fühlte er einen inneren Drang, den Menschen, speziell Frauen und Kindern, in diesem total unterentwickelten Staat zu helfen. Also rief er das Projekt mit dem Namen „Kann Spenden Sünde sein?" in die Welt.

Der Projektstart verlief um einiges schwieriger als geplant. Herr Stöckler wusste noch nicht wie ein solches Projekt aufzubauen ist. Doch das Ziel vor Augen – den Bau einer Schule – kam das Projekt ins Rollen.

Es kam zu ersten Sitzungen mit dem Verein Aduna (sind zu diesem Zeitpunkt schon mit dem Bau einer Schule beschäftigt). Bei jeder Besprechung löste man zwar einige Probleme, doch es kamen auch immer wieder neue Probleme hinzu. Das Projekt nahm Formen an. Man entschloss sich gemeinsam mit dem Verein Aduna einen Container mit Hilfsgütern zu befüllen. Herr Stöckler wollte Hilfsgüter nach Guinea bringen – Aduna Materialien für den bereits begonnen Bau einer Schule.

Was benötigt man nun um die Hälfte eines 14 Tonnen schweren Containers mit Hilfsgütern zu füllen? Genau: Promotion!

Mit Hilfe von Frau Erika Lipnik und Herrn Lukas Eibensteiner begann man kleine Visitenkarten zu entwerfen, welche dann im Raume Linz bzw. Kirchdorf unter die Leute gebracht werden sollten. Für genauere Informationen wurden zusätzlich noch Flyer in der Projektfarbe Hellblau gedruckt. Gesammelt wurden hauptsächlich Kinderkleidung, aber auch Erwachsenenkleidung, sowie Schuhe, Spielsachen und Schulsachen.

Um eine breitere Masse zu erreichen wurden auch Zeitungen kontaktiert. In Linz kam es nach kurzer Zeit zu einem Interview bei den TIPS, welches kurz darauf auch schon in der Zeitung zu lesen war. Die Wirkung war enorm.

Frau Lipnik wurde regelrecht mit Anrufen überrollt. So bildete sich rund um die drei Protagonisten relativ schnell eine Ansammlung von hilfsbereiten Menschen.

Kritik muss ich an dieser Stelle am Chefredakteur einer Linzer Regionalzeitung ausüben, welcher trotz einer Terminverschiebung des ersten Termins, es auch beim zweiten Termin nicht für nötig hielt, aufzukreuzen. Somit blieb uns ein wichtiger Bericht in der lokalen Presse verwährt.

Was in Linz nicht geklappt hat, ging dafür in Kirchdorf umso besser. Die Kremstaler Rundschau interessierte sich brennend für das Projekt von Herrn Stöckler und veröffentlichte laufend Berichte und neue Informationen über das Projekt.

Die Idee dieser Hilfsgütersammlung war einen Container am Linzer Hafen aufzustellen. Am 19. und 20. September sollten dann alle Hilfsgüter zum Hafen gebracht werden und von Frau Lipnik und Herrn Eibensteiner mit Hilfe vieler freiwilliger Helfer in den Container verfrachtet werden.
Auch in Kirchdorf gab es einen solchen Sammeltermin. Doch wie kommen nun all die Hilfsgüter von Kirchdorf nach Linz?

Es wurde ein LKW organisiert, der am Montag den 21. September alle Hilfsgüter von Kirchdorf nach Linz transportieren sollte. Die Strukturen für die Sammlung standen. Jetzt musste „nur" noch alles in die Tat umgesetzt werden.

Doch es lief nicht alles so glatt wie geplant. Beim Kauf des Containers wurde uns gesagt, dass es unmöglich sei den Container am Linzer Hafen aufzustellen, da es sich dort um einen Sicherheitsbereich handelt und das Aufstellen viel zu gefährlich wäre. Es kam zu vielen Diskussionen mit der Firma RailCargo. Schließlich wurde uns doch noch der Standort am Rande des Sicherheitsbereiches gewährt.

Der Sammeltermin rückte näher und näher und die Nervosität stieg. Am 19. September merkte man auch schon das erste große Problem. Die Hilfsgüter kamen nicht – wie geplant – in Bananenschachteln, sondern meistens unsortiert in riesigen Einkaufssäcken. Bevor das Sortieren der Kleidungsstücke beginnen konnte (man wollte keine Unordnung im Container erzeugen), mussten schleunigst Bananenschachteln organisiert werden. Beim nächsten Container ist es auf jeden Fall von großer Bedeutung, dass alle Hilfsgüter schon vorsortiert und in Bananenschachteln verstaut, abgegeben werden. Zumindest, wenn jemand viele Hilfsgüter hat, gleich eine oder mehrere Bananenschachteln mitbringen sollte. Das wäre für alle fleißigen MitlhelferInnen sehr von Vorteil.

Nach zwei Tagen des Sortierens sah man das Ergebnis. Der Container war so gut wie voll. Damit ergab sich das nächste Problem, denn auch in Kirchdorf wurden eine Menge Hilfsgüter gesammelt. Dort gab es sozusagen vier Abgabeorte: ein Schuhhaus, eine Wohngemeinde, eine Apotheke und der geplante Sammelplatz von Herrn Stöckler. Durch den großen Ansturm ergab sich das nächste Problem. Der Container war voll, also wohin mit den überschüssigen Hilfsgütern?

Innerhalb von kurzer Zeit wurde von Herrn Stöckler eine Lagerhalle in Steyregg gefunden, welche uns ermöglichte, alle überschüssigen Hilfsgüter dort zwischen zu lagern.

Der LKW begann nun seine Reise nach Linz, wo der Container nun endgültig fertig geladen und anschließend versiegelt wurde. Dann musste der LKW seinen Weg nach Steyregg fortsetzen. In Steyregg angekommen, musste Robert Stöckler sogar selbst Hand anlegen, um die überschüssigen Bananenschachteln vom LKW in die Lagerhalle zu transportieren.

Nun war in Österreich alles geschafft. Doch für Robert Stöckler beginnt nun erst das Abenteuer, denn er wird nun selbst 5 Wochen nach Afrika fliegen um dort persönlich die Vergabe der Hilfsgüter zu übernehmen. Weiters will er verschiedenste Erhebungen für seine Schule erledigen und einen kleinen Mitarbeiterstamm in seinem Stadtteil (Simbaya gare) aufbauen.

Nun möchte ich noch kurz auf die Finanzierung eines solchen Projekts eingehen. Der Großteil der Kosten wird von Herrn Stöckler privat übernommen. Es werden zum Beispiel Trommelkurse veranstaltet, dessen Einnahmen zur Gänze in dieses Projekt fließen. Ein weiterer wichtiger Finanzierungsfaktor ist das Land Oberösterreich, welches einen Teil des Containers mitfinanziert. Und natürlich wäre das ganze nur schwer ohne zahlreiche Spenden möglich.

Alles in allem kann ich jedem nur empfehlen sich selbst an einem solchen Projekt zu beteiligen, da man mit Dingen konfrontiert wird, die einem sonst im Alltag wohl eher selten über den Weg laufen.

Hilfsgütersammlung in Linz: Der Künstler Manfred Koutek „schmückt" den Container. Hans Hoffellner hat diese Anmalaktion organisiert. Lukas Eibensteiner und Erika Lipnik, die Organisatoren der Aktion.

Kleiderübergabe in der Apotheke Micheldorf: Sabine Hankiewitz übergibt an Mg. Rudolf Oberdammer. Mag. Sichler mit Töchtern hilft auch bei der Sammlung mit.

Resi Schedlberger „sammelt" im Sportzentrum Inzersdorf. (Siehe Bericht Seite 76)

Die Berichte

Der erste Zwischenbericht aus Conakry - Ende Oktober 2008

Zwei Wochen nach meiner Abreise aus Österreich ist es an der Zeit, einen ersten Bericht aus Conakry zu liefern. Es fällt mir ziemlich schwer klare Gedanken zu fassen, weil in meinem Kopf auf Grund vieler Faktoren eine große Unordnung entstanden ist. Zum einen ist der Umstieg von Französisch auf Deutsch nicht ganz einfach, zum anderen erdrücken mich die Erlebnisse fast. Dass ich hier so viele undenkbare Situationen in Wirklichkeit erlebe, ist wirklich sehr verwirrend. Ununterbrochenes Denken und Sprechen in Französisch macht auch einiges aus.

Meine Anreise über München, Brüssel und Dakar nach Conakry dauerte 14 Stunden. Den ersten Schutzengel hatte ich gleich bei der Abholung. Die vorgesehene Abholtruppe steckte im Stau. Ein junger Freund mit seiner Mutter war Gott sei Dank auch zu meinem Empfang gekommen. So konnte ich unbeschadet, ohne meine Koffer öffnen zu müssen den Flughafen verlassen.

Obwohl wochenlang vor meiner Ankunft ein Haus für mich gemietet und liebevoll hergerichtet wurde, bin ich in der ersten Woche drei Mal übersiedelt. Anstrengend, will ich nur sagen.

Was es für die Afrikaner heißt, wenn ein Weißer, den sie kennen, ganz allein in Conakry auftaucht, das weiß ich auch erst jetzt. Sie hatten mich bis zur endgültigen Aufgabe umzingelt. Viele unerwünschte Kontakte muss ich einfach in Kauf nehmen. Sehr oft helfen die Barrieren und Grenzen, die ich mir geschaffen habe, nicht lange.

Das Projekt selbst läuft wider erwarten sehr gut. Es wird an der Anerkennung als Hilfsorganisation durch das Gouvernement gearbeitet. Die Statuten sind fast fertig. Dazu haben wir einen Advokaten in der Gruppe. Ein Bankkonto ist eröffnet (das hat zum Beispiel über eine Woche gedauert). Wir haben die Organisation bewusst sehr klein gehalten. Es gibt einen Direktor, dessen Berater, vier Arbeitsgruppenleiter und eine directrice der l´ecole du peuple.

Der Direktor Pierre Labile Cece Gbamou ist ein junger Mann, den ich Jänner dieses Jahres hier kennengelernt habe. Es ist eine Fügung, dass er in Monsieur Rodrigue einen Mentor gefunden hat, der ihn in diesem Projekt begleiten wird. Ein erfahrener, gebildeter Organisations- und Finanzexperte.

Die vier Arbeitsgruppen umfassen die Themen:

Bildung (Erziehung, Schulpatenschaften und Schulbau), Ernährung (Wasser), Gesundheit (medizinische Erstversorgung, Krankenhaus und Medikamente), Einkommen (Nutzung der Sonnenenergie, des Containerinhalts und Aufbau eines Ladens).

Um die richtigen Mädchen für die Schulpatenschaften zu finden, habe ich selbst systematische Hausbesuche gemacht. Das ist eine sehr anstrengende Tätigkeit. Nun haben wir einen Fragebogen entwickelt, nach dem nun vorgegangen wird. Es gibt Erstbesuche durch Projektmitarbeiter mit einer Erstselektion, einen Zweitbesuch durch mich und eine anschließende konkrete Auswahl.

Im Vorfeld habe ich meine ersten Erfahrungen gemacht, indem ich mit einem mir schon bekannten Mädchen eine Schule besucht habe. Durch die großzügige Spende einer Frau aus Linz kann das hohe Schulgeld (92 Euro) für Saran Traore bezahlt werden. Die in unserem Projekt kalkulierten 28 Euro reichen für die niedrigen Klassen.

Mein Wochenarbeitsplan:
Montag
Vormittag: Arbeitsgruppe Bildung
Nachmittag: Gespräch mit jungen Frauen und Kindern

Dienstag
Vormittag: Arbeitsgruppe Ernährung
Nachmittag: Gespräch mit alten Männern

Mittwoch
Vormittag: Arbeitsgruppe Gesundheit
Nachmittag: Gespräch mit jungen Frauen und Kindern

Donnerstag
Vormittag: Arbeitsgruppe Einkommen
Nachmittag: Gespräch mit alten Frauen

Freitag
Vormittag: alle Arbeitsgruppen
Nachmittag: Gespräch mit jungen Frauen und Kindern

Samstag
Vormittag: Projektunterstützung
Nachmittag: Organisation, Administration, Internet
Es gibt eher selten Strom. Meist nur in der Nacht. So muss Computerarbeit eben in der Nacht gemacht werden.

Zum Abschluss möchte ich noch kurz über mein persönliches Engagement hier für die Familie meines Patenkindes berichten. Mein Patenkind und deren Mutter ließ ich im Krankenhaus untersuchen. Keine gravierenden Erkrankungen. Die Ärzte verschreiben eine Menge aufbauende bzw vorbeugende Medikamente, sobald sie wissen, dass ein Weißer im Spiel ist. Eine Tante meines Patenkindes hat sich verletzt. Sie wird nun täglich beim nächsten Krankenhaus neu verbunden. Eine andere liegt mit Fieber im Bett. Eine Ärztin des Projektes hat heute nach ihr gesehen. Die erforderlichen Medikamente sind besorgt. Sie kosten 75000 GNF (11 Euro).

Morgen Abend gibt es eine Besprechung bezüglich der Containerübernahme.

Das war es nun.

Liebe Grüsse in die Heimat.

Robert Stöckler aus Conakry in Westafrika

Der Reisebericht 2008

Einige Wochen nach meiner Projektreise nach Westafrika will ich eine Information geben:

Was wollte ich in Guinea?
Den Alltag der Menschen sehen/erleben.
Mit vielen Menschen ins Gespräch kommen.
Mit dem afrikanischen System zurechtkommen.
Erkenntnisse für das Projekt gewinnen.

Was habe ich erreicht?
Ich habe viele Alltagssituationen beobachten können.
Ich habe in verschiedenen Konstellationen mit unterschiedlichsten Menschen Gespräche geführt.
Ich habe fast stündlich „Unglaubliches" erlebt und konnte Lösungen entwickeln.
Ich habe viele Erkenntnisse für das Projekt gewonnen.

Organisation
Über zwanzig Personen haben an den Informationsveranstaltungen und Arbeitsgesprächen teilgenommen. Es gab wöchentlich eine Gesamtprojektbesprechung, ein Gespräch mit den „alten" Männern, ein Gespräch mit den „alten" Frauen und ein Gespräch mit jungen Müttern. Es haben sich vier Arbeitsgruppen zu den Bereichen konstituiert (Bildung & Erziehung, Gesundheit & Ernährung, Einkünfte & Hilfsgüter und „VHS" l´ecole du peuple). Für die Vereinsanmeldung wurde die Vereinsgründung schriftlich festgehalten und der Text für die Statuten konzipiert. Je Arbeitsgruppe wurden Verantwortliche nominiert und die Arbeit an den Bereichszielen in Angriff genommen. Ein Bankkonto auf den Namen der ONG „Formation RAG" (Formation Robert d´Autriche pour la Guinée) wurde errichtet.

Bildung & Erziehung
Eine Arbeitsgruppe hat sich konstituiert, ein Erhebungsbogen wurde entwickelt und viele Familien im Arbeitsgebiet wurden besucht. Entscheidungskriterien wurden festgelegt und Mädchen für die Patenschaften ausgewählt. Die Mädchen mussten sich mit Ihren Eltern bei mir „anmelden" mit der Geburtsurkunde, einem Meldezettel und einem Passfoto. Für 44 Mädchen wurde das Schulgeld eingezahlt und eine Schulbesuchskontrolle installiert. Ein optimaler Platz für den Bau einer eigenen Schule wurde gefunden. Der Kontakt mit dem Grundbesitzer ist

herzustellen. Eine detaillierte Aufstellung über den Schulbesuch aller in der Region befindlichen Schulen wurde erstellt und liegt bei uns auf.

Gesundheit & Ernährung
Eine Arbeitsgruppe hat sich konstituiert und sehr konkrete Vorstellungen vorgelegt. Ich habe zwei Personen im Donka-Krankenhaus (das größte Krankenhaus in Conakry) untersuchen lassen. Für einige kranke Personen wurden die Kosten für die ärztliche Untersuchung und für die verschriebenen Medikamente übernommen. Es wurden Brunnen untersucht und fotografiert.

Einkünfte & Hilfsgüter
Ich konnte beobachten, dass die Menschen immer wieder verschiedene Tätigkeiten für verschiedene Auftraggeber durchführen. Man kann sagen: Sie schlagen sich mehr oder weniger durch. Sie müssen sehr erfinderisch sein. Der Container ist im Hafen angekommen. Er kam erst nach meiner Abreise durch den Zoll und ist derzeit in einem Hof abgestellt. Er ist versperrt und wird bewacht. Die Arbeitsgruppe erarbeitet nun ein Verteilungskonzept.

Tagebuch der 1. Projektreise vom 13. Okt. bis 20. Nov. 2008

13.10.2008
Letzte Mailabfrage daheim und Finale beim Kofferpacken. Die Koffer sind zu schwer. Ich bin ganz schön nervös, kann jedoch wider Erwarten gut einschlafen.

14.10.2008
Um 1.15 Uhr läutet nach ca. 2 ½ Stunden der Wecker. Toilette, Tee & Mohnweckerl mit Käse. Der Taxidienst meldet sich schon um 1.45 Uhr und los geht es. Über Passau zum Flughafen München. Um ca. 4.40 Uhr einchecken. Die Koffer sind viel schwerer als je 23 kg. Der eine mit 26 kg geht durch, der andere mit 29 kg kostet zusätzliches Geld. Für 5 kg á € 30,00 zahle ich also € 150,00.

Um 6.50 Uhr Abflug nach Brüssel. Während dieses Fluges schlafe ich. Nach der Ankunft um 8.10 Uhr buche ich meinen Transfer auf Französisch. Geht ganz gut. Weiterflug um 11.20 Uhr. Nach weiteren Flugstunden komme ich um 17.30 Uhr Ortszeit in Conakry an. Die Hitze ist gleich ziemlich erdrückend.

Nun geht es darum, möglichst unbeschadet durch den Zoll durchzukommen. Ich möchte meine Koffer nicht öffnen müssen. Meine Abholtruppe ist nirgends zu sehen. Sie besteht aus Pierre, dem Projektleiter in Conakry, Yaha, der Mutter meines Patenkindes, meinem Patenkind Saly, Boke, dem Großonkel meines Patenkindes und dem Großvater der Familie. Das Flugzeug ist zu früh angekommen. Gott sei Dank gibt es andere Freunde in Conakry. Ich sehe Djariatou Kaloga mit Moustapha, die Apothekerin mit ihrem Sohn und einem Fahrer. Die helfen mir durch den Zoll. Dazu habe ich vorher € 25,00 hergegeben. Nachdem wir draußen sind, telefoniere ich mit Pierre. Die stecken im Stau. Wir warten bis sie ankommen. Das Warten ist ziemlich zermürbend. Als sie ankommen, fehlt nur Saly, mein Patenkind. Ihre Mutter hat sie vor Aufregung einfach daheim vergessen.

Die Fahrt zum Haus dauert nach meinem Gefühl Stunden. Es werden wohl an die 1 ½ Stunden gewesen sein. Das Haus ist nicht so, wie ich es mir vorgestellt habe, aber sauber und geräumig. Ich habe das Gefühl, dass es mir hier gut gehen wird. Es hat einen großen Salon und zwei Zimmer mit je einer Toilette. Im Salon stehen große Fauteuils, ein Esstisch und sechs Stühle. Es gibt einen großen Balkon. In der Toilette gibt es eine Badewanne, gefüllt mit Wasser, eine Klomuschel, ein Bidet, viele Wasserkannen, gefüllt mit Wasser. Das eine der beiden Zimmer wird für die Küchenfrauen genützt werden, das andere ist mein Schlafzimmer. Viele meiner Bekannten besuchen mich noch gleich am selben Abend. Es wir Mitternacht, ehe ich hundemüde ins Bett falle.

15.10.2008
Am Morgen geht es gleich wieder los. Ehe mein Wecker läutet sind schon wieder Besucher an der Tür. Es wollen sich einfach alle zeigen und mich willkommen heißen. Es kommen auch solche, die ich bei meinem früheren Besuch nur flüchtig kennengelernt habe. Wir fahren in die Stadt, um einige Dinge zu besorgen. Es begleiten mich Pierre und Boke. Das wichtigste ist jedoch die Eröffnung eines Bankkontos. Das geht nicht so leicht! Ich muss zwei Passfotos machen lassen und brauche eine beglaubigte Kopie meines Reisepasses. Wir kaufen einen Kleiderschrank. Aus einem Koffer will ich nicht so lange leben müssen. Dann wird noch je ein Sack Reis, Kartoffel und Zwiebel besorgt, Tomatenmark und andere Dinge in Großmengen und Wasser… Die Küchenfrauen werden instruiert. Es sind zwei. Sie werden am Ende meines Aufenthaltes je GNF 350.000 bekommen. Die zwei Putzfrauen bekommen je GNF 230.000. Am Abend kommt der Hausbesitzer und Pierre ist ziemlich nervös und aufgebracht. Er zeigt mir den Mietvertrag. Man hat ihn betrogen. Den Vertrag hat der Bruder des Besitzers mit ihm gemacht. Nun will der Besitzer, dass das Haus sofort geräumt wird. Wir versuchen den Hausbesitzer umzustimmen.

16.10.2008
Nun, um 8.00 früh muss binnen einer Stunde das Haus geräumt sein. Man muss sich das vorstellen. Das hat tatsächlich geklappt. Die Großfamilie und deren Freunden schaffen das. Auch Freunde von mir, die mich an diesem Morgen besuchen kommen, müssen Hand anlegen. Man versucht mich gleich wegzubringen. Es ist ein sehr komisches Gefühl, wenn man vertrieben wird. Es lässt sich nicht wirklich gut beschreiben. Vielleicht verdränge ich das gleich. Ich habe nun einen Platz mit guten hygienischen Bedingungen bei der Familie von Moustapha, die schon einmal geholfen hat. Für heute 15.00 Uhr ist das erste Projekttreffen geplant. Bis dahin kann ich mich ein wenig ausruhen. Die Malariatabletten machen mir ziemlich zu schaffen.

Auch am neuen Zwischenwohnplatz tauchen Besucher auf. Habib, der mich am ersten Tag meiner Jännerreise in die Stadt begleitet hatte. Die Familie meines Patenkindes belagert das Haus. Die Küchenfrauen bringen das Essen, obwohl ich hier gut versorgt werden könnte. Es ist ein Chaos, das in diesem, sonst sehr ruhigen Haus einzieht. Sehr unangenehm für meine Unterstützer. Natürlich auch für mich. Nach mehreren Versuchen, hier Ruhe hineinzubringen, verlasse ich noch am gleichen Tag das Haus der Apothekerin. Der Großonkel meines Patenkindes hat sein kleines Haus für mich freigemacht. Seine Frau ist aus Erlangen, also halbwegs gute hygienische Verhältnisse.

Ein schöner Erfolg des heutigen Tages: Die erste Besprechung ist sehr gut gelaufen. Pierre hat einige Experten zusammengerufen. Das freut mich sehr. Meine Gesprächsführung erfüllt mich auch mit Stolz. Ich komme gut zu Recht mit meinem Französisch. Man sagt mir, dass ich verstanden werde. Wir einigen uns darauf, dass wir uns am Montag wieder treffen. Bis dahin soll jeder wissen, mit welchem Thema er sich dann im Projekt beteiligen will. Es wird!

21.10.2008
Da haben wir es. Es bewegt sich zwar nicht viel, doch es ist wahnsinnig viel los. So viel, dass ich die Müdigkeit die Eintragungen ins Heft nicht mehr zulässt. Schade, sage ich. Es ist also nun Dienstag. Ich weiß nicht mehr genau, was Samstag und Sonntag alles los war. Es ist zumindest erlebnisreich und ermüdend. Ich versuche einfach, die einzelnen Dinge aufzuschreiben, wie sie mir einfallen. Das Essen ist gut, ein wenig scharf. Ich weiß nicht, wie viele Menschen sich in meiner Küche mit ernähren. Alle Versuche, dass weniger gekocht werden soll, scheitern. Wenn ich gegessen habe, bleibt immer noch für 3 Personen was übrig, das wird dann am Boden von anderen verschlungen. Die Köchinnen und deren Kinder sind ja sicher schon vorher satt geworden. Das ist auch Hilfe, wenn auch in dieser Form von mir nicht so gewollt.

Der Fotograf kommt ins Haus und macht Passfotos fürs Bankkonto. Dazu benötigt man (zur Eröffnung des Kontos) ein Antragsformular, einen Wohnsitz, der bei mir ja erst vorbereitet wird, einen Kopie des Passes, die von der Polizei anerkannt wurde ... Das wird noch dauern. Und ich sitze am Geld. Im wahrsten Sinne des Wortes.

Am Sonntag fahre ich mit Pierre in eine katholische Kirche zur Messe. Mit uns kommt eine Frau, auch sie ist Apothekerin in einem Krankenhaus. Die Kirche ist voll. Die Rituale bekannt. Die Sprache der Gebete dennoch fremd. Die Messe dauert zwei Stunden. Es ist fürchterlich heiß. Die Lieder werden mit Trommeln begleitet. Der Dirigent des Kirchenchores fuchtelt wie wild.

Am Nachmittag warten alle auf das Doundounbafest. Ein Freund hat dazu eingeladen. Man sitzt einfach herum. Die Zeit vergeht. Das Doundounbafest verläuft, wie viele, die ich schon erlebt habe. Die Rhythmen sind mir vertraut.

Die große Gruppe der alten Sängerinnen darf nicht fehlen. Die „starken Männer" tanzen wirklich mit sehr viel Kraft. Der Doundounba ist ja der Tanz der starken Männer. Lancinet, den ich seit meiner letzten Reise schon kenne, hat sich in seinem Ausdruck stark steigern können. Ich verlasse das Fest vorzeitig. Übrigens ist es ein sehr komisches Gefühl, ganz alleine als Weißer unter den Schwarzen zu sein. Auch daran muss ich mich erst gewöhnen. Die Kinder schreien: „ Fote, Fote, Fote!" Das heißt, Weißer, Weißer, Weißer.

Nun beziehe ich mein Quartier. Über alle Anstrengungen, die notwendig sind, bis es so weit kommt, will ich mich hier nicht mehr auslassen. Nun kommen wieder alle auf Besuch. Ich wehre mich schön langsam auch sichtbar. Habe mir eine Sicherheitszone eingerichtet. Soeben wurde auch diese durchbrochen. In der Nacht schläft ein Wächter in meinem Esszimmer. Es ist nicht wirklich gefährlich, doch wollen wir nach außen unsere Sicherheitsvorkehrungen demonstrieren.

Am Montag ist ein Krankenhausbesuch angesagt. Saly wird untersucht, auch ihre Mutter. Hier muss man in jedem Arztzimmer bezahlen. Jedes Mal GNF 10.000, derzeit sind es € 1,50. Ist für uns nicht viel. Für die Leute hier nicht leistbar. Die Medikamente kosten auch ein Vermögen. So etwas Einfaches wie eine Untersuchung kommt mir am Ende wie eine Gewaltstour vor. Ein kleines Detail. Die Wächter beim Krankenhaus erzeugen bewusst einen Engpass und lassen niemanden herein, damit sie Geld bekommen. Am Nachmittag habe ich ein „kleines" Problem. Jemand hat mir von meinem Handyguthaben einfach etwas auf seines weitergeleitet. Es geht um insgesamt GNF 13.000. Wir haben die Diebin gefunden, sie bekommt noch einmal eine letzte Chance. Hier in Afrika spielen alle mit den Handys der anderen. Nun haben alle „Handyverbot". Das Dumme daran ist, dass wir viel für die Sicherheit von außen tun, aber nicht an innere Schweinereinen gedacht haben. Und ich habe noch immer das ganze Geld bei mir. Heute war Pierre zweimal wegen des Bankkontos unterwegs.

Am Vormittag gab es die Konstituierung der Arbeitsgruppen. Das ist meiner Meinung nach gut gelaufen.

Der Start beim Thema Gesundheit hat heute stattgefunden. Mit zwei Medizinerinnen wird das gut gehen. Wenn man so mit den Leuten spricht, hat man das Gefühl, man sei verstanden worden. Ich werde ja sehen, wie es weitergeht. Es ist ja ein einzigartiges Ereignis, wie eine solche Sitzung, die man hier liebevoll „rendez-vous" nennt, beginnt. Wann die Leute kommen, wie das ganze los geht. Ich habe den im Google-Earth gefundenen Plan für das Arbeitsgebiet in Großaufnahme an die Wand gehängt. Ich habe den Projektmitarbeitern den Auftrag gegeben, sie sollen unser Haus suchen. Das war nicht einfach. Doch mir ist klar, dass dieses Haus genau an der Grenze unseres Arbeitsgebietes liegt. D.h. genau genommen außerhalb der Grenze. Nun, das muss ich akzeptieren.

Um 13.00 Uhr will ich essen, weil um 13.30 Uhr der Abmarsch zur Schule ist, wo Pierre und ich das erste Mädchen anmelden werden. Eine Linzerin hat uns die Zusage gegeben, für einen längeren Zeitraum monatlich Geld zu schicken. Damit wird Saran in die Schule gehen können. Die Gebühr für ein Jahr beträgt leider in höheren Klassen über Euro 90,00. Wir haben je Patenschaft nur Euro 28,00 zur Verfügung. „Ca se fête" Das muss gefeiert werden!!!!

Eine Schwester von Yaha ist aufgetaucht. Sie hat sich am Fuß verletzt. Ich gebe ihr ein Desinfektionsmittel drauf und ein Pflaster und gebe ihr etwas für den nächsten Tag mit. Die kleine tiefe Wunde schaut nicht gut aus. Pierre und ich schicken sie in ein Krankenhaus, der Assistent von Pierre geht mit. Sie kommen mit einem Rezept zurück. Am nächsten Tag fährt der Assistent in die Stadt, um ihre Medikamente (Verbandsmaterial) zu kaufen. Er hat zu wenig Geld mit. Es ist ein Irrweg für alle Afrikaner. Ich glaube, sterben geht in Afrika leichter als überleben. Und das, obwohl ein FOTE (ein Weißer, wie ich) Unterstützung anbietet.

Idel, so heißt das Mädchen, ist „angeblich" 16 Jahre alt. Sie meint, sie kennt ihr Alter ganz genau. Ihre Schwester (wahrscheinlich ist das ihre Cousine) meint auch, dass sie so alt ist. Es wird lange über ihr Alter diskutiert. Man einigt sich dann darauf, ihre große Schwester zu befragen, die muss es ja wissen.

22.10.2008
Heute besprechen wir am Vormittag das Thema „Ernährung". Die Arbeitsgruppe konstituiert sich. Es gibt gute Übereinkünfte. Es geht um die Erhebung der Wasservorräte, die Ernährungssituation im Allgemeinen und das Unwissen in Ernährungsdingen.

Es fehlt die Erziehung (l'education). Man gibt schon den Kleinkindern Fanta und Cola, dafür haben sie aber nichts zu essen. Ich habe zugesehen, wie mein Patenkind heute in der Früh mit Mayonnaise voll gestopft wurde. Kurz darauf hat es gekotzt.

Nach der Sitzung wartet schon das Taxi vor dem Haus. Wir fahren zur Bank. Nun kann ich endlich das Bankkonto eröffnen. Es dauert länger als drei Stunden bis ich endlich das Geld bei der Bank abgeben kann. Nun habe ich nach einer Woche ein besseres Gefühl. Leider musste ich feststellen, dass mir Geld fehlt. Wer betrügt mich? Ich gehe alle Situationen durch, an denen ich das Geld nicht direkt an mir getragen habe. Es kommen ganz wenige in Frage. Die Gespräche ergeben nichts. Ich informiere den ganzen Tross. Die zwei Küchenfrauen, die zwei Putzfrauen, das Mädchen Bountou, das ihnen hilft, den Assistenten von Pierre. Alle sind sehr betroffen. Zur Polizei zu gehen wird auch nichts bringen. Das Gefühl, dass einem jederzeit was genommen werden kann, ist nicht angenehm.

Am Abend kommt Kalil, den ich aus Linz kenne. Er ist mit seiner Frau zum Abendessen eingeladen. Wir besprechen den Containerempfang und die Möglichkeiten der Zusammenarbeit. Er hilft uns, einen Platz für den Container zu finden. Er hat hier vermutlich die besten Kontakte.

23.10.2008
Das Treffen mit den alten Frauen ist ziemlich anstrengend, weil von meinem Französisch auf Sousou und umgekehrt, übersetzt werden muss.

Sire und Yaha übersetzen. Es ist erfreulich, wie die alten Frauen aufgehen, weil sie das Gefühl der Wichtigkeit für dieses Projekt spüren. Alle bedanken sich sehr höflich, dass ich sie eingeladen habe. Sie bekommen Cola oder Fanta. Ich kann nicht glauben, dass die das gerne trinken! Die Mutter von Sara ist dabei. Das erste Mädchen, für das wir das Schulgeld bezahlt haben.

Kommerz & Energie ist die Arbeitsgruppe am Vormittag. Ich bin froh, dass hier eine junge Frau, nämlich Pauline Kounouma, zur Verantwortlichen gewählt wurde. Es geht hier um die Schaffung von Einkunftsquellen, Verwertung des Containerinhaltes und die Nutzung der Solarenergie.

24.10.2008
24 Personen kommen zur ersten gemeinsamen Zusammenkunft. Jede Arbeitsgruppe berichtet über ihre Ziele und Wege. Ideen werden präsentiert. Ich kann den Gesprächen nicht ganz folgen. Es geht mir dann doch zu schnell. Anschließend gehen wir mit drei Mädchen der Familie Sylla in die Schule. Alleine schon bis alle gefunden und schön gemacht sind, dauert es eine Stunde. Die Schule ist leer. Nur ein Mann reinigt die Klassen. Jetzt wissen auch meine Begleiter, dass am Freitag schon mittags Schluss ist. Man geht in die Moschee.

25.10.2008

Zuerst der Besuch von Djariatou in der Apotheke, anschließend die Gespräche bei der Familie von Saran. Ein Wolkenbruch prasselt nieder. Moustapha fotografiert zum ersten Mal. Er soll ja die Frauen begleiten und der Fotograf des Projektes sein. Das Notebook ist nun bereits drei Tage beim Informatiker. Mal sehen, ob er das hinkriegt, dass wir gut damit arbeiten können.

Die Afrikaner sagen „ich komme sofort". Ich frage dann immer gleich nach: „Was heißt das?" Das kann ganz selbstverständlich auch heißen: „Ich komme morgen!".

Besprechung mit alten Frauen und alten Männern in Simbaya gare.

Einzahlung des Schulgeldes: Oben Für Saran Traore wird das erste Schulgeld eingezahlt. Beim Direktor von Les Elites wird für über 40 Mädchen das Schulgeld entrichtet.

Heute reflektiere ich mit Pierre unsere Arbeit. Bis auf die Themengruppe „Bildung" haben sich alle bereits konstituiert. Beim Thema Ernährung arbeiten zwei ältere Personen, hier brauchen wir noch junge Ergänzung. Zwei Themenblöcke sind wichtig: die Brunnen und Wasserstellen zu erfassen und die Erziehung zur Hygiene vorzubereiten. Die Idee der Volkshochschule kam ja von dieser Gruppe. „l'ecole pour le peuple" Die zwei älteren Personen dieser Gruppe sollen sich um die Entwicklung dieser Schule kümmern und junge Leute sollen die Brunnen inspizieren.

In unserer europäischen Sichtweise macht man halt zehn bis zwanzig Brunnen am Tag, dann hat man schnell einen Überblick. So wird das nicht gehen. Es wird viel langsamer ablaufen.

26.10.2008
Ein Gespräch mit dem Besitzer des Grundstückes, auf dem das Haus von Pierre und Yaya steht, ergibt, dass wir hier ein Haus bauen und die Container aufstellen können. Außerdem dürfen wir eine Mauer ziehen, um ein abgeschlossenes Grundstück zu bekommen. Er will eine kalkulierte Miete von GNF 150.000 je Monat vom verbauten Wert, also es ist so lange nichts zu bezahlen, bis die Summe für den Hausbau mit der kalkulierten Miete verbraucht ist. Für die Container will er GNF 100.000 (€ 15,00) je Monat.

Am Nachmittag kommt der Kri- Kri: Ein Zauberer, der die Person ausfindig macht, die mir das Geld gestohlen hat. Er meint, es sind zwei Personen, die das gemeinsam gemacht haben. Für seinen Zauber sind zwei rote Hähne zu kaufen, zwei Kilo Paprika und ein paar sonstige Dinge, die ich nicht so schnell verstehe, wie gesprochen wird. Montag oder Dienstag früh werden diese Personen erkranken. Sie werden sich zeigen. Seither sind mit ihm Pierre und Sekou (ein Musiker von Famoudous Gruppe) nicht mehr zu sehen. In dieser Nacht schlafe ich ziemlich schlecht. Bis zwei Uhr überhaupt nicht und nachher ziemlich seicht. Das Frühstück nehme ich alleine zu mir.

27.10.2008
Pierre ist verschollen. Im Dienste des Zauberers. Ich eröffne heute ohne ihn die Arbeitssitzung um 10.00 Uhr. Das Thema Bildung steht an. Folgendes wird besprochen: die Erziehung der Kinder, die „VHS", der Bau einer Schule, die Patenschaften, die Ermittlung des Bildungssystems, Erfassen aller Schulen im Arbeitsgebiet und Umgebung, Fördern einer öffentlichen Schule in der Region.

Es wird die Idee geboren, doch gleich mit einem Kindergarten zu beginnen. Auf dem ins Auge gefassten Grundstück kann man jederzeit damit beginnen. Was ist dazu notwendig? Ein Dach über dem Kopf, ev. Kindertische, Teppiche und ev. vier Lehrer für zwei Klassen. Also für etwa 50 Kinder. Wenn für die Lehrer GFN 8.000 aufzuwenden ist, dann sind das für vier Lehrer und neun Monate (8000x30x4 = GNF 1.000.000 x 9 Monate = GNF 9.000.000), das sind € 1.315. Dazu kommen Materialkosten und geringe Baukosten für das Dach (Hangar) und die anteilige Grundstückspacht (bei 100.000 im Monat macht das GNF 1.200.000 das sind € 175,00) insgesamt ca. € 1.490,00 an laufenden Kosten. Damit sind wir bei ca. € 30,00/Kind. Das sind die schon bekannten € 28,00. Sollte es möglich sein, mit drei Lehrpersonen für zwei Klassen auszukommen, dann wären wir drunter (1490 – 328 = 1162), nämlich bei ca. € 23,00/Kind.

Seit 13.00 Uhr regnet es. Zuerst ein Wolkenbruch, nachher so was wie ein Schnürlregen. Auf jedem Fall so, dass niemand kommt und dass man nicht gerne fortgeht. Deshalb ist alles so relativ hier, denn wenn es regnet, dann steht die Zeit still. Alles wartet, bis der Regen wieder vorbei ist.

Pierre ist zurückgekommen. Sieht sehr müde aus. Anscheinend hat man auch ein Schaf geschlachtet und er musste sehr, sehr weit gehen. Während des Regens hat er genügend Zeit sich auszuschlafen.

Zur Suche der Patenmädchen mache ich heute eine erste Tour durch das Kerngebiet. Nach zwei Stunden bin ich völlig erschöpft und weiß nun, dass das nicht meine Arbeit sein kann. Deshalb entwickle ich einen Fragebogen, der die Selektion der Mädchen erleichtern soll. Es wird in Zukunft eine erste Tour zur Erhebung der Daten gemacht, anschließend erfolgt eine Auswertung mit Excel. Aufgrund der Ergebnisse besuche ich in einer zweiten Tour die Familien, die in Frage kommen. Erst anschließend wird die endgültige Auswahl getroffen.

28.10.2008
Die Arbeitsgruppe „Gesundheit" legt ein ambitioniertes Arbeitspapier vor. Es ist ein Programm mit elf Punkten. Es hört sich alles höchst professionell an. Jetzt geht es darum, die einzelnen Punkte in die Tat umzusetzen. An dieser Stelle wird meine Sophie Sagno zur directrice der l'ecole du peuple (VHS) ernannt. Sie hat die Aufgabe, die Schule zum Leben zu erwecken. Sie muss Themen sammeln, Referenten finden und schon kann diese kostenlose Einrichtung anfangen.

Man möchte natürlich sofort ein medizinisches Zentrum haben. Doch das wird wahrscheinlich nicht so schnell passieren. Wünsche sollen konkretisiert werden.

Zu Mittag besuchen wir die Schule „Les Elites", um vier Mädchen anzumelden. Zwei Tanten (10 und 14 Jahre) von meinem Patenkind und eine Großcousine (Bountou, N´Mamie und Kadi) Außerdem die Tochter des Projektdirektors (Kol Kol Alphonsine). Bei N´Mamie merke ich, dass sie fiebrig ist. Ich besorge anschließend die Visite der docteur Drame und Medikamente im Wert von GNF 750.000 sind notwendig.

Am Abend ist Yaya zu Besuch und es kommt auch Saran, um mir ihr Schul(Studien)buch zu zeigen. Ich fotografiere es für ihre Linzer Patin.

29.10.2008
Wasser und Ernährung steht heute am Programm. Es kommt nur Abeny Soumah, ein älterer Herr, der ziemlich kompliziert zu sein scheint. Er legt kein Arbeitspapier vor. Madame Sophie ist krank. Es liegt nun an Pierre und seinem Berater, dieser Arbeitsgruppe mehr Leben zu geben. Ich versuche mit Pierre an einem Erhebungsbogen für die Brunnen zu arbeiten. Das gehen wir dann mit der Arbeitsgruppe durch.

Anschließend machen wir einen Lokalaugenschein beim Brunnen unseres Hauses. Er ist nicht in Ordnung, d.h. er ist nicht als Trinkwasserbrunnen verwendbar. Die Umgebung ist schmutzig, er ist nicht gemauert, es gibt kein Dach, der Deckel ist mangelhaft. Man steht auf dem Niveau des Deckels, also Schmutz fällt jede Menge hinein. Rundum können jederzeit Blätter hineinfallen, die dann kompostieren ... Wir messen die Tiefe des Brunnens mit dem mitgebrachten Messgerät. Er ist 15,62 m tief. Das Brauchwasser wird aus ihm genommen. Mit einer dreckigen Schnur wird ein Plastikkanister hinunter gelassen. Eine Mordsarbeit den vollen Kanister händisch heraufzuziehen.

Moustapha und seine Schwester sind nicht gekommen, obwohl sie das zugesagt haben. Moustapha sollte ich heute das Fotografieren der Brunnen lernen.

Am Nachmittag kommen die jungen Frauen mit ihren Kindern. Die Hälfte von ihnen versteht kein Französisch und ich glaube, dass überhaupt keine lesen oder schreiben kann. Natürlich hat jede ein Mobiltelefon. Eine interessante Runde also. Anschließend marschieren wir nach Cosa, das nächste Zentrum hier. Ich muss noch die Containerliste ausdrucken. Dann gehen wir Richtung

Matoto und werden dort von Kalil abgeholt. Wir besuchen dann Dr. Bademba, um ihm die Unterlagen für den Container zu bringen. Ich hoffe sehr, dass alles klappt. In einer Woche soll es so weit sein. Kalil bringt uns anschließend bis nach Hause.

Ich warte mit allen auf den Strom. Er kommt nicht pünktlich um 23.00 Uhr, sondern erst um ½ zwölf. Aber das ist normal. Nun gehe ich zur Dusche. Also nehme ich einen Kübel mit Wasser und meinen Kulturbeutel. Ich fühle mich dennoch wohl nach der Wäsche. Ich falle ins Bett und bin sofort weg.

30.10.2008
Heute kommt die Gruppe, die sich mit dem Container beschäftigen wird. Es ist für mich ein wenig anstrengend immer ganz normale Dinge wiederholen zu müssen. Dennoch geht was weiter. Wir brechen auf, um eine Containerlösung zu besichtigen. Nachher gehen wir einen Containerplatz suchen, den wir heute auch finden. Er kostet bloß GNF 20.000 (etwa € 3,50) je Container und Monat. Es ist ein sehr zentral gelegener Platz mit ebenem Grund und beliebig erweiterbar.

Zu Mittag esse ich einmal ganz, ganz alleine. Sogar die Köchinnen und Putzfrauen sind verschwunden. Herrlich ruhig. Ich kann sogar ein Mittagsschlaferl machen, so entspannt bin ich. Am Nachmittag kommen wieder die alten Frauen. Dieses Mal habe ich eine besondere Freude, weil sich zu ihnen die Küchenhilfe von Famoudou gesellt hat. „Ze", eine gute alte Bekannte. Es ist eine nette Konversationsrunde. Ich versuche dreimal Ideen von ihnen zu erhalten. Das können sie nicht. Wenn ich Vorschläge für die „VHS" mache, dann stimmen sie sofort zu, so einfach Dinge, zum Beispiel, wie pflegt man sich die Zähne.

Am Abend habe ich ein Gespräch mit Yaha, der Mutter meines Patenkindes, das mich eigentlich erschüttert. Diese junge Frau hat keine Ahnung, wie Kinder zustande kommen. Ich bin verwirrt und versuche um eine Erklärung, die sie zur Kenntnis nimmt, wie ein kleines Kind. Fertig. Ich glaube in der VHS muss vieles gelehrt werden. Unter anderem auch Biologie -> Sexualkunde. Zum Thema Beschneidung habe ich noch überhaupt keine Fragen gestellt. Das muss ich auch bald angehen.

31.10.2008
Die „reunion" war wieder sehr interessant. Heute haben die Arbeitsgruppen „Bildung" und „Einkünfte" ihre Programme vorgelegt. Für die Gruppe „Gesundheit" werden neue Ideen geboren. Zum einem hat uns die Gruppe Ernährung hier eingegliedert, zum anderen wurde der Vorschlag diskutiert,

ein Versicherungssystem zu installieren. Man wird Mitglied, zahlt monatlich einen kleinen Betrag ein und bekommt dafür die medizinische Behandlung kostenlos. Ich bin gespannt was daraus wird.

Nach dem Essen bin ich zum Einkaufen mitgefahren. Das ist ziemlich anstrengend: 1 Sack Reis, 1 Sack Kartoffel, 1 Sack Zwiebel, Tomatenmark, Maggiwürfel, 30 Flaschen Wasser. Diese Tour dauert etwas 2 ½ Stunden. Die Hitze ist erdrückend. Anschließend bringt uns das Taxi auf einer unvorstellbar desolaten Straße mit all diesen Dingen bis vor die Haustür.

Ich schlafe bis zum Abend. Leider kommt der Strom heute erst um 23.00 Uhr. Morgen kommt er um 17.00 Uhr, ich glaube am Donnerstag um 19.00 Uhr, sonst immer erst um 23.00 Uhr. So ist das Kerzenlicht schon vorbereitet. Eine PC-Arbeit ist fast unmöglich, da der Akku relativ schnell leer wird.

Gestern Abend hat eine Frau die Statuten des Projektes in den PC getippt. Es sitzen drei Männer dabei, während die Frau arbeitet. Eine Arbeitsweise, die hier System zu haben scheint.

1.11.2008
Heute wird weiter an den Statuten gearbeitet, während ich nach Cosa zum Internet gehe. Ich will nur die Mails beantworten. Alles andere ist mit der „französischen Tastatur" zu mühselig. Nach einer Stunde gebe ich auf, besuche noch Djariatou in der Apotheke. Es ist unvorstellbar, wie man hier mit Medikamenten handelt. Unglaublich ist, dass die Apothekerin (besser gesagt die Medikamentenverkäuferin) nicht lesen und schreiben kann. Sie ist 39 Jahre und hat eine Brustamputation hinter sich.

Es wird auch noch ein Gespräch mit dem Grundbesitzer geführt. Die Projektgruppe will gleich das ganze Grundstück pachten. Es kostet GNF 200.000.00

2.11.2008
Zur Sonntagsmesse kommen wir heute nicht so komfortabel wie das letzte Mal. Wir werden nicht von zu Hause vom Taxi abgeholt. Wir gehen etwa 20 Minuten bis zur Hauptstraße. Pierre verhandelt mit einem „taximan" über den Preis, dann steigen wir einige Zeit später endlich ins Taxi. Es ist kurz nach halb zehn und sehr, sehr heiß. Der Taxler bringt den Schlüssel nicht ins Zündschloss. Wir steigen wieder aus. Die Verhandlungen mit dem nächsten gehen flott. Wir kommen gerade rechtzeitig zur Kirche. Princess ist mit ihrem Sohn Bob Collins auch mitgekommen. Beide sind aus Liberia geflüchtet.

Das interessanteste an der Messe ist der Dirigent des Kirchenchors. Wie der herumfuchtelt! Ich würde mich als Sänger nicht auskennen. Meine Versuche, die Einsätze mitzumachen scheitern, sobald ich ihm zuschaue. Er stört eigentlich nur. Am Ende der Messe gibt es noch Informationen, wie bei uns die Verkündigungen. Ich staune nicht schlecht, als Robert d´Autriche vorgestellt wird. So erhebe ich mich und erhalte tosenden Applaus.

Am Nachmittag mache ich mit Yaha und Saly, Pierre und Alphonsine einen Ausflug zum Meer. Wie schon bei meinem ersten Besuch hier, gibt es weit und breit kein Wasser zu sehen. Es scheint die gleiche Tageszeit zu sein wie das letzte Mal.

3.11.2008
Bei jeder Besprechung entwickeln sich immer wieder neue Ideen für die Projektarbeit hier. Die Gruppe „Bildung" muss sich doch um viele verschiedene Dinge kümmern. Ich habe aus den erhobenen Daten Balkendiagramme gemacht. Man kann gut erkennen, wie die Verteilung Knaben und Mädchen in den einzelnen Schulen ist.

Wir gehen die Grenzen unseres Arbeitsgebietes ab. Ich glaube, dass ich gut ausgewählt habe, wenn auch vom grünen Tisch aus. Heute ist wieder einmal ein Streik ausgebrochen. Das war noch nie gut in Conakry. Es gibt keinen guten Warenhandel mehr. Es gibt keine Taxis. Die Schulen werden auch bestreikt. Ich gehe natürlich nicht in die Stadt. Das ist zu gefährlich für einen Weißen. (Die Sousou sagen dazu „Fote", die Malinke „Doubab".) Ich selber habe es nicht so gerne, wenn man mich so nennt. Auch nicht, wenn man le blanc (Weißer) oder etranger (Ausländer, Fremder) sagt.

An dieser Stelle möchte ich ein wenig über die Körperhygiene erzählen. Hier auf diesem Hof wird für mich jeden Tag Generalputz gemacht. Zwei Frauen fegen in der Früh jeden Weg auf dem ganzen Hof. Es wird das Laub gesammelt. Die Toilettenanlage (Duschen – 5 oder 6, zwei Klos) wird mit Seife geschrubbt. In der Früh steht ein Kübel Wasser bereit (nicht jeden Tag, doch das wäre der Standard). Ich habe eine Freude, dass ich beim Klo gehen ohne viel Denken nun auch das Loch richtig erwische. Ich brauch nun auch kein Klopapier mehr. Alles wird afrikanischer. Ich wasche mich viel gründlicher als zu Hause und fühle mich daher nie schmutzig. Nur ständig verschwitzt. Das ist natürlich ein wenig unangenehm.

Am Abend kommt Adama mit der Kamera von Moustapha. Ich ziehe die Fotos, die er gemacht hat, auf den ordinateur (PC). An der Anzahl der Fotos, die schon gespeichert sind, merke ich, dass schon einiges geschehen ist, seit ich in Conakry bin.

4.11.2008
In der Früh hört man Schüsse. Das klingt nicht gut. Man lässt mich heute nicht außer Haus gehen. Hätte auch keinen Sinn. An solchen Tagen steht alles. Ich nutze den Vormittag, um mich einfach auszuruhen. Ich schlafe von 10.00 bis 13.00 Uhr. Nach dem Mittagessen bereite ich mich auf das Treffen mit den alten Herren vor. Sie wollen sich mit Beiträgen in der VHS beteiligen, den Schulbesuch der Patenmädchen kontrollieren und den Aufbau einer Ziegelfabrik unterstützen. Einer der alten Männer produziert derzeit schon Ziegel und ist stolz darauf, dass er nicht jeweils ein Unikat, sondern je Vorgang gleich vier Ziegeln macht.

Heute ist Idel gekommen um hier zu frühstücken. Ich frage nach, warum sie nicht daheim gefrühstückt hat. Na, ja das ist ganz einfach: „il faut se debrouiller" Das sagt die Mutter am Morgen, wenn es kein Geld gibt, um etwas zu machen. „Sieh zu, dass du alleine zu Recht kommst".

Wir haben die Ausgaben durchgesehen. Meine Ernährung kostet sehr viel Geld für die Verhältnisse hier (GNF 20.000 - € 32,00 am Tag). Das ist natürlich zu viel. Aber wenn man bedenkt, dass sich davon etwa 10 Personen ernähren, dann passt das schon. Man muss das als Geschenk an die Menschen hier betrachten.

Ich sitze hier um 18.45 Uhr. Die Dunkelheit ist schon fast da, der Akku ist leer, der Strom wird für 23.00 Uhr erwartet.

5.11.2008
Gestern wurde angeblich hier im Viertel ein Polizist erschossen. Ich darf heute nicht mit in die Stadt. Es ist noch immer zu gefährlich. Aber hier im Viertel soll es nun ruhig sein. Ich kann also hier unterwegs sein. Gott sei Dank. Das letzte, was ich derzeit brauche, ist ein Gefühl des eingesperrt Seins. Heute soll ja der Container ankommen. Von docteur Bademba kommen ja doch keine diesbezüglichen Signale. Ich werde bei Pierre nachfragen müssen. Er ist am Vormittag unterwegs um zuerst zum Postfach zu kommen. Eine Namensänderung steht an. Außerdem erwarte ich Post aus Österreich. Ich habe einen Internetservice für das Bankkonto hier beantragt. So kann ich dann das Konto auch von daheim aus verwalten.

Die Statuten für den Verein sind fertig. Die Anerkennung ist eingereicht. Die einzelnen Arbeitsgruppen haben viel gearbeitet. Sich gut präsentiert. Ich erwarte nun die entsprechenden schriftlichen Ziele und Arbeitsschritte. Schließlich möchte ich zu Hause über den Projektstart Gutes berichten können.

Ich fühle mich insgesamt nicht wohl!

6.11.2008
Der Container ist gestern gekommen. Nun erfahren wir, dass wir noch nicht alle Papiere haben. Es braucht ein bestimmtes Formular. Die Frau von Dr. Bademba ist in der Stadt um es zu besorgen. Am Abend darf ich den weiten Weg zu Kalil nach Matoto machen, um an diesen Papieren zu arbeiten.

Am Vormittag besuche ich den Containerplatz, um den Boden zu besichtigen. Wir beschließen, dass ein Betonfundament gemacht wird. Gleich auch für einen Pavillon vor dem Container. Hinter dem Container steht ein „Rohbau", den man ev. zu einem kleinen Wohnhaus umbauen kann.

Anschließend besichtigen wir einen Platz, auf dem eine Schule errichtet werden kann. Der Besitzer will das Grundstück verkaufen. Sollte sich eine Organisation, wie die Rotarier einklinken, dann hätten wir schon eine sehr gute Startmöglichkeit. Das Grundstück ist so groß, dass man neben der Schule einen großen Gemüsegarten anlegen kann. Das einzige große freie Grundstück in ganz „petite Simbaya".

Angeblich ist gestern Abend Famoudou Konaté aus Europa zurückgekehrt. Ein Anstandsbesuch steht an.

Die Projektmitarbeiter arbeiten heute hier auf Hochdruck, um den Projektstart endlich vornehmen zu können. Für Samstag ist eine Präsentation vorgesehen.

7.11.2008
Der Besuch bei Famoudou Konaté ist recht herzlich. Er freut sich über meinen Besuch und über das Projekt. Ich glaube aber, er hätte es lieber gehabt, wenn ich ihn vorher konsultiert hätte. Wie auch immer. Das Projekt ist mein Projekt.

Die Papiere für den Container müssen neu ausgestellt werden. In Österreich kein Problem. Hier schon. Es gehen etwa drei Stunden drauf für den Besuch von mehreren Internetcafes. Nichts klappt. Erst heute früh um ½ 8 schaffe ich es, das Formular auszudrucken.

10.11.2008

Damit der Erfolg für das Projekt gewährleistet ist, wechsle ich noch einmal die Systeme. Privat verjage ich alle Menschen, die mich umgeben. Da das nicht so leicht geht, bereite ich noch einmal eine Übersiedlung vor. Niemand weiß etwas davon. Ich ziehe in ein ruhiges Haus, damit ich endlich in Ruhe wohnen kann. Für das Projekt komme ich noch zum alten Platz. Die Möbel schenke ich einer Nachbarin. Die muss ausziehen und hat einen unmöblierten Platz gefunden. Die Mutter meines Patenkindes hat vom Guthaben meines Telefons auf ihr Telefon und andere Telefone transferiert. Bei uns würde man dazu sagen: Sie hat mich bestohlen (13x). Der Schaden ist ja nicht groß, es sind nur etwa € 10,00, aber ich ziehe einen Schlussstrich.

Das Projekt läuft recht gut. Dennoch mache ich jedes Mal Dampf. Die Bremse beim Projekt sind die mangelnden Fähigkeiten von Pierre. Das wird mir immer bewusster. Deshalb wechsle ich hier aus. Sein bisheriger Berater wird Projektleiter. Er der Assistent. Alle Projektdaten müssen bis Dienstagabend im PC sein. Die Ergebnisse der Familienbesuche z.B. ich will ab Mittwoch auf Hochdruck die Mädchen auswählen. Die Familien müssen Geburtsurkunden, Meldezettel und Passfotos organisieren. Dann werden wir die Mädchen Zug um Zug bei den Schulen anmelden.

Die l'école du peuple (VHS) möchte ich noch in natura erleben bevor ich abreise. Visite der Brunnen sind bis heute nicht begonnen worden!! Beim Thema Gesundheit gibt es etwas hochgestochene Vorstellungen.

Um Geld von der Bank zu holen bin ich heute von 9.00 – 13.00 Uhr unterwegs. Mamadou Djallo ist auch aus Korbe hierher gekommen. Ich hoffe, dass wir den Container bis zum Ende der Woche bekommen. Es verbleibt dann nur mehr das Wochenende und Montag bis Mittwoch. Es wird noch ziemlich spannend werden.

11.11.2008

Heute bin ich im Gebiet unterwegs, ganz alleine. Ich fühle mich sicher. Um 11.30 Uhr bin ich in der Schule von Saran eingeladen. Ich warte im Hof bis die Pause vorbei ist. In der Zwischenzeit taucht aus dem Nichts die Familie meines Patenkindes auf. Insgesamt sieben Frauen. Sie machen hier im Schulhof Terror gegen mich. Keine Ahnung, wie die erfahren haben, dass ich hier bin. Die Situation eskaliert. Die Frauen schreien. Alle Kinder sind im Hof. Ich werde beschuldigt, etwas gestohlen zu haben. Die Frauen wollen die Möbel haben, die ich bezahlt habe. Als ich endlich „zu Hause" bin, rufen wir die Polizei. Es muss ein Zeichen gesetzt werden. Kalil kommt mit zwei Kommissaren und zwei Polizisten. Die Familie wird für morgen ins Kommissariat geladen. Das ist die sanfte Variante. Mar wollte sofort alle verhaften. Das wollte ich nicht. Ich glaube es wird nun so Ruhe einziehen. Wenn der Container da ist, muss sich die Situation unbedingt entspannt haben.

13.11.2008
Die Leute des Projekts können auch nicht viel machen, um für Ruhe zu sorgen. Wenn hier jemand zur Polizei geht, dann muss er dafür bezahlen, damit die Beamten überhaupt was tun. Kalil hat angeblich GNF 50.000 bezahlt für die Inspektoren. Fragt mich um Geld für Berzin. Also gebe ich ihm GNF 300.000. Die Familie von Yaha und Saly versteht es besser als Kalil die Polizei zu überzeugen. Die Polizei glaubt, dass ich der Familie etwas vorenthalte. Die Fotos in den OÖ Zeitungen und auf der Broschüre deuten sie so, als hätte ich ausschließlich für diese Familie eine Sammlung gemacht. Sie wollen alles haben, was mir gehört oder was von mir kommt. Man lässt mich nicht in Ruhe.

Am Donnerstag kommt die Polizei, um mich für eine Einvernahme abzuholen. Gott sei Dank, bin ich nicht zu Hause. Ich halte mich versteckt. Während ich warte, bis Kalil die Polizei verlässt (er ist an meiner Stelle zur Einvernahme) telefoniere ich mit der Botschaft. Erika verschafft mir die Telefonnummer, die ich in meiner Not nirgends finden kann. Die Botschaft hat keine andere Idee als mir zu empfehlen, dass ich so rasch als möglich abreisen soll. Alle Flüge sind besetzt. Also keine Chance auf eine vorzeitige Abreise. Eine Flucht ist also nicht möglich. So habe ich entsprechende innere Systeme aufzubauen, um die letzten Tage hier ohne Schaden durchzustehen.

Schon als Kind habe ich Überlebensstrategien entwickeln müssen:
Strategie Nr. 1:
Ich vertraue niemandem (mehr)
Strategie Nr. 2:
Ich arbeite am Projekt (nicht am Konstruieren von Sicherheitssystemen)
Strategie Nr. 3:
Ich sage nicht mehr die Wahrheit. Erst wenn ich daheim bin = keine weiteren Feinde
Strategie Nr. 4:
Ich lasse mich von niemandem beraten (ich weiß selbst am besten, wie es geht)
Strategie Nr. 5:

Niemand außer mir sorgt für mich. Nur ich sorge für mich.
Strategie Nr. 6:
Ich lasse keine Gefühle zu!!!

Am Abend erscheint ein kleiner Bub im Haus der Apothekerin. Moustapha ist der erste der mir sagt: Hast du den Sohn von Adama gesehen? Nun will man mir anscheinend ein neues Patenkind „vorlegen". Ich gebe zu, der Knabe sieht Adama wirklich sehr ähnlich. Durch die vielen Attacken (auf meine Gefühle) bin ich nun wirklich gut gewappnet.

14.11.2008
Heute in der Früh möchte Sophie, die Direktorin der l'école du peuple, mit mir ins Ministerium fahren. Ich weiß nicht in welches. Der Minister möchte mich sehen. Es wird dann ein Papier für meine Sicherheit ausgestellt. Dann soll ich angeblich für ewig sicher sein. Ich bin nicht bereit, dafür etwas zu tun. Ich bin bereit, meinen Pass herzugeben. Ich glaube an keine Papiere mehr, seit ich gestern einen Blanko - Meldezettel mit der Unterschrift des Bürgermeisters erhalten habe. Ich weiß auch nicht, was ein solches Papier bewirken soll und für wen es bestimmt sein soll.

Ich gehe mit Djariatou zur Schule von Saran Traore, um die Schulgebühren für die restlichen zwei Trimester einzuzahlen. Damit ist auch das endlich erledigt.

Der Container kommt auch heute nicht frei. Mamadou Djallo macht mir berechtigter Weise Vorwürfe. Was soll ich tun? Es ist Freitagmittag. Ich wusste schon daheim nicht, wem ich vertrauen soll. Das hat sich bis heute nicht geändert. Ich überlege, was tun, wenn der Container nicht kommt bis zu meiner Abreise. Ich lasse den Gedanken wieder fallen.

Nach dem Mittagessen lege ich mich ein wenig hin. Da kommt ein Anruf von Toupi: „On a arreté, Pierre" will heißen: Man hat Pierre verhaftet. Kalil und Djariatou fahren hin. Ich bin angehalten im Haus zu bleiben und mich nicht zu zeigen. Ich warte, was heute heraus kommt. Wie man sieht, das ist reiner Terror. Es ist anzunehmen, dass dies alles von der Familie meines Patenkindes ausgeht. Wahnsinn, welche Ordnung es hier gibt. Eine Familie mit wenig oder kaum Erziehung mit sehr, sehr wenig Bildung kann in diesem korrupten Land eine Menge ausrichten.

Das Ziel ist anscheinend, das Projekt unmöglich zu machen. Ich nehme meine „Stehzeit", um mit den Söhnen des Hauses eine Arbeit in Angriff zu nehmen, die im Rahmen des Projektes noch nicht begonnen wurde. Die

Untersuchung der Brunnen steht noch aus. Niemand im Projekt macht etwas. Innerhalb von 1 ½ Stunden hat Abou, der große Bruder von Moustapha, das Heft in die Hand genommen. Er hat während und nach unserem Gespräch den Fragebogen entwickelt. Er ist mit Moustapha gegangen, um einen Brunnen zu besichtigen. Sie haben gute Fotos mitgebracht. Er ist sofort gegangen, um Fotokopien des Erhebungsbogens zu machen. Ich bin sicher, da gibt es bis morgen Abend gute Ergebnisse.

15.11.2008
In der Früh erzählt Djariatou, dass sie bei Famoudou Konaté war. Sie ist sicher, dass er sich über das Projekt freut. Er möchte mich nicht verlieren. Er möchte im Projekt mitarbeiten. Ich bin sicher, er möchte den Container bei sich haben und darüber verfügen können. Er will einen Termin organisieren an dem Djariatou und Yaha teilnehmen. Ich habe kein Interesse mehr an einer Klärung der Situation. Ich möchte nur meine Ruhe haben und meine Arbeit hier tun.

Monsieur Rodrigue ruft mich an, dass er später kommt. Statt um 8.30 Uhr kommt er gegen 11.00 Uhr. Ich erfahre, dass Pierre die Nacht im Gefängnis verbracht hat. Er ist also nicht freigekommen, wie das Kalil gesagt hat. Ich erfahre, dass es keine Ausreisesperre für mich gibt. Das hat (wahrscheinlich) Kalil erfunden. Warum? Ich habe keine Ahnung, was stimmt und wer die Wahrheit spricht.

Madame Sophie ruft mich an und gibt einem Herrn den Apparat. Ich verstehe kaum etwas. Es gut um meine Sicherheit. Ich weiß nicht, wer er ist. Ich soll zu ihm kommen?! Keine Ahnung, was das soll. Das Haus will ich nicht verlassen, zumindest im Moment. Ich sage Frau Sophie, wenn man mir helfen will, soll man hierher kommen, um das mit mir und meiner Hausherrin gemeinsam zu besprechen. Keine Ahnung, ob ich dieser vertrauen kann, aber es ist halt die Person, die mir am nächsten ist. Kail hat mir gesagt, sie will, dass ich ihre Tochter zur Frau nehmen soll. Wahr oder nicht? Ich sperre mich eh gut ein in der Nacht.

Am Nachmittag kommt Adama zu mir und sagt mir, sie will mir eine SMS schreiben: Kannst du mir helfen, dass ich zu GNF 50.000 komme? Ich möchte mir was kaufen. Natürlich bin ich verwirrt, aber ich suche das Geld (ca. € 8,00) und lege das Geld auf den Tisch. Geht es hier jetzt auch los? Ich sehe das als Entgelt. Man kocht hier unentgeltlich für mich, Adama wäscht meine Wäsche. Ich will keine Probleme mehr, habe eh schon genug. Sie kommt in mein Zimmer und sieht meine Verwirrung und sagt: „J´ai plaque".

Will sagen: ich habe aufgegeben, habe es hingeschmissen, Schluss gemacht. Sie sagt, sie wollte nur wissen, wie ich reagiere.

16.11.2008
Am Vormittag besuche ich die Hl. Messe. Princess aus Liberia und ihr Sohn Bob begleiten mich. Anschließend besorge ich mir beim Tankstellenshop eine Flasche Weißwein von Chenet. Bei der Verabschiedung frage ich sie, ob sie was zu essen haben. Sie haben nichts. Ich gebe ihr Geld für die nächsten Tage und frage mich, wie sich diese Menschen über Wasser halten. Sie sagt mir, am Tag brauchen sie und Bob GNF 15.000, das sind im Monat umgerechnet ca. € 70,00. Sie will Geschäfte machen, in dem sie Waren handelt. Das sagen fast alle Frauen, doch sie haben kein Startkapital. Hier müssen wir von Österreich aus eine Geschäftsidee entwickeln.

Am Nachmittag ab 14.00 Uhr warte ich darauf, dass der Termin mit dem Innenminister zustande kommt. Gestern hat ja ein Mitarbeiter von ihm Pierre aus dem Gefängnis geholt.

Der ganze Nachmittag vergeht mit Warten. Das ist ein eigenartiges Gefühl. Warten, warten, warten. Ich kann mich damit ganz gut arrangieren. Am Abend gehen Djariatou und ich zu Famoudou Konaté, um mit ihm die Situation zu besprechen. Er kann es sich nicht leisten, mich in dieser Situation alleine zu lassen. Er verspricht, dass er morgen zum Kommissariat geht, um mich voll und ganz zu unterstützen. Er will klarstellen, weswegen ich nach Conakry gekommen bin.

17.11.2008
Bereits um 7.30 Uhr bin ich mit Aly im Büro der RAV. Wir bereiten uns auf den Besuch beim Innenministerium (le ministre pour la securite) vor. Vor dem Ministerium warten wir wieder. Die Sicherheitsleute lassen uns nicht hinein. Doch gegen Mittag telefoniert Barry mit dem Minister und drei Minuten später werden wir vorgelassen. Ich bin ein wenig nervös. Wir sitzen nun in einem klimatisierten Besprechungsraum. Mir ist sehr kalt. Der Minister kommt ziemlich bald und versichert mir, dass um 18.00 Uhr der Spuk vorbei sein wird. Er kümmert sich darum, dass ich in Ruhe gelassen werde.

Um 12.30 Uhr statt um 10.00 Uhr kommen wir im Kommissariat von Simbaya an. Die Kommissare sind entsprechend nervös. Der Hof ist voller Bekannter Musiker von Famoudou, viele Familienmitglieder der Familie Sylla. Meine Einvernahme wird gestartet von einer Frau und drei Männern, was mich einigermaßen nervös macht. Mein Begleiter wird weggeschickt, als man merkt, dass ich mich selber auch gut in Französisch ausdrücken kann. Dennoch fällt es mir schwer alles zu verstehen, weil im gleichen Zimmer zwei weitere Vernehmungen stattfinden. Also auch akustisch eine Meisterleistung. Von der Sprache her kann ich ja auch nachfragen. Es wird alles handschriftlich dokumentiert. Es geht langsam. Man will von mir wissen, wen ich hier in Conakry kenne. In welcher Reihenfolge ich die Leute kennengelernt habe. Was ich hier tun will (am Mittwochabend reise ich ja schon wieder ab?) Ziel und Zweck in zwei Tagen meines Projektes. Für wen genau.

Die Familie Sylla behauptet, ich hätte in Österreich mit dem Foto der Familie ausschließlich für die Familie geworben (ohne eine entsprechende Genehmigung der Familie zu haben). Alle Hilfsgüter und Spendengelder gehören also ihnen und ich würde ihnen das alles vorenthalten.... Der Nachmittag vergeht wie im Flug. Man beschäftigt mich intensivst. Gegen Abend wird eine Art Gegenüberstellung durchgeführt, an der etwa 30 Personen teilnehmen. Famoudou, seine Musiker, die Leiter meiner Projektgruppen. Yaha mit Saly, Fatu und der Großvater. Weitere Familienmitglieder fallen mir keine auf. Der Kommissar hat sich erstaunlicher Weise einen sehr, sehr guten Überblick über die Vorgänge geschaffen. Er zeigt die unterschiedlichen Sichtweisen auf. Bittet mich trotz dieser Unpässlichkeiten um die Fortführung des Projektes und spricht anschließend auf Malinke mit der Familie Sylla. Er dürfte ihnen ins Gewissen reden. Ja, wie versprochen, um genau 18.00 Uhr verlasse ich das Gebäude. Mein Reisepass ist wieder bei mir.

An diesem Abend ist ein Konzert mit der Gruppe des Bolonspielers (Bolonfola) Mamady Kouyate. Die geladenen Gäste bleiben aus. Die waren ja alle den ganzen Tag im Kommissariat. Ich genieße die Musik und bekräftige innerlich meinen Entschluss, die Promotion des Künstlers zu übernehmen. Welche Besucher waren da? Hausherrin Djariatou und ihre Schwester (die Pflegemutter von Tenen), Tenen, Princess & Bob, Pierre, Toupi, Mr. Rodrigue und Frau und eine Nachbarin. Adama und ihre Geschwister verbringen den Abend vor dem Haus auf der Straße, also außerhalb des Hofes.

18.11.2008
Die „Schuleinschreibung" nimmt den Vormittag ein. Insgesamt haben wir nun 44 Mädchen, für die wir das Schulgeld einzahlen können. Am Nachmittag gehe ich noch einmal auf Besichtigungstour, weil ich doch für spätere Aufenthalte ein Haus suche. Außerdem mache ich Videoaufnahmen mit dem Bolonfola: Wir bringen drei unterschiedliche Stücke in den Kasten.

Der Abend ist einer Besprechung mit der neuen Projektleitung gewidmet. Vizepräsident ist Mr. Barry Oumar, Chef des Projektes Dir. Cheick-Sekou Camara. Für die Finanzen soll dann auch Mr. Bangoura zuständig sein.

19.11.2008
Der Tag meiner Abreise beginnt mit dem Besuch des Geldwechslers Alpha. Über € 1.000,00 sind zu wechseln. Die Unterlagen der Mädchen für die Schule werden übergeben. Dort wird nun die „echte Schuleinschreibung" gemacht. Anschließend gehe ich mit Adama in ihre Schule, um auch für sie das Schulgeld zu bezahlen. GNF 630.000, das sind über € 100. Also passt sie, wie auch Saran Traore, nicht ins Patenschaftssystem mit 28 Euro.

Mittag ist endlich der Container gesichtet. Um 14.30 Uhr holt mich Mr. Barry ab, um mir den Container zu zeigen. Dort mache ich ein paar Fotos. Anschließend der Besuch beim Spediteur und zurück nach Simbaya zur Schule „Les Elites", um dort das Schulgeld für alle Mädchen zu bezahlen. „Zu Hause" angekommen ist es gerade 17.00 Uhr. Zeit zum Abfahren. Doch man wünscht sich noch eine kurze Besprechung. Ich gewähre 15 Minuten. Doch die Gesprächspartner wollen hier noch Geschichten erzählen, was ich nicht zulassen kann. Mr. Rodrigue läuft beleidigt davon. Um 17.15 Uhr will Madame Sophie noch mit mir reden. Sie erklärt mir, sie hätte eine NGO, die bereits anerkannt ist. Na prima, das ist nun wirklich ein wenig spät.

Um 17.20 Uhr geht es zum Flughafen. Pünktlich um 20.15 Uhr hebt die Maschine ab. Djariatou, Adama, Saran und Djenaba haben mir die Ehre eines Abschiedes am Flughafen gegeben. Vom Projekt mit dabei waren Mr. Barry, Cheick und Pierre. Nach dem Zwischenstopp in Dakar und Brüssel komme ich um 8.30 Uhr in München an. Zu Mittag bin ich daheim.

Die Schulmädchen
Hier ist eine kleine Auswahl der Mädchen zu sehen, für die wir das Schulgeld bezahlt haben:

Wieder daheim

23.11.2008
Hallo Robert, ich weiß nicht ob dich meine sms Nachricht erreicht hat. Ich habe gehört, dass du vor kurzem aus Guinée zurückgekehrt bist und dort mit einigen Problemen konfrontiert warst. Ich reise am 11.Dezember nach Conakry und würde gerne Erfahrungen mit dir austauschen. Wenn du Lust hast, gib mir doch bitte deine Festnetznummer bekannt damit ich dich kontaktieren kann. Gruß aus der Schweiz, S M

23. 11. 2008
Liebe Projektmitarbeiter in Conakry, wollt ihr nun wirklich mit der Arbeit beginnen?
a) Dann vergesst den Container. Tut so, als wäre er noch nicht da. Keiner von Euch soll daran denken, dass er einen persönlichen Profit daraus haben wird. Ihr müsst an den Profit für alle Menschen in Simbaya denken. Haben wir uns verstanden?
b) Ich möchte Informationen über die Verwendung des Betrages von Euro 500 durch Monsieur Rodrigue. Außerdem will ich wissen, ob die Vorbereitungen für das neue GNF Konto schon gemacht sind! Anschließend kann ich Geld schicken für weitere Ausgaben.
1. Die medizinische Versorgung in Simbaya: Das Krankenhaus wurde eine Woche nach meiner Ankunft geöffnet. Darüber möchte ich mehr wissen. Was wird derzeit dort angeboten? Wie wird das gemacht? Wie viel Personal ist da? Welche Geräte gibt es? Wie viel kostet das? Das gilt für das ganze Gebiet! Welche Gesundheitseinrichtungen gibt es?
2) Finden weiterer Mädchen für die Schulpatenschaft: Um weitere Mädchen für die Schulpatenschaft zu finden erweitern wir unser Arbeitsgebiet. Zum Gebiet A kommt das Gebiet B dazu. Bitte eine Befragung aller Familien im Gebiet durchführen und anschließend im Computer eintragen. Die neu ausgefüllte Datei bitte an mich schicken. Ich entscheide dann, für welche Mädchen wir die Patenschaft übernehmen. Die Plandatei schicke ich mit.
3) Der Platz für den Bau der Schule: Bitte rasch Kontakt mit dem Grundstücksbesitzer aufnehmen. Ich muss wissen zu welchem Preis er verkauft. Welche Kosten gibt es außer dem Kaufpreis. Welche Regeln müssen beachtet werden. Brauchen wir eine Genehmigung der Regierung für den Schulbau?
4) Regelement für den Container: Bitte entwickelt ein Regelwerk zur Verwendung der Sachen, die im Container sind. Bis ich mein Einverständnis gebe, bleibt er geschlossen. Nichts darf entnommen werden!
5) Das Haus für mich: Wenn ich das nächste Mal komme, möchte ich einen guten Wohnplatz für mich haben. Cheik kennt schon den Platz. Bitte um

weitere Informationen. Ich würde die Materialien kaufen, damit die Wohnung gemacht werden kann. Was kosten die Materialien und die Arbeiten? Kann man außen eine Mauer machen, um einen Hof zu erhalten?

Eine Neuigkeit: Gestern habe ich ein Notebook (PC) geschenkt bekommen. Ausserdem erhalten wir 20 Computer. Es muss also nachgedacht werden, was wir damit machen können. Liebe Grüße und viel Erfolg wünscht Robert d´Autriche

Die Gründung der RAG – Robert d´Autriche pour la Guinee

Rapport RAG 24-11-2008

Bonjour Mr Robert, voila la situation depuis votre départ de Conakry le mercredi, 19 novembre 2008

I) Le container est sorti du port le vendredi, 21 novembre 2008 à 17heures 49mn, et conduit dans le quartier de Simbaya gare dans une cour fermée pris en location, accompagnée des personnes suivantes :
- Mamadou Alimou DIALLO
- SOUARE le transitaire
- Cheick Sekou CAMARA le Directeur du **RAG**
- Mohamed BANGOURA le Financier du **RAG**
- Aly TOURE le commissaire au compte du **RAG**

Et l'ouverture du container fut faite le samedi 22 novembre 2008 devant les personnes suivantes :

- Mamadou Alimou DIALLO
- Mr Souare le transitaire
- Mr Cheick sekou CAMARA
- Mr Mohamed BANGOURA
- Mr Aly TOURE
- Mr Oumar BARRY
- Mme Djiariatou KALOGA
- Mme BARRY Femme de Docteur Bademba
- Mr Kalil SIDIBE
- Mr Pascal Tinkiano

Pour votre information :
Mr Mamadou Alimou DIALLO a pris ses bagages
Mr Kalil SIDIBE a reçu ses deux cartons

NB : Le vélo destine a Pierre n'était pas dans le container et le reste des bagages ont été ferme par Mamadou Alimou DIALLO et les Membres du RAG avec deux cadenas
Et nous vous informons que nous n'avons pas vue le projecteur vidéo et l'imprimante, conformément a la fiche

II) Nous vous informons que le problème de Princesse et le Jeune nommé Toupé est réglé et vous pouvez être tranquille maintenant, et Princesse nous a montre la maison où elle habite.

Elle nous a montré la maison dont vous voulez prendre en location, je vous réaffirme que l'endroit n'est pas idéal pour vous et pour nous, de ce fait je prendrais toute ma responsabilité pour vous trouver la maison de votre convenance et moins cher aussi

III)   Les besoins financiers urgent pour le début de la semaine

N	Désignation	Quantité	Prix Unitaire (gnf)	Montant (gnf)
	Frais de l'établissement des documents juridiques, et l'obtention de l'agrément	01	500000	500000
	Frais des courses pour l'agrément	nd	200000	200000
	Frais de gardiennage du container pour deux mois	02	250000	500000
	Frais de location de la cour pour le dépôt du container	02	200000	400000
	Frais d'hangar pour protéger le container contre le soleil	01	745000	745000
	Frais d'achat d'une clef USB	01	250000	250000
				2 595 000

NB : Détail pour le devis de l'hangar
- 15 chevrons, une pièce à 12000 fg soit 180 000 fg
- 12 feuilles de tôles, une pièce à 35000 fg soit 420 000 fg

- Un kilo de pointe 6 soit 10000 fg
- Deux kilos de pointe 8 soit 20000 fg
- Un rouleau d'attache a 10000 fg
- Caoutchouc a 5000 fg
- Main d'œuvre a 100000 fg

D'où le total est de : 745 000 fg

Nous vous laissons la latitude de voir combien il nous faut pour l'ouverture du compte du RAG. Et le problème de siège chez le vieux Sidibé, qu'est ce qu'il faut ?

Nous souhaiterions que le transfert de l'argent a western union soit fait au nom de Cheick Sekou CAMARA, Directeur du Projet ou bien au nom de Mohamed Oumou hawa BANGOURA Financier du Projet

Salutation distinguée !
Conakry, 24-11-2008
Cheick CAMARA

26. 11. 2008
Liebe Freunde in Simbaya,
ich möchte heute berichten, dass ich gut nach Hause gekommen bin. Zwei Tage war ich noch beschäftigt, um die Ankunft des Containers von Österreich aus zu begleiten. Ich hoffe, dass er gut in Petit-Simbaya angekommen ist.

Was mich sehr geärgert hat: ich wurde von vielen, sehr vielen Menschen kontaktiert. Anscheinend will jeder etwas vom Container. Ich habe gesagt: der Container wird verschlossen. Mamadou Djallo bringt den Schlüssel nach Österreich mit. Keine einzige Person hat etwas im Container zu tun.

Kalil Sidibe hat zwei Schachteln im Container. Die bekommt er. Sollte ein Fahrrad im container sein, dann gehört das Pierre. Alles andere bleibt in container. Es gibt keine Ausnahme.

Ich erwarte, dass man sich an diese Regeln hält.

Ich erwarte auch, dass ein Reglement entwickelt wird, wie mit den Waren im Container umgegangen wird. Ein Gespräch mit Pierre, Rodrigue und Pauline ist notwendig, weil die die nötigen Vorinformationen haben. Macht ein Reglement mit dem ich einverstanden sein kann. Über eine Freigabe des Containers entscheide einzig ich.

Freundliche Grüße aus dem verschneiten Österreich. Robert d´Autriche

28. 11. 2008
Informationsabend – Ekiz Kidsmix, Linz, Bulgariplatz

2. 12. 2008
Informationsabend « Kann spenden Sünde sein » WKO Kirchdorf

12. 12. 2008
Wann beantworten Sie meine Fragen vom 23. November? Ich erwarte Ihren Bericht. Wenn Sie Ihre Funktion in unserem Projekt nicht mehr ausüben wollen, so erwarte ich auch dazu Ihre persönliche Erklärung. Salut. Robert d´Autriche

14.12.2008
Bonjour Cheick Camara,

1) Die Anerkennung als Verein:
a) Was ist mit der Anerkennung der RAG als ONG?
b) Gibt es eine die richtigen Statuten der ONG?
c) Ist das Projekt schon bei der Regierung eingereicht?
Ich erwarte die entsprechenden schriftlichen Informationen!

2) Die Arbeitsgruppen:
a) Wo sind die Projektziele der einzelnen Arbeitsgruppen? Es handelt sich um die Gruppe Gesundheit, Einkommen, Bildung und Erziehung. Die Arbeitsgruppen haben schon vor einigen Wochen die Daten abgegeben. Wurden diese schon abgeschrieben?
b) Wann kann ich die entsprechenden Dateien lesen?
c) Wer leitet die jeweilige Arbeitsgruppe? Wer arbeitet sonst noch mit?
Ich möchte konkrete Angaben haben. Sofort! Die Projektaktivitäten müssen von mir genehmigt sein!

3) Das vorhandene Wissen:
Ich erwarte, dass es diplomatische Verhandlungen mit Pierre und mit Herrn Rodrigue gibt.
Ich möchte eine Dokumentation über die 500 Euro erhalten, die Herrn Rodrigue gegeben habe. Diese beiden Herren haben ein sehr gutes Grundwissen über unsere Projektvorhaben. Sie wissen bestens Bescheid.
Ich erwarte einen Bericht über diesbezügliche Aktivitäten!

4) Das Konto:
Das Konto ist unverzüglich zu errichten. Man muss nicht auf die Anerkennung warten. Ich erwarte einen Erfolgsbericht. Sofort! Ich habe Cheick gesagt, er muss von den 500 Euro sofort 300 dort einzahlen. Ein Internetservice ist einzurichten, damit ich die Kontobewegungen überprüfen kann. Geldbehebungen ohne Djariatou Kaloga dürfen nicht möglich sein! Ich erwarte zum Monatsende immer eine Abrechnung!

5) Die Projektleitung:
Wie wird das Projekt geleitet?
Wie oft gibt es eine Leitungsbesprechung?
Wer ist anwesend?
Welche konkreten Abläufe gibt es dabei?
Welche Themen werden regelmäßig besprochen?
Wie werden Entscheidungen getroffen?

6) Der Container?
Wozu hat man den Containerplatz gewechselt?
Wo ist der Container derzeit? Ich erwarte eine Planskizze!
Die Kosten sind mir zu hoch! Wieso muss er bewacht werden, obwohl er in einem Hof ist?
Ich erwarte eine sofortige Reduktion der Kosten.

Grundsätzliches Reglement:
a) Jeden Donnerstag erwarte ich einen schriftlichen Projektbericht. Dieser Bericht muss die laufenden Aktivitäten beinhalten. Was ist alles geschehen in der abgelaufenen Woche.
b) Jede Veränderung der Projektaktivitäten bedarf meiner Zustimmung.
c) Jede Projektaktivität, die Geld benötigt muss von mir vorher schriftlich bestätigt sein. (zum Beispiel die Verlegung des Containers)
d) Jeder Betrag, der ausgegeben wird, ist zu dokumentieren.

Salut, Robert

19.12.2008
Robert hallo, ich entschuldige mich für die Frage, aber ich fühle mich dazu gezwungen, weil ich keine andere Lösung habe. Ich möchte, dass du mir hilfst ein anderes Haus zu bekommen. Dafür brauche ich Geld. Der Hausbesitzer hat mir gesagt, dass ich in einer Woche ausziehen muss. Ich weiß nicht, was ich tun soll ohne Geld. Ich habe dieses Haus für ein Jahr bezahlt. Ich bitte, tue etwas für mich. Ich habe Feinde, die sehr froh sind, dass man mich aus dem Haus hinaus schmeißt. Hilf mir, ich möchte mich

nicht vor diesen Leuten schämen. In Gottes Willen, Robert. Du weißt, wie die Dinge gelaufen sind. Sie machen nun mich für alles verantwortlich. Sie haben mich beim Hausbesitzer unmöglich gemacht. Ich glaube, deshalb muss ich ausziehen. Es ist notwendig, dass Du mir hilfst, in Gottes Namen. Ich möchte diese Schande nicht erleben. Ich möchte nicht, dass man über mich lacht. Ich bin beunruhigt, weil ich nicht weiß, wie es weitergeht. Ich habe kein Geld und ich muss das Haus verlassen. Robert, ich habe von Dir niemals Geld verlangt und ich würde das niemals machen; diesmal ist es aber notwendig. Verstehe mich! In Gottes Namen. Ich weiß nicht, was ich tun soll. Nachher werde ich Dir über das Projekt schreiben, denn mein Herz ist nicht in Ruhe, Robert. Pierre.

22. 12. 2008
Bonjour Cheick Camara. Danke, dass Sie mir nun nach einem Monat endlich einen Bericht schicken. Wie soll ich Vertrauen in Ihre Arbeit haben, wenn sie mir vier Wochen lang keinen Bericht schicken? Ich habe derzeit kein Vertrauen in Ihre Arbeit. Im Gegenteil, ich bin verärgert! Ihr Bericht ist gekommen, nachdem ich mit Pierre telefoniert habe. Ich möchte ab sofort jede Woche einen Bericht von jeder Gruppe.

Wenn die Arbeit so gemacht werden soll wie ich das will, dann bin ich sicher, dass Sie intensiv die Informationen suchen müssen, die Pierre durch die monatelange Zusammenarbeit mit mir erhalten hat. Denn ich möchte nicht wieder von vorne anfangen. Ich will das noch einmal genau formulieren:

Ich glaube, dass Pierre eine sehr gute Kenntnis von meinen Projektvorstellungen hat. Als Ergänzung dazu besitzen Sie ein hohes analytisches Denkvermögen und wirkten auf mich, als hätten Sie große Umsetzungsfähigkeiten.

Ich möchte nicht noch einmal von vorne beginnen, um Ihnen meine Projektvorstellungen näher zu bringen. Das müssen Sie von jenen erfragen, die das schon wissen (Pierre, Aly, Rodrigue, Dr. Pepe...). Dazu brauchen Sie hohe Kommunkationskompetenz. Reden Sie doch mit den "Alten". Die wissen sehr viel. Sie dürfen nicht einfach nur das tun, was Sie glauben! Vertrauen Sie dem Fachwissen der anderen. Es gibt für alle Themen (Kommissionen) bereits sehr fixe Vorstellungen. Die gilt es zu erheben. Wenn Sie das nicht wollen oder können, dann sind Sie nicht der Mann meines Vertrauens.

Es ist ein Monat vergangen und Sie haben keine schriftlichen Ziele formuliert. Das ist erschreckend!!! Haben Sie die Ziele gelesen, die schon schriftlich vorliegen? Diese müssen mit mir diskutiert und von mir genehmigt werden. Das hätte schon längst stattfinden sollen. Deshalb bin ich sehr enttäuscht, weil auch der Antrag auf Anerkennung als ONG von dieser Aktivität abhängig ist.

Warum passiert das nicht? Das ist doch das Wichtigste dass wir beide ein Einvernehmen haben! Weil Sie das Einvernehmen mit mir nicht herstellen, bin ich auch nicht bereit mit Ihnen zu telefonieren. Wozu auch? Machen Sie doch einmal Ihre wesentlichen Aufgaben. Beginnen Sie damit, mir regelmäßig Ergebnisse zu liefern. Genau dazu habe ich Ihnen die Möglichkeit gegeben, in diesem Projekt eine wichtige Funktion zu übernehmen.

1)
Ich brauche eine Erklärung über die Verwendung der 500 Euro, die ich Herrn Rodrigue gegeben habe. Das müssen Sie zustarde bringen. Das geht sicher nicht mit Überheblichkeit. Sie müssen im Namen des Projektes höflich und demütig darum bitten. Herr Rodrigue ist Christ und wird das nicht ablehnen. Er wird das für die Menschen in Simbaya machen. Ich bin ganz sicher, dass der Weg zu Herrn Rodrigue über Pierre führt. Die beiden sind sehr verletzt gewesen. Auch wenn ihr Abgang kein Rausschmiss war. Es gilt nun, deren Wissen ins Projekt zu holen.. Für stellt sich nicht die Frage, ob Sie mit Pierre zusammenarbeiten wollen oder nicht. Ich möchte einen Projekterfolg.

2)
Ich möchte, dass Sie meine Entscheidungen akzeptieren. Ich möchte, dass meine Aufträge ausgeführt werden. Ich muss mich darauf verlassen können. Wenn Sie meine Entscheidungen nicht mittragen wollen, dann müssen Sie vorher ein Einvernehmen mit mir herstellen. Ihre Erklärungen im Nachhinein ändern nichts an der Tatsache, dass bestimmte Vorstellungen und Überlegungen meinen Entscheidungen zu Grunde liegen. Es ist ein Projekt mit einem europäischen "Geldgeber". Daher ist die Europäische Denkweise zu akzeptieren oder auszudiskutieren. Schriftlich gut begründete Veränderungswünsche werden mich möglicherweise überzeugen. Diesen Weg werden Sie gehen müssen, wenn Sie mit mir zusammenarbeiten wollen.

3)
Wenn ich mit Ihnen telefonieren muss, gibt es mehrere Störfaktoren: es gibt das Problem der schlechten Leitung. Ich kann also nicht hören, was Sie sagen. Wenn ich höre, was Sie sagen, besteht die Möglichkeit, dass ich die Wörter nicht verstehe, die Sie verwenden. Wenn Sie mit mir telefonieren, müssen Sie sehr langsam und deutlich mit mir reden. Sie sollten einfache

Wörter wählen und mit mir geduldig sein. Auch mit Pierre habe ich oft wochenlang nicht telefoniert.

Nun zu Ihrem Bericht:
a) die Sache mit dem Container: Ihre Entscheidung der anderen Ortswahl muss ich zur Kenntnis nehmen. Doch was soll mit dem zweiten Container geschehen? Von wo aus soll anschließend agiert werden? Der Platz da unten scheint mir nicht ideal. Ich möchte, dass der Platz oben organisiert wird. Der erste Container muss also dorthin verlegt werden, sobald ich da bin. Der zweite Container soll gleich vom Hafen dorthin gebracht werden. Oder lässt sich ein **Platz auf dem nahen Markt** finden?
b) Diariatou Kaloga: Diese Frau ist die einzige Person, die während meines letzten Aufenthaltes immer für mich da war. Sie hat mich vom Flugplatz abgeholt. Die anderen haben meine Ankunft versäumt. Sie hat mich zwei Mal in Krisensituationen in ihrem Haus aufgenommen. Sie hat mich versorgt und bis zum Schluss betreut. Da sie eine Afrikanerin ist, hat sie auch ihre Eigeninteressen vertreten. Das machen Sie doch auch!
c) Besprechungen: Ich gratuliere Ihnen, dass Sie mit 16 Personen das Projekt neu gestartet haben. Sie schreiben, dass in der ersten Besprechung die große Orientierung des Projektes definiert wurde. Ich erwarte diese Orientierung in schriftlicher Form. Kennen Sie den Text der „alten" Statuten? Mit den dort formulierten Zielen bin ich einverstanden. Bei der zweiten Besprechung wurde für die Neuen ein historischer Bericht gemacht. Was wurde hier berichtet? Wer hat diesen Bericht gemacht? Sie sind ja selbst neu ins Projekt gekommen.
d) Commission formation & education: aus meiner Sicht gibt es einen großen Unterschied zwischen Bildung und Erziehung. Erziehung bekommt man im Elternhaus. Dabei erhält man viele Informationen für das Leben und das Überleben in schwierigen Situationen. Bildung bekommt man in öffentlichen Einrichtungen (meist außerhalb der Familie). Sie schreiben von den Schwierigkeiten in dieser Kommission. Kann es sein, dass Sie das Wissen der Alten nicht ausreichend gewürdigt haben? Was sind nun die Ziele beim Thema Bildung? Was wird für die Erziehung gemacht? Wer kümmert sich um den Aufbau der l´ecole du peuple? Das sollte vorher Frau Sophie machen. Sie selbst haben noch nicht verstanden, worum es hier geht! Lassen Sie sich das von jemandem erklären. L´ecole du peuple ist kein Gebäude sondern eine öffentliche Institution, die bei verschiedenen Zusammenkünften Wissen vermittelt. Für Menschen mit mangelnder Erziehung. Kostenlos. Diese Schule könnte zum Beispiel von Pierre oder Rodrigue oder von beiden gemeinsam entwickelt werden. Damit könnten Sie die Hand zu einer neuen Zusammenarbeit reichen. Die Funktion eines Direktors für diese Schule muss ohnehin vergeben werden. Ich möchte bald

die Ziele und konkreten Schritte dieser Schule kennenlernen. Ich will, dass diese Schule spätestens am 15. Februar 2009 startet. Deshalb muss von Wissenden ganz rasch ein entsprechendes Konzept vorgelegt werden. Weitere Themen in dieser Arbeitsgruppe sind noch: Die Betreuung und das Finden von weiteren Patenkindern. Das Finden eines Schulgebäudes oder der Bau einer Schule.

e) Commission santé & alimentation: Wann bekomme ich die Daten der Erhebung? Wann kommen Ärzte und Pharmazeuten als Mitarbeiter ins Team? Wie können die Medikamente des Containers sinnvoll und gerecht verwendet werden? Wo ist das Konzept für eine kostenlose medizinische Behandlung für Mitglieder?

f) Commission revenue & energie: Die Erfassung von 25 Frauen finde ich gut. Ich vermisse noch immer ein konkretes Konzept für die Vermarktung des Containerinhaltes. Bis wann kann ich damit rechnen?

g) Commission suivi & evaluation: Diese Commission finde ich überflüssig. Die hier vorgesehenen Aufgaben muss der Projektleiter (Direktor) erledigen. Er kann sich selbstverständlich beraten lassen, aber ohne eigene Kommission.

h) Grundstück für den Schulbau: Bevor ich mich mit diesem Thema beschäftige, müssen Sie mir noch notwendige Daten liefern. Zeichnen Sie mir im Plan die Situierung der einzelnen Grundstücke ein. Wie groß ist das jeweilige Grundstück? Wer sind die Grundstückseigentümer? Wie sind diese zu erreichen?

i) Das Haus für mich: Ich will das Haus haben, das Ihnen Princess gezeigt hat. Ein anderes nur, wenn das von mir gewünschte wirklich unmöglich sein sollte. Helfen Sie: Warum ist es nicht gut? Was ist an diesem Haus nicht sauber? Wie kann man es so machen, dass es für mich passt? Was sind die entsprechenden Kosten?

j) Herr Barry Oumar: Was soll ich hier in Österreich mit Ihren Informationen anfangen? Sie sind der Projektor des Projektes. Gestalten Sie sich den Kontakt mit dem Vizepräsidenten optimal.. Sollte das nicht möglich sein, ist ein anderer Vizepräsident zu suchen. Besprechen Sie das mit Herrn Barry und informieren Sie mich über das Ergebnis des Gespräches.

k) Umbenennen der ONG: Die ONG muss dem Gesetz und den Tatsachen entsprechen. Wählen Sie also die notwendige und richtige Form. Wenn Mitte Februar ein weiterer Container kommt, sollte das gut funktionieren. Ich zweifle ohnehin daran, dass das gut gehen wird.

l) Das Bankkonto: Sie haben ein Konto eröffnet. Das ist gut. Ich möchte, dass eine von Ihnen unabhängige Person für die Zeichnungsberechtigung zusätzlich dazu genommen wird. Wenn Ihnen Diariatou nicht passt, wollen Sie lieber, dass dies Pierre macht oder Princess? Ich werde bis zur Klärung dieser Angelegenheit kein Geld an dieses Konto überweisen.

m) Der Schulbesuch:
Danke, dass Sie den Schulbesuch der Patenkinder überprüft haben. Es freut mich sehr, dass 83 % der Kinder regelmäßig in die Schule gehen. Lassen Sie mich wissen, warum die sieben Kinder nicht in der Schule waren. Mit Angabe der Namen. Danke für diese Kontrolle. Die Gruppe formation & education muss hier für die Zukunft einen Überprüfungsplan entwickeln.
Zum Schluss: Die Mitarbeit im Projekt ist freiwillig und ehrenamtlich. Es gibt derzeit kein Budget für Zuwendungen an die Mitarbeiter. Vielleicht ist es durch die Einkünfte im kommenden Jahr möglich, kleine Geschenke zu machen.
Höchste Motivation für Sie und alle Projektmitarbeiter muss sein,
1. dass wir im Februar eine effiziente Abwicklung bei der Verzollung des zweiten Containers erreichen.
2. dass Sie mich mit Erfolgsberichten zufrieden machen und
3. dass das Projekt insgesamt gut läuft.
Sie können sicher sein, dass dies alles auch zum Vorteil der Projektmitarbeiter sein wird.
Ich erwarte eine sofortige Antwort auf alle meine Fragen.
Ich wünsche Ihnen alles Gute.

22.12.2008
Eine Mail des Schweizers:
hallo robert, ich bin in guinee angekommen und habe mich gut eingelebt. ich habe mich mit deinem problem auseinandergesetzt und verschiedene leute kontaktiert welche mir, auf meine belanglosen fragen im zusammenhang mit dir, bereitwillig auskunft gegeben haben. ich will den leuten nicht zu erkennen geben, dass ich mich in deiner sache engagiere. es hat mich erstaunt dass du, bevor du mich kontaktiert hast die pharmacienne fragst ob sie meine frau kennt und ob ich schon angekommen sei. ich will auf keinen fall dass irgendwer, auch wenn du dem irgendwem dein vertrauen schenkst, von einem allfaelligen engagement meiner frau oder mir erfaehrt. dein projekt verfolgt hehre absichten. afrika ist wie oberflaeche eines trueben sees. du kannst nicht auf den grund sehen. selbst leute die den see kennen werden dir gegenteilige aussagen machen ueber die tiefe des wassers. du kannst nicht wissen ob es steine unter der oberflaeche hat, oder ob das krokodil unter den bueschen lauert. ich will dir klipp und klar sagen was fakt ist, und das ist nicht auf meinem mist gewachsen, sondern ich bin von diversen leuten gebeten worden dich zu kontaktieren. wenn du mich im cyber sitzen siehst hat das einen triftigen grund, denn ich mich nicht gewohnt lange artikel zu verfassen. was du im moment in simbaya ausgeloest hast das ist krieg. und in einem krieg kann es tote geben. ein grossteil der leute mit denen du zu tun hast sind nicht vertrauenswuerdig.

wenn du dein projekt erfolgreich lancieren willst, ohne gefahr zu laufen an leib und leben schaden zu nehmen, dann befolgst du meine ratschlaege. sag allen leuten du seist krank und kannst im moment nicht reisen. sag niemandem dass, oder wann ein zweiter container ankommt. wenn der container schon unterwegs ist versuche die ankunft und die dossiernummer zu aendern. du trittst nicht in erscheinung bis die schule gebaut und eroeffnet ist. alles was du engagieren willst machst du ueber einen mittelsmann/frau. meine frau ist im fuenften monat mit zwillingen schwanger, ich bin in der gluecklichen lage finanziell unabhaengig zu sein. ich moechte dir trotzdem folgende hilfe, unter den vorgenannten bedingungen anbieten. du kannst in meinem haus wohnen. meine frau kann fuer dich kochen. meine frau hat ein ausgepraegtes gespuer fuer gerechtigkeit und unlautere vorgaenge. sie kann deine beraterin sein, wie sie auch meine beraterin ist. sie hat mir die vorgaenge unter der oberflaeche gezeigt und mich vor allem unbill bewahrt. sie hat fuer mich z.bsp ein haus gekauft. mit dem ueberwiesenen geldbetrag haette sie locker die naechsten 20 jahre ausgesorgt. meine frau verfuegt ueber eine grosse familie, welche sie und mich wie eine armee verteidigt. wenn du im falle von problemen nicht auf eine grosse familie zaehlen kannst bist du in afrika ein schutzloser niemand. hier ist alles eine frage der conaissance. ich bin im moment auf der suche nach einem stueck land und habe eine grosse parzelle in aussicht. ich kann dich in kontakt bringen mit einem serioesen gewerkschafter der mit seiner familie, bestehend aus seiner frau und 11 kindern in einer zweizimmer loge wohnt, lehrer ist und fuer den staat aufsicht ueber die einhaltung der arbeitspflicht der angestellten lehrer ausuebt. dieser mann hat mich trotz seiner offensichtlichen "armut" aus unserer sicht, noch nie um einen cent gebeten. dafuer waere er viel zu stolz. mit solchen leuten musst du zusammenarbeiten, weil die gibt es, aber die sind duern gesaet und schwierig zu finden. ich wiederhole nochmals ausdruecklich dass du hundertprozentiges stillschweigen ueber meine ratschlaege, meine frau und mich bewahrst, denn ich will nicht, dass ihr etwas passiert. du kannst mich nach wie vor unter der nummer 00224 oder unter 00224 erreichen. mit den besten gruessen s m

22. 12. 2008
Hallo S, danke für Deine Antwort. Wenn sich Leute um mich sorgen, die ich kenne, dann möchte ich deren Namen wissen. Wenn ich sie nicht kenne, ist mir deren Meinung ziemlich egal. Jene, die sich Sorgen um mich machen, sollen mich bitte selber kontaktieren. Ich habe viele Leute über andere was Schlechtes reden hören. Das tun sie bis heute. Ich sag Dir nun, welche Gedanken in mir grad die Oberhand bekommen: Das Projekt in Simbaya stirbt. Was hier mit mir veranstaltet wurde, das ist nicht Afrika, das ist nicht

Guinea, das ist nicht Simbaya. Das ist die Unfähigkeit und Unehrlichkeit von ein paar Menschen, die ich zu nahe an mich herangelassen habe. Das lasse ich mir nicht gefallen, zumal es niemand in Simbaya gab/gibt, der bereit ist, dem Wahnsinn offen und öffentlich ein Ende zu bereiten. Das macht mich sehr traurig. Ich bereite nun selber das Ende dieses Chaos vor. Vielleicht bist du sogar noch in Conakry und kriegst es mit. Da Du mit mir so kryptisch umgehst, mach ich das auch mal. Ich lerne von Tag zu Tag. Viele Grüße.
Robert

23.12.2008 Stichwort: Der westafrikanische Staat Guinea
Reich an Rohstoffen und trotzdem unterentwickelt - Staatspräsident hat eine "starke politische Stellung".[18]

27.12.2008
Bonjour Robert, leider arbeiten die Leute, die Du ausgesucht hast, nicht mit uns zusammen. Sie haben auch keine Besprechungen. Wenn die sich treffen, dann nicht in Simbaya. Seit Du abgeflogen bist gab es keine einzige Besprechung. Wir (Pierre und Mr. Rodrigue) haben keine Ahnung, was die mit Deinem Geld machen. Sag ihnen, dass sie eine Besprechung machen müssen. Pierre.

31.12.2008
Hallo Princess, ich habe dir gesagt: wenn Du Deinen Beitrag leistest, dann kannst Du und Bob von Deinem Verdienst ganz gut leben. Und wenn ich dir jeden Monat 50 Euro schicke, dann ist das sehr viel. Saran und ihre Familie haben mein volles Vertrauen. Wenn ich das Geld für Dich und Saran gemeinsam schicke, so hat das gute Gründe. Erstens ist es wegen der Überweisungskosten. Zweitens kenne ich keinen besseren Weg. Du hast keine Identitätskarte. Du kannst Dich beim nächsten Mal persönlich bei der Bank erkundigen, wie das für Dich auf deinen Namen möglich ist. Grüße.
Robert.

---

[18] http://derstandard.at/1229974882679/Stichwort-Der-westafrikanische-Staat-Guinea

2009

6. 1. 2009
Hallo S, danke für die Mühe, die du dir mit deinem Mail gemacht hast. Dein Brief hat mich gefreut und verwirrt. Die veränderte Situation in Guinea durch den Tod des Präsidenten hat mich dann endgültig zum Verstummen gebracht. Nun, zwei Wochen später kommt wieder Leben in mich. Ich will dir daher auf Deine lange Botschaft antworten und gleich mit den bei mir entstandenen Fragen anfangen:

1) Wer sind die diversen Leute, die Dich gebeten haber mich zu kontaktieren? Wozu? Mit welchem Eigeninteresse?
2) Wodurch habe ich in Simbaya einen Krieg ausgelöst und wie zeigt er sich? Wer kämpft gegen wen? Warum?
3) Welche Menschen sind vertrauenswürdig und welche nicht? Wie kennt man das? Wer legt das fest?
4) Wie komme ich dazu, dass Du mir Ratschläge erteilst? Was versprichst Du Dir (Deine Frau sich) davon?
5) Wie kann man sich erklären, dass einer, der nur zum Helfen kommt, sich in Lebensgefahr begibt?
6) Wie soll ich verstehen, dass Du mir rätst nicht nach Conakry zu kommen, mir aber gleichzeitig einen Platz in Deinem Haus anbietest?

Bisher haben mir viele Afrikaner, die sich dazu in der Lage fühlten, ihre Gastfreundschaft angeboten. Ich merke, dass für die Afrikaner jedes Mittel recht ist, um selbst in die unmittelbare Nähe eines (des) Weißen zu kommen. Es sagt Dir jeder, dass der bei dem Du wohnst, nicht wirklich gut ist. Dass der, mit dem Du zusammenarbeitest nicht o. k. ist. Nur er scheint zu wissen, wie es geht, nur er kennt die richtigen Leute!

Ein Hilfsprojekt, bei dem ich mich als Spendengeber verstecken muss, kommt für mich nicht in Frage. Wenn das in Simbaya nicht möglich sein sollte, dass ich mich zeige, dann ist mein Projekt dort beendet, noch bevor es richtig ins Laufen kam. Ich ziehe weiter. Wenn die Menschen wirklich so dumm oder so unfähig sind, mich ordentlich zu begleiten und mich richtig zu schützen, dann können sie meine Hilfe nicht haben.

Ich spüre eine tiefe Wut im Bauch über so viel Ver - rückt - heit. Ich bin auch verwirrt, weil Du so kryptisch bzw. versteckt mit mir Informationen teilst. Sei Dir sicher, dass ich über Dich und Deine Frau mit keinem Menschen mehr reden werde. Ich möchte jedoch von Deiner Seite eine andere Offenheit mir gegenüber. Nun ja, mein Flug im Feber wird nicht stattfinden. Unser

Außenamt hat von nicht unbedingt notwendigen Reisen nach
Guinea abgeraten. Beste Grüße. Robert d´Autriche

9. 1. 2009
Hallo Pierre, deine Nachricht habe ich erhalten. Bevor ich Dir helfe, möchte ich eine Abrechnung von Herrn Rodrigue. Auch die Abrechnung von der Containerübernahme. Ich bin überrascht, dass ihr keine Zusammenarbeit zustande bringt. Robert.

10. 1. 2009
hallo robert, ich habe verständnis für deine verwirrtheit, ich muss selber zugeben dass mein mail ein hammer war. 1.die leute die mich gebeten haben, dich zu kontaktieren sind möchten nicht genannt werden aber alle inkl. mir und meiner frau haben keinerlei finanzielle interessen. im grundtenor sind wir der meinung dass wenn jemand etwas gutes tun möchte, was der ganzen bevölkerung zugute kommt, man das unterstützen sollte. 2.sobald geld im spiel ist, in deinem fall viel geld, denn du möchtest eine schule bauen, interessieren sich viele leute dafür. 3.kein afrikaner sagt etwas schlechtes über den andern schon gar nicht einem weissen gegenüber, um die chance des andern nicht zu verhindern.4. eigentlich muss ich dir keine ratschläge geben. aber wenn ich sehe wie es unter der oberfläche brodelt dann fühle ich mich verpflichtet. die gewaltbereitschaft ist enorm hoch um an dein geld zu kommen, schon für einen vergleichsweise kleinen gegenwert.du kannst mich gerne telefonisch kontaktieren um mehr informationen zu erhalten.die nächsten zehn tage bin ich unterwegs und nicht zu erreichen. viele grüsse s

10.1.2009
Hallo Princess, danke für Deine Botschaft. Ich werde das Projekt für Afrika sehr gut organisieren. Unsere telefonischen Gespräche sind gut. Doch das kostet viel Geld. Seit meiner Rückkehr aus Conakry habe ich 210 Euro (1,500.000,--GNF) für das Telefonieren bezahlt. In der Woche gebe ich im Durchschnitt 210.000 GNF dafür aus. Das ist zu viel. Ich schlage vor, dass wir unsere Telefonate reduzieren. Anstatt zu telefonieren, werden wir schriftlichen Kontakt via E-Mail pflegen müssen. Wenn Du zum Internet gehst, kostet das nur 5000 GNF. Wenn Du länger schreibst kostet es 10.000 GNF. In einer Stunde kannst Du sehr viele Informationen schreiben. Mit vielen, vielen Gedanken. Robert

24.1.2009
Hallo Robert, ich weiß nicht, warum Du mir nicht schreibst. Habe ich Dir was Böses angetan. Ich, Ich habe Dir immer die Wahrheit gesagt. Die Leute, die

nicht gut waren, werde ich aus dem Projekt schmeißen. Du musst wissen, dass Du sehr vorsichtig sein musst. Das Land ändert sich. Die Korruption ist beendet. Ich bin gegen niemanden, doch nun habe ich viele Feinde und ich weiß nicht, was ich nun für das Projekt tun kann. Ich war in mancher Hinsicht auch zu gutgläubig. Manchmal habe ich versagt. Alle hier glauben, dass ich nichts kann. Man sagt: wer langsam geht, geht sicher. Wenn Du wieder kommst, werde ich alles unternehmen, damit ich den Staatspräsidenten kennenlernen kann. Dann kannst du ihm alles erklären, was Du für unser Land tun willst. Pierre

27.1.2009
Nochmalige Einladung ins Projekt: Hallo Pierre, niemals wollte ich Dich herabsetzen oder abwerten. Ich habe versucht, für das Projekt das Bestmögliche zu tun!

Du hast getan, was Du konntest! Dafür möchte ich Dir noch einmal danken. Manche Probleme konnten nicht gelöst werden. Zum Beispiel: die Familie von Yaha aufhalten. Durch Deine Jugend wurdest Du nicht überall akzeptiert. Die Komplexität konntest Du nicht durchschauen. Für Herrn Rodrigue war alles zu schnell. Du kennst meine Wünsche, meine Anliegen. Du weißt genau, was ich will. Du weißt, was getan werden muss.

Ich will Dir sagen: der Erfolg des Projektes hängt nicht von mir ab. Nur Cheick und Du könnt das Projekt zum Erfolg führen. Cheick hat die nötige Umsetzungskompetenz. Leider hat er keine Ahnung von meiner Philosophie. Du kennst meine Philosophie. Du hast viel aus meinem Mund gehört. Cheick soviel wie nichts. Herr Rodrigue ist einfach davongelaufen. Er hat die Nerven verloren. Schade. Vielleicht hätte sich alles anders entwickelt. Ich erwarte von Dir noch immer einen Bericht über die 500 Euro, die ich ihm gegeben habe. Außerdem hast Du mit Mamady gearbeitet und für ihn die Verwaltung von 1000 Euro gemacht.

Wie soll ich in Österreich abrechnen, wenn ich von Dir keine Kostenaufstellung bekomme? Es geht um den Betrag von etwa 10 Millionen!!!! GNF. Ich arbeite erst wieder für das Projekt, wenn ich dafür Deinen Bericht habe. Das ist es, was Du für das Projekt machen kannst. Dass es wieder richtig anfangen kann. Wenn Du dann so weit bist, dann wünsche ich mir, dass Du als Verbindungsmann zwischen der Projektleitung und mir den laufenden Kontakt pflegst. Ich erwarte Deine Antwort. Diese Mail geht auch an Cheick. Ich möchte nichts an ihm vorbei mit Dir besprechen. Salut. Robert

27.1.2009
Hallo Pierre, bitte arbeite daran, dass Dein geschriebenes Französisch besser wird. PARFINIE, DENEMIES, RENVOIS, DEPARASE, HONIR. Was willst Du mir mit diesen Worten sagen? Salut. Robert.

4.2.2009
Hallo, ich gebe Dir alle Informationen, die du willst, morgen. Du möchtest eine Erklärung der Wörter kennen. PARFINIE / Am Ende einer Störung oder eines Films. Enemie / Ich habe Dich von Anfang an gewarnt, doch Du wolltest es nicht glauben. Nun habe ich die Feinde. RENVOIS jemandem z.B. aus einem Haus schmeißen. DEPARASE / Entfernen, verlassen. HONIR /Am Tag Deiner Abreise hast Du mich von der letzten Besprechung weggeschickt. Das war eine Schande für mich. Ich danke Mamadou Djallo, der mich in sein Dorf mitgenommen hat. Dort konnte ich mich erholen und verstehen, dass das Leben so ist. Auf morgen. Pierre.

9.2.2009
Hallo Robert, hier die effektiven Ausgaben, die ich kenne. Ich kann es nicht bezeugen, ob es mehr war. Was Herrn Rodrigue betrifft, musst Du mit ihm sprechen, wenn Du wieder in Conakry bist. Er sagt, Du schuldest ihm noch Geld. Das Geld, das du ihm überlassen hast, betrifft mich nicht. Das zu kontrollieren ist zwischen Euch. Ich habe ihm kein Geld aus dem Projekt gegeben. Das zu klären ist für mich schwierig. Pierre.

1	frais de la conpagnie	1715546
2	frais de transport du contenaire port sim	950000
3	frias de manutantion dechargement	300000
4	frais pour eviter le controler	200000
5	transitaire(les dossier)	150000
6	pour facilite la sortie au port	50000
7	achat cadena au port	13000
8	pour descentre le contenaire	500000
9	photo du contenaire	50000
10	deplacement d un electricien	15000
11	reanbarquemnt des bagages	120000
12	prix de cadena	50000
13	location pour une semaine	50000
14	pour faire retourner douane	150000
15	frais de course pour RAG	100000
16	amis du transitaire	20000
17	frais de declaration	500000

18	oumar barry	350000
20	pour le transitaire	100000
20	femme de bademba	800000
21	femme de bademba	350000
22	trans du goudron au quartier	60000
	TOTALITE EN FG	6593546

9.3.2009
Sehr geehrter Herr Oberarzt, danke für Ihre Bereitschaft, sich mit der Krankengeschichte von Frau Kaloga auseinander zu setzen. Sie erhalten in der Beilage die Befunde, die heute aus Afrika gekommen sind. Die Fotos folgen in zwei weiteren Mails.

14.3.2009
Sehr geehrter Hr. Stöckler, habe die übermittelten Befunde eingesehen und wohl auch - trotz fehlender Französischkenntnisse - verstanden. Die Patientin befindet sich in einer "Hochrisikosituation", wurde aber so ziemlich nach internationalem Standard behandelt. (es geht allerdings aus den Unterlagen nicht hervor, ob die Pat. tatsächlich und wie oft die Chemotherapie erhalten hat).

Die letzten Untersuchungen waren im Mai 2008 und sind im Mai 2009 wieder geplant. Sollten sich weiterhin keine Metastasen zeigen, wäre die Fortsetzung der laufenden Hormontherapie mit Nolvadex anzuraten. Ärztemuster werde ich auftreiben können, lassen Sie mich wissen wie/wann/wo… Mit freundlichen Grüßen.

15.3.2009
Hallo Princess, ich habe eine Bericht eines Onkologen. Ich werde im Mai Medikamente für Djariatou mitbringen. Robert

30. 3. 2009
Hallo Princess, es gibt einige Dinge zu klären. Bring 250.000 zu Saran Traore, wie schon letzten Monat. Kannst Du einen Internet-Service für das Bankkonto unserer Organisation einrichten lassen? Für meinen Aufenthalt im Mai brauche ich einen Platz zum Leben. Vielleicht ist es möglich, für eine kurze Zeit ein Haus oder eine Wohnung oder ein Zimmer in einem Hotel zu finden. Gruß. Robert

30.3.2009

Robert, ich schreibe Dir, um Dir zu sagen, dass ich nicht vergessen habe. Ich denke immer an das Projekt. Es ist notwendig, dass du reflektierst, um noch einmal die Arbeit aufzunehmen. Das, was gewesen ist, ist Vergangenheit. „tu peut rester la bas" (Du kannst daheim bleiben) und wir können hier arbeiten. Aber das erfordert Vertrauen. Ich habe eine Schule gesehen in unserem Viertel, wo man die Kinder hingeben könnte. Eine sehr gute Schule. Du sollst Deine Kraft nicht verlieren. Ich möchte, dass wir arbeiten. Pierre.

2.4.2009
Nimm die nachfolgende Adresse für den Versand der Computer:

Dr. Siba Maxime Kalivogui, Gyneco - Obstrique
Clinique Medico - Chirurgicale Hamdallaye
Tel: 224 60 02 53, Tel: 224 64 27 73 36, Tel: 224 67 58 02 53
B.P. 1820 Conakry Guinée

11.4.2009
Hallo Pierre, wenn Du mit mir wieder in Kontakt treten willst, müssen vorher zwei Dinge geklärt werden. Erstens habe ich bis heute keine Abrechnung des Herrn Rodrigue. Du weißt, das ist ein Christ. Ich möchte eine saubere Abrechnung. Zweitens habe ich gehört, dass Du Dir ein Taxi gekauft hast. Ich möchte wissen, mit welchem Geld? Also. Ich grüße Dich. Robert

24. 4. 2009
Start der Radiosendung auf B138 – Afrika im Kremstal

1. 5. 2009
Guten Tag Herr Doktor Siba Maxime Kalivogui, Frau Princess Sia Solo hat mir Ihren Namen genannt. Sie sind eine Person ihres Vertrauens. Ich habe an ihre Adresse sieben Computer geschickt. Diese Computer sind eine Spende eines großen Österreichischen Unternehmens. Das Ziel ist eine nachhaltige Hilfe für Frauen in Afrika. Nicht für Einzelpersonen. Es gibt zwei Möglichkeiten der Nutzung: Entweder es wird ein Internet-Cafe errichtet oder die Computer werden verkauft. Mit dem Gewinn aus dem Internet-Cafe beziehungsweise aus dem Verkaufserlös kann man zum Beispiel medizinische Leistungen finanzieren oder ein anderes Hilfsprojekt unterstützen. Über eine konkrete Zusammenarbeit zwischen Ihnen, Frau Princess und mir möchte ich gerne in einem persönlichen Gespräch reden.

In der Beilage erhalten Sie zwei Dokumente. Das sind Kopien. Die Computer wird man nur mit einem Originaldokument bekommen. Ein Originaldokument werde ich per Post an Ihr Postfach senden. Ein Originaldokument werde ich wahrscheinlich selbst mitbringen. Die Sendung kommt am 29. April im Hafen von Conakry an. Können Sie die Freigabe der Computer vorbereiten? Ich komme dann am 6. Mai. Ich freue mich darauf, Sie persönlich kennenzulernen. Freundliche Grüße. Robert d´Autriche.

2. 5. 2009
info@sos-kinderdorfinternational.org
Tuesday, May 05, 2009 9:39 AM
Email address: robertdautriche@yahoo.de

Message: Guten Tag, vom 6. Mai bis zum 4. Juni bin ich in Guinea. Gerne würde ich Kontakt zum nationalen SOS-Kinderdorfverein aufnehmen. Ich suche im Namen von mehren Spendern Mädchen, für cie wir den Schulbesuch finanzieren helfen wollen. Bitte mailen Sie mir eine Kontaktadresse, oder lassen Sie mich in der angegebenen Zeit vor Ort anrufen unter 00224.66.57.59.12

Nachstehend die Adresse unseres National Offices in Guinea: Association du Village d'Enfants SOS de Guinée, B.P. 3527 - Quartier Yattaya - Commune de Ratom, Conakry
Tel +224/602 12451, +224/605 96739 - e-mail: sos-no@sosguinea.org - http://www.sosguinea.org

Tagebuch der 2. Projektreise vom 6. Mai bis 4. Juni 2009

6. 5. 2009
Um 5 Uhr 25 holt mich der Taxidienst ab, um mich nach München zu bringen Über Paris geht es dann direkt nach Conakry, wo ich um 18 Uhr 15 Ortszeit (bei uns 20 Uhr 15) ankomme. Noch bevor ich die Personenkotrolle passiere, spricht mich einer an, ob ich Robert bin. Ein Polizist in Zivil, der von Mamady und Princess engagiert wurde, um mich durch den Zoll zu bringen. Das erste Hindernis ist gleich einmal: ich habe meine Impfkarte daheim liegen gelassen. Doch mit Djibrill (so heißt der Polizist) ist das überhaupt kein Problem. Binnen 5 Minuten habe ich einen entsprechenden internationalen Impfpass, ausgestellt auf meinen Namen, mit den entsprechend eingetragenen Impfungen. Das kostet nur 10 Euro. Es dauert nicht lange und wir sind auch mit den Koffern außerhalb des Flughafengebäudes. Ich geben noch je 10 Euro an Djibrill und seinen Gehilfen.

Bob kommt mir im Eilschritt entgegen, gefolgt von seiner Mutter Princess und Mamady Kouyate, dem Bolonfola. Princess hat die Möbel, die ich Vorjahr gekauft habe, aufgehoben. Sie schmücken nun das Haus, in dem wir nach einer mühevollen Fahrt ankommen. Es ist finster. Das Haus steht mit einem zweiten auf einem Hof. An der Straßenseite ist ein zwei Meter hoher Eisenzaun. Das Haus hat einen Salon, ein Esszimmer, fünf weitere Zimmer und eine Speisekammer. Zwei Verandas gehören auch dazu. Eine vorne und eine hinten. Bei einem der Zimmer gibt es auch eine Dusche und ein Klo. Es gibt kein Fließwasser. Ein junger Mann bringt täglich in fünf Kannen Wasser und bekommt dafür 30 Cent.

7. 5. 2009
Auch wen ich es schon hätte wissen können/müssen! Um ein paar Kleinigkeiten in der Stadt einzukaufen, braucht man fast einen ganzen Tag. Für meine Verköstigung und zur Hausreinigung wird eine junge Frau eingestellt. Sie heißt „Patient". Sie kommt aus Liberia, kann kein Französisch. Um Geld zu wechseln fahren wir heute wieder zum Flughafen. Das soll das Beste sein. Bis wir zurück sind, sind drei Stunden vergangen.

20. 5. 2009
(Der Geburtstag meines Vaters. Er wäre heute 84 geworden). Fast zwei Wochen sind vergangen, seit ich die letzten Eintragungen gemacht habe. Es ist für mich zu anstrengend, die Dinge, die mich fürchterlich nerven, nachher auch noch dokumentarisch festzuhalten. So bleibt für mich im Moment das Gefühl, dass sich alles irgendwann einmal auflösen wird.

Was ist nun schon erledigt?
Der Rest für das Schulgeld der Mädchen ist bei „Les Elites" bezahlt. Die Krebsmedikamente für Djariatou für die nächsten zehn Monate sind übergeben. Eine Schule für Bob ist gefunden. Er wird nun Französisch lernen. Das Haus hier in Yattaya ist so weit bewohnbar. Für Gäste aus Europa braucht es jedoch noch eine Sonderreinigung. Toiletten müssen errichtet werden.

Was noch fehlt?
Der Container ist noch immer in Geiselhaft. Internetservice für das Konto hier gibt es noch immer nicht. Ich muss noch Patenmädchen finden. Die Computer werden noch im Hafen festgehalten. Ein Projektstart „neu" sollte stattfinden.

Warum ich dennoch zuversichtlich bin?

Das Haus in dem ich wohne befindet sich im Stadtteil Yattaya. Er ist einige Kilometer weg von Simbaya. So bin ich in einer guten Distanz. Vom Airport geht eine Hauptstraße direkt nach Norden von Conakry. Diese führt über Matoto und Sanguaya nach Anta. Eine andere Straße führt (Richtung Westen) nach Bambeto und von dort als zweite Hauptstraße Richtung Norden. Man passiert Cosa (Simbaya gare), Encore 5, T 5, und kommt dann in T 6 (Yattaya) an. Kurz vor dem „rond point", so nennt man hier den Kreisverkehr, T6 zweigt eine Straße nach links ab. Und genau an dieser Abzweigung ist ein riesengroßes Plakat vom SOS-Kinderdorf. 100, nein 50 m von dieser Guinea-Zentrale entfernt, befindet sich das Haus, in dem ich wohne. Die Fahrt vom Flughafen hierher hat an die zwei Stunden gedauert

Schon in Österreich habe ich mir die Kontaktadresse geben lassen und welch eine Fügung: ich lande direkt hier. Ich hatte bereits eine Besprechung mit dem regionalen Direktor. Ein komisches Gefühl hier n Conakry in einem Raum zu sitzen mit einem großen Porträt von Hermann Gmeiner.

21. 5. 2009
Man hat soeben ein „centre social" errichtet, in dem Mädchen und Frauen ohne Schulbildung eine Ausbildung erhalten. zB Schneiderin, Friseurin. . . Wenn ich will, dann kann ich mich hier einklinken. Nächste Woche gehe ich in die nächste Gesprächsrunde. Ich hoffe, dass es mir gelingen wird im Sinne der Spender zu handeln. Heute Vormittag habe ich mir einfach einmal eine Auszeit genommen. Ich habe einen Spaziergang hier in der Region gemacht. Da mich die Fahrten zum Internet so nerven, möchte ich versuchen, ein mobiles Internet über mein Handynetz zu bekommen.

22. 5. 2009
Schon bald in der früh bin ich unterwegs zur Bankfiliale. Ich muss ein Konto mit Guinéen Francs eröffnen. Das dauert mehr als drei Stunden. Ist normal. Die Klimaanlage macht mir sehr zu schaffen. Die neuen Anträge für das Internetservice sind auch schon gemacht. Dieser Dienst kostet nun 3000 Francs im Monat. Das sind im Jahr etwa 5 – 6 Euro. Bin schon gespannt, ob ich nun bald einen Internetzugang bekommen werde. Zur Zentrale des Handybetreibers komme ich nicht mehr. Für heute ist es schon zu spät dazu.

23. 5. 2009
Mamady ist bereits um 8 Uhr da. Die Computer sind durch den Zoll und in seiner Obhut. Der Doktor hat nicht wirklich was zustande gebracht. Mamady sagt mir auch, dass heute der Container befreit werden wird. Um die Mittagszeit ruft mich ein Militärkommandant an. Er will aus meinem Mund hören, was los ist. Eine Viertelstunde später ruft mich Mamady an. Cheick,

Aly und Bangoura sind verhaftet. Mit zehn Militärs holen sie nun den Container.

28. 5. 2009
Die Taxifahrer haben gestreikt und teilweise wurde ihren Forderungen nachgegeben. In Ihren Autos (ganz normale Mittelklassewagen) sitzen am Beifahrersitz immer zwei Personen und hinten vier. Nach dem Streik sitzt vorne nur mehr eine Person am Beifahrersitz. Hinten pferchen sich noch immer vier Personen hinein. Wenn es Mütter mit Kleinkindern sind, was gar nicht so selten vorkommt, dann sind es oft auch sechs Menschen.

La cherche d´une dame / d´un monsieur pour une action humanitaire

Qu´est-ce qui est exigé de la part des candidats?

Les capacités personnelles
Vous etes honnete et sympathique?
Vous sevez vous faire une idée d´ensemle d´un context?
Vous savez penser et travailler bien precis(e)?
Vous aimez de travailler avec des gents pour les gents?
Vous avez la capacité à mener des homes?

La formation
Vous avez déjà termine le terminal?
Vous parlez et ecrivez un bon Francais?
Vous etes apte à comparaitre en jugement en Englais?
Vous pouvez deja ou vous etes interessez d´apprendre de élaborer / mettre en oeuvre un projet
vous avez deja des relatifs à la gestion et vous voulez etudier la gestion des entreprises

Qu´est-ce qui est donné de la part de notre organisation?
Nous faisons un choix equitable
Nous gardons á votre subsitance pendent votres etudes
Nous donnons un salair correspondant après votres etudes
Nous mettons des interessantes defis à vous
Nous installons des bonnes conditions générales avec vous

Qu´est-ce qui il faut faire alors?
Vous faites votre candidature en eMail à l´adress
robertdautriche@yahoo.de
jusque le 28 mai 2009 avec une photo et curriculum vitae.

Projektmanagement: Robert Stöckler, A 4560 Kirchdorf, Inzersdorf 322, Autriche, Europe

Telephone: 0043.664.4330421 et 00224.66.57.59.12
eMail: robertdautriche@yahoo.de

Der Pastor und Madame Alice bewundern den vor Ort zusammengestellten und aufgebauten Solarkocher. Anschließend besuche ich die ausgebrannte Schule flaming international school.

Auch bei Les elites mache ich einen „Kontrollbesuch". Die Mädchen, für die wir das Schulgeld bezahlen, werden mir vorgestellt.

Reisebericht 2009 - Korruption ist zum System geworden

Dieser Bericht erschien in der Kremstaler Rundschau: „Wenn Du schon im Elternhaus und später in der Klosterschule gelernt hast, anderen zuerst einmal ein Grundvertrauen entgegenzubringen, dann ist es schwer, jedem Menschen zu misstrauen. Doch das ist eine sehr wichtige Überlebensstrategie hier in Guinea!" sagt Robert Stöckler.

Nach dem Tod des langjährigen Präsidenten und Despoten Lansana Conté übernahm am 23. Dezember des Vorjahres ein 44jähriger Oberst der Armee die Macht, setzte die Verfassung außer Kraft, entmachtet die konstitutionellen Organe – und fast alle scheinen damit zufrieden zu sein. Dadis Camara, dessen Konterfei nun in Conakry von allen Wänden lacht, der junge Offizier der mittleren Ebene führte bisher ein bescheidenes Leben an der Seite seiner Mutter, seiner Frau und seiner sechs Kinder. Er verbrachte einige Jahre in Leipzig und Dresden und hielt sich an der Führungsakademie der Bundeswehr in Hamburg und München auf. Auch wenn es im Moment noch nicht so aussieht, vielleicht kann er das Land von der Unerträglichkeit der Korruption befreien. Seinen Hass auf Privilegien und auf soziale Ungerechtigkeiten zeigt er ganz offen.

Robert Stöckler hatte eigentlich einen Bürgerkrieg erwartet, der bei solchen Entwicklungen selbstverständlich ist und ist daher erst im Mai nach Conakry aufgebrochen.

Alle Medikamente, die von Ärzten und Apothekern aus Oberösterreich gegeben wurden, sind einem medizinischen Zentrum übergeben worden. Hier sind auch die Computer gelandet, die von einem großen Unternehmen aus Amstetten gespendet wurden. Die vom Onkologen organisierten Medikamente helfen Djariatou Kaloga für eineinhalb Jahre im Kampf gegen den Krebs. Ein Haus wurde gefunden. Hier kann eine Projektzentrale eingerichtet werden und es können Gäste aus Oberösterreich hier wohnen. Das Haus befindet sich in unmittelbarer Nähe der Zentrale von SOS Kinderdorf Guinea. Eine Zusammenarbeit ist vorgesehen. Erste Gespräche hat es schon gegeben.

Das Projekt zur Nutzung der Sonne beginnt langsam. Eine Solarleuchte ist in Probeverwendung. Es soll eine Werkstätte für Solarleuchten - Produktion errichtet werden. Im Stadtteil Yattaya gibt es zum Beispiel nur von 24 Uhr bis 7 Uhr früh Strom. Stromgeneratoren verpesten die Luft. Die Solarleuchte der Berufsschule Freilassing wird bewundert, weil sie ohne Batterien und ohne Generator ein ganz passables Licht gibt. Ein Solarkocher wurde gebaut. Die

Köchin kann sich jedoch nicht recht anfreunden. Es wird alles mit Holzkohle gemacht, die man sich sparen könnte. Für das Projektkonto wurde nun endlich ein Internetservice eingerichtet, damit von Österreich aus disponiert werden kann. Der Schulbesuch der Patenmädchen wurde kontrolliert, weitere Mädchen angemeldet.

Robert Stöckler, der Anfang Juni seine Rückreise antritt, kann mit den Ergebnissen seiner Mission ganz zufrieden sein. In der Zwischenzeit ist auch die Homepage für das Projekt fertig geworden. Der Name ist ident mit dem Projektziel: www.spendenmachtschule.at

5. 6. 2009
Aus « Kann spenden Sünde sein ? » wird SPENDEN macht SCHULE
Logoentwurf, Grafik und Gestaltung von Gerald Lipnik

6. 6. 2009
Projektpräsentation im JUZ Micheldorf

7. 6. 2009
Projektpräsentation in Königswiesen

Projektpräsentation in St. Pantaleon

Flaming International School – Women for Jesus

Durch die Projektmitarbeiterin Princess kam ich an manchem Sonntag in die christliche Rebellionskirche, wo ich Madame Alice, die Gründerin der Flaming International School kennenlernte. Ich entschloss mich dazu, Mädchen dieser Schule zu fördern.

5. 7. 2009
Sehr geehrte Madame Alice, danke für die ausführlichen Informationen. Ich habe den Eindruck, dass unsere Kommunikation damit eine sehr große Dimension angenommen hat. Gerne möchte ich trennen zwischen zwei Themen. "Women for Jesus" und "Flaming International School".

"Women for Jesus"
In den Statuten der Organisation stehen verschiedene (auch religiösen) Ziele. Ziele, die zu den Zielen meiner Organisation gut passen:
* Hilfe für Frauen, damit ihre Kinder spirituell, emotional, sozial, individuell und natürlich aufwachsen können.

* Erleichterung für die Erziehung und Alphabetisierung von Frauen und Kindern.
* Soziale Integration.

Zu Ihrer Information möchte ich hier die Themen anführen, die meine Organisation vorantreiben möchte:
* Erziehung & Bildung
* Gesundheit & Ernährung
* Einkünfte & Energie

Meine Fragen:
* Was bedeutet FPJ und PTA?
* Welche Funktion haben Sie in der ONG?
* Wo sind die Grenzen zwischen der ONG und der Schule?

"Flaming International School"
Sie haben mir eine Kalkulation für das Schulgeld und für die Materialien geschickt. Das benötige ich nicht. Ich möchte einen Finanzbericht der Schule von den letzten Schuljahren sehen.

Meine Fragen:
* Welche Kosten hat die Schule für das Gebäude, die Möbel, die Tafeln und die didaktischen Materialien?
* Wie werden die Lehrer entlohnt? Welche Kosten entstehen dafür?
Warum zahlen die neuen Schüler weniger Inskriptionsgebühr?
* Welche Funktion haben Sie in der Schule?
* Was bedeutet der Name der Schule?
* Wer oder was ist "Flaming"?

Meine Informationen:
In der Schule les Elites ist die Inskriptionsgebühr für alle gleich. Sie beträgt 20.000 GNF.
Das Schulgeld beträgt
für den Kindergarten GNF 162.000
für die erste bis vierte Klasse GFN 180.000
für die fünfte bis sechste Klasse GNF 270.000
für die siebente bis neunte Klasse GNF 360.000
für die zehnte Klasse GNF 495.000
für die elfte bis zwölfte Klasse GNF 630.000
für das Terminal GNF 720.000

Ich verstehe nicht, warum Sie in Ihrer Kalkulation so große Differenzen haben. Es ist ein stolzes Ziel, wenn Sie 400 Schüler haben möchten. Doch vorher sollte Ihre Organisation gut funktionieren. Bezüg ich der ungenützten Schule, die ich in Simbaya kenne, nehmen Sie bitte mit Madame Princess Sia Solo Kontakt auf.

Übrigens: Princess hat bisher noch immer sofort ganz genau verstanden, was ich gewollt habe. Sie hat bisher alle meine Aufgaben zu meiner vollen Zufriedenheit ausgeführt. Beraten Sie sich mit Princess. Zu Ihrem eigenen Vorteil. Schöne Grüße aus Österreich. Alles Gute. Ihr Robert Stöckler

20. 7. 2009
Frau Alice, Danke für Ihre umfangreichen Erklärungen. Sie haben sich eine große Mühe gemacht. Herzlichen Dank. Ich habe jetzt ein genaueres Bild. 1. von Ihrer Organisation und 2. von Ihren Vorhaben.

Dass Ihre Organisation « women for Jesus » heißt, finde ich gut. Der englische Name gibt einen Hinweis auf die Herkunft der Organisation. Das muss nicht übersetzt werden. Ziel Ihrer Aktivitäten ist es, (meist) englischsprachigen Menschen eine Integration in einem französischsprachigen Land erleichtern zu helfen.

Inskription :
Ihre Vorhaben finde ich kontraproduktiv. Eine gute Lenkungsmöglichkeit, um Schüler in die « französische » Schule umzulenken ist der Preis. Daher möchte ich Ihnen hier meine entgegengesetzten Vorschläge machen.

Alle Schüler, die bisher schon an Ihrer Schule waren, müssen mehr als bisher bezahlen. Alle Schüler, die noch nie an der engl schen Schule waren, bezahlen ab sofort 30.000 GNF. Schließlich handelt es sich um eine internationale Schule, an der man in einer wichtigen Weltsprache unterrichtet wird.

Die Inskriptionsgebühr an der französischsprachigen Schule soll für alle 20000 sein(wie die übrigen Schulen in Conakry). Ich bin sicher, dass Sie die Gebühren für die höheren Klassen entsprechend erhöhen müssen, wie die anderen Schulen in Conakry auch. Zum Beispiel : 7 – 10: 360.000 GNF und 11-12: 600.000 GNF.

Kosten für die Schule :
Alle Ausgabe für die Schule müssen über Schulgebühren wieder hereinkommen. Bevor Ihre Schüler kommen, wollen Sie noch

Reparaturarbeiten durchführen. Außerdem müssen Sie die Miete für ein Jahr bezahlen.

Sie brauchen für die Reparaturarbeiten und die Miete einen Betrag von cirka 8 Millionen GNF. Dieser Betrag entspricht einer Jahresgebühr für 40 Schülerinnen. Ich könnte Ihnen eine Vorauszahlung anbieten. Princess wird nach den von mir vorgegebenen Richtlinien die Mädchen aussuchen. Anschließend wird sie die Mädchen an Ihrer Schule anmelden.

Bericht 2008/2009:
Ihren Bericht habe ich mit großem Interesse gelesen. Dazu habe ich wieder Fragen: Wie setzt sich der Betrag von 7,830.000 zusammen? Wie viele Schüler, in welchen Klassen haben welche Gebühren bezahlt?

Außerdem habe ich Fehler bei Ihren Berechnungen für die didaktischen Materialien entdeckt. Die notwendigen Bücher können unmöglich 37,5 Millionen oder 175 Millionen kosten. Soviel dieses Mal. Ich freue mich auf Ihre Antwort. Ich bin sicher, dass wir eine gute Zusammenarbeit zustande bringen.

28. 7. 2009
Frau Alice, danke für die rasche Antwort. Gerade wegen Ihrer Antwort habe ich kein gutes Gefühl. Dafür gibt es zwei Gründe:

Ich glaube, dass die Schule nicht ausreichend professionell geführt werden kann. Wie sollen die Schüler französisch lernen können, wenn die Lehrer selbst keine gute Basis haben? Wie wollen Sie bis zum Oktober wirklich gute Pädagogen finden? Wie wollen Sie so rasch eine gute Organisation aufbauen?

Ihre Vorstellungen sind sehr schön. Ihre Berechnungen sind miserabel! Sie berechnen:
150 Schüler mal 25000 ist 37,500.000.
150 Schüler mal 35000 ergibt 175,000.000. Das macht insgesamt 212,500.000 GNF.

Ich berechne:
150 x 25.000 = 3,750.000
150 x 35.000 = 5,250.000
macht insgesamt 9,000.000 GFN.
Die Differenz können Sie selbst ausrechnen.

Wie soll ich Vertrauen in Ihre Fähigkeiten haben? Ich möchte daher Ihre Schule und Ihre Projekt anders unterstützen. Sie können Ihre englische Schule weiterführen, wie bisher. Für den Aufbau einer französische Schule biete ich Ihnen meine Zusammenarbeit an und mache Ihnen folgenden Vorschlag:

Ich möchte zwei Klassen Kindergarten mit je maximal 25 Kindern. Ich bezahle 180.000 für 50 Mädchen. Insgesamt also 9,000.000 GNF. Sie arbeiten intensiv mit Princess zusammen. Princess sucht die Mädchen, deren Schulgebühren ich übernehmen werde. Sie suchen Lehrer, die tatsächlich gut französisch sprechen und schreiben können. Menschen, die eine pädagogische Ausbildung haben.

Sie schicken mir das pädagogische Konzept für diese beiden Klassen. Ich mache in Europa eine Sammlung für die Ernährung der Mädchen.

Wenn diese beiden Klassen im ersten Schuljahr gut funktionieren, dann können wir gemeinsam über eine Erweiterung im nächsten Schuljahr nachdenken. Daraus kann eine sehr große Schule entstehen. Ich möchte, dass die Schule langsam wächst.

Im November werde ich mich dann über den Fortschritt Ihrer Arbeit überzeugen und eine noch bessere Weiterentwicklung mit Ihnen und Princess gemeinsam planen. Können Sie sich eine Zusammenarbeit auf diese Art vorstellen?

28. 7. 2009
Hallo Princess, nun will ich mit Dir über unsere weitere Zusammenarbeit reden. Wie wir alles machen: Ich habe Dir Anfang Mai 4,000000 GNF geschickt. Kannst Du mir darüber einmal einen Zwischenbericht geben? Du hast den "demarcheur" und drei Monatsmieten bezahlt Für August wird die Miete nun auch fällig. Ich habe 100.000 auf das Konto bei der ecobank eingezahlt. Du erhältst eine Miete für die "alte" Wohnung. Bitte mache mir eine Aufstellung über die Finanzsituation. Bitte schreibe einfach jeden Tag Deine Ausgaben auf. Schreib alles auf, was Du ausgibst. Ich möchte einen Überblick über die Situation. Die Spesen für den Geldtransfer betrugen bisher 2,703.000 GNF. Diese Kosten möchte ich möglichst gering halten. Über die anderen zwei wichtigen Themen, wie „neues Haus" und „Suche von Schulmädchen" will ich Dir morgen noch einmal eine Botschaft schicken. Gruß. Robert

29. 7. 2009

Princess, gestern habe ich Dir über die allgemeinen Finanzen etwas geschrieben. Heute möchte ich noch einmal meine Gedanken über Deine persönliche Finanzsituation mitteilen. Du hast mir alle Deine Ausgaben bekannt gegeben. Dabei hast Du vergessen, dass Du auch telefonieren musst und dass Du Geld für den Transport brauchst. Außerdem sind auch noch Deine Mieteinnahmen von der alten Wohnung zu berücksichtigen.

die täglichen Kosten 30 mal10000	300.000
der Reis 165000 für 1,5 Monate	110.000
das Öl 70000 für 2 Monate	35.000
Erdäpfel 140000 für 3 Monate	50.000
Cyber 3 mal 15000	45.000
Grillkohle	12.000
Strom 18000	9.000
Gesamt	561.000

Telefon und Transport kommen noch dazu. Du wirst also je Monat etwa 600000 GNF brauchen. Das ist für mich gut nachvollziehbar. Ich möchte haben, dass Du gut für das Projekt (SPENDEN mach SCHULE) arbeiten kannst. So viel zum Geld in Deinem Alltag. Wenn Du immer aufschreibst, was Du ausgibst, kannst du mir jeden Monat die Summen mitteilen. Ich habe Vertrauen in Dich und Deine Fähigkeiten. Robert

30. 7. 2009
Hallo Princess, heute möchte ich Dir meine Gedanken über das Haus mitteilen. Fürs erste glaube ich, dass es so wie es ist, ganz gut funktioniert. Dennoch sollen wir überlegen, was gut und was weniger gut ist!

Was ist gut:
1) Das Haus ist in der Nähe der Hauptstraße. Man kommt mit einem Auto sehr gut zum Haus.
2) Das Haus ist groß genug für unseren Zweck. Es ist zu groß, wenn nur Du und Bob drinnen wohnt. Wenn einmal Gäste aus Europa kommen, dann passt die Größe.
3) Das Gebäude ist in einem Stil gebaut, der für Europäer angenehm ist.

Was ist weniger gut:
1) Es fehlen Toiletten und Waschgelegenheiten für Gäste.
2) Der Garten muss mit anderen geteilt werden.
3) Man kann kein Auto in den Hof stellen.
4) Es gibt keine Möglichkeit, den Solarkocher sinnvoll einzusetzen.

5) Das Eingangstor und der Zaun sind offen. Man kann sich nicht ungesehen in Ruhe vor das Haus sitzen.
6) Das Gartentor lässt sich nicht optimal schließen.
7) Für die Küche gibt es keinen guten Platz.
8) Man hat keine Aussicht. Man fühlt sich eingesperrt, weil der Garten so klein ist.

Was noch wichtig ist: 1) Wasser in der Nähe des Hauses. 2) Strom am Tag

Ich glaube, dass Du mit meinen Angaben eine gute Beschreibung hast, welches Haus gesucht werden soll. Bevor Du nicht ein wirklich gutes Haus gefunden hast, bleiben wir einfach dort, wo Du jetzt bist. Du bezahlst die Miete jeden Monat. Robert

9. 8. 2008
Hallo Robert, wie geht es Dir. Ich hoffe gut. Den Brief, den Du mir in Französisch geschickt hast, kann ich nicht lesen. So habe ich mir einen Ausdruck gemacht, damit ich alles zu Hause in Ruhe studieren kann.
Princess

2. 9. 2009
Hallo Princess, heute will ich Dir eine genaue Information über die Aufgaben geben:
1. Anfang des Monats ist immer die Tour nach Simbaya zu machen. Der Besuch bei Saly und Saran.
2. Die Suche nach den Mädchen für die Schule von Madame Alice muss nun beginnen.
* Die Mädchen sollen in der Nähe der Schule wohnen.
* Die Mädchen sollen aus armen Familien kommen.
* Wir suchen (zuerst) 25 Mädchen, die noch klein sind. In einem Alter für den Kindergarten.
* Die Mädchen kommen in den französischsprachigen Kindergarten (maternell).
* Wir brauchen den Namen des Mädchens, den Namen der Eltern und ein Foto.
* Für die Schule ist es (vermutlich) notwendig, dass auch eine Geburtsbescheinigung und ein Meldezettel vorgelegt werden.
Ich bin sicher, dass Dir Alice bei der Suche helfen wird. Dies ist nur der erste Teil meiner Botschaft an Dich. Ich schreibe gleich den zweiten Teil weiter. Der folgt noch heute. Gruß. Robert
3. Wenn ich an meine nächste Ankunft in Conakry denke, dann fällt mir ein, dass wir den Kontakt zu Djibrill nicht verlieren sollten. Deshalb schlage ich

vor, dass Du mit ihm telefonierst. Wir werden das Schulgeld für seine Tochter bezahlen. Wir brauchen auch von ihr und ihm den genauen Namen. Zuerst müssen wir die Schule und das Schulgeld kennen. Ich bitte Dich, später das Schulgeld persönlich einzuzahlen. Übrigens: Von allen Mädchen brauchen wir das Geburtsdatum. Und das finden wir auf der Geburtsurkunde.
4. Im Laufe dieser Woche werde ich eine genaue Liste der Mädchen von „Les Elites" erstellen. In dieser Liste werden die Namen der Mädchen stehen, für die wir im kommenden Schuljahr wieder das Schulgeld bezahlen. Am besten ist es, wenn Du Kontakt mit dem Direktor der Schule aufnimmst (Tel: 62 98 28 14). Wir benötigen die genauen Kosten für jedes Mädchen.
Robert

25. 9. 2009
Hallo Princess,
1. Wie hoch ist das Schulgeld für die beiden Töchter von Djibrill?
2. Wie hoch ist das Schulgeld von Saran Traore?
3. Bitte sprich mit dem Direktor von Les Elites, ob Yaha in seiner Schule lesen und schreiben lernen kann. Ich bitte ihn um seine Unterstützung! In welche Klasse könnte sie gehen? Wie hoch ist das Schulgeld für sie?
4. Ich brauche dringend eine Liste der 25 Mädchen, die in die Flaming International School gehen werden. Auf dieser Liste möchte ich folgende Angaben haben:
a) Name des Mädchens
b) Geburtsdatum des Mädchens
c) Muttersprache
d) Name des Vaters
e) Name der Mutter.
Das ist sehr wichtig für mich, damit ich den Paten die Informationen geben kann. Dringend!
5. Ich möchte, dass Du und Alice weitere 25 Mädchen sucht. Auch für diese brauche ich die Angaben. Das Schulgeld würde ich am liebsten erst bezahlen, wenn ich im November gesehen habe, dass der Unterricht in französischer Sprache abgehalten wird. Das ist das Allerwichtigste für mich!
6. Alice muss wissen. Ich will, dass zwei Klassen mit je 25 Mädchen in Französisch unterrichtet werden. Das soll gleichzeitig der Start für die Österreichische Schule sein.
7. Die Sache mit der ECO-Bank lassen wir ruhen. Sobald ich in Conakry bin, werden wir das regeln. Es wird eine gute Lösung sein.
Sobald ich alle Informationen von Dir habe, werde ich die entsprechende Summe wieder mit Western Union überweisen.

Ich freu mich darauf, wieder von Dir zu hören. Ich bin es schon gewöhnt, dass Du alle meine Aufträge zu meiner Zufriedenheit ausführst.

6. 9. 2009
Hallo Robert, schön, von dir zu hören. Ich habe dich nicht vergessen, aber mir ist die Arbeit bzgl. Afrika in letzter Zeit ein bisschen über den Kopf gewachsen, wie du dir vielleicht vorstellen kannst. Es hat sich alles ein bisschen verselbstständigt und es blieb so einiges andere hier liegen.

Ich habe deinen Bericht aufmerksam gelesen. Ich habe auch immer wieder darüber nachgedacht, was du mir erzählt hast. Es hat mich ehrlich gesagt ziemlich betroffen gemacht, dass du mit so viel gutem Willen, guten Ideen und Elan die Sache angegangen bist und dabei so schlechte Erfahrungen gemacht hast. Aber ich weiß auch, dass viele andere Ähnliches erzählen. Ich glaube, man darf einfach nicht voraussetzen, dass die Menschen dort kollektiv denken können, solange sie selbst nicht viel haben. Da gehört schon viel Standhaftigkeit dazu. Viele Afrikaner haben nicht gelernt über den morgigen Tag hinaus zu denken. Und vor allem denken sie immer erst an die eigene Sippe.

Es hat mir allerdings sehr geholfen, mir klarzumachen, dass jeder Schritt gut überlegt sein muss und man auf alle Fälle Menschen braucht, denen man sicher vertrauen kann. Davon gibt's nicht viele. Ich werde im Dezember wieder nach Simbaya fliegen und mich in erster Linie genau darum bemühen. Bevor ich nicht sicher bin auf wen ich zählen kann, wird Kontrolle wohl immer Pflicht bleiben.

Ich freue mich, dass du trotzdem nicht das Handtuch geworfen hast. Du warst in der Schule Les Elites in Simbaya. Hast du dir dort Anregungen geholt. Ich war im letzten Jahr auch dort. Sie haben das dort gut organisiert, glaube ich. Was meinst du? Sicher stehen eure Bananenschachteln in Österreich. Das ist ja jede Menge. Im Moment habe ich auch keine wirkliche Idee dazu. Wir sammeln auch erst noch Erfahrung. Aber wer weiß, was kommt. Was ist aus deinem Container geworden? Soweit erst mal. Ich wünsch dir weiterhin viel Erfolg. Wir bleiben in Kontakt! Liebe Grüße. A.

25. 9. 2009
Madame Alice, Es tut mir leid, dass ich erst jetzt antworte. Ihr französisch ist für mich nicht verständlich. Ich weiß meist nicht, was Sie mir sagen wollen. Bitte besprechen Sie Ihre Anliegen mit Princess. Sie wird mir alles gut erklären können.

Ich habe Ihnen für jedes Mädchen 200.000 GNF geschickt. Das sind 20.000 GNF für die Inskription. Das ist der übliche Betrag. Damit werden in anderen Schulen bestimmte Kosten abgedeckt. Auch an Ihrer Schule gibt es diese Kosten. Ihre Schule muss daher auch 20.000 für jedes Kind verlangen. Außerdem habe ich Ihnen für jedes Mädchen 180.000 GNF geschickt. Das ist für 9 Monate die Schulgebühr vor 20.000 GNF. Diese Beträge brauchen Sie, damit Sie die Lehrer und die Miete für das Schulhaus bezahlen können.

Wenn Sie das mit einem niedrigeren Preis machen, werden Sie nie erfolgreich eine Schule entwickeln können. Wenn die Qualität Ihrer Arbeit gut ist, dann kommen von selbst die Schüler. Wenn Sie mit einem unwirtschaftlichen Preis arbeiten, dann werden Sie und Ihre Kollegen verhungern und keinen guten Unterricht machen. Ich bezahle Ihnen auch für weitere 25 Mädchen den "guten" Preis für Ihre "gute" Arbeit. Ich verlange von Ihnen, dass Sie mit meinen Schülerinnen einen besonders guten Unterricht organisieren und die richtigen Lehrer dafür suchen.

Ich werde im November nach Conakry kommen und eine Überprüfung dieser Arbeit machen. Wenn das gut ist, dann werden wir eine gemeinsame Weiterentwicklung fixieren.

Bis bald. Gruß. Robert Stöckler.

M a s s a k e r vom 28. September

29. 9. 2009 "Sie haben versucht, uns alle umzubringen"
Soldaten eröffneten Feuer auf Oppositionskundgebung in der Hauptstadt des westafrikanischen Staates: Mehr als 150 Tote.[19]

29. 9. 2009
Benefiz – Flohmarkt in der ESV-Halle in Wels

1. 10. 2009
Hallo Princess, hier die Informationen, damit Du das Geld bei de Western Union Bank abholen kannst. Numéro de la transaction : 8629439421. Betrag: 350 € ergibt GNF 2,340.000. Question: qui est important. Antwort : Securite. Wofür das Geld gedacht ist: 100.000 Saly, 170.000 Reis für Saran Traore, 670.000 Schulgeld für Saran Traore, 200.00 Schulgeld für Bob,

---

[19] http://derstandard.at/1253808099289/Sie-haben-versucht-uns-alle-umzubringen

400.000 Schulgeld für die Tochter von Djibrill und 600.000 Dein Salär. Gruß. Robert.

2.10.2009
Princess, damit wir nicht vergessen. Bitte nimm dringend Kontakt auf mit dem Direktor von "Les Elites". Das Schulgeld für alle Mädchen vom Vorjahr wird wieder von uns bezahlt. Das muss den Eltern mitgeteilt werden, damit sie die Mädchen zur Schule (Les Elites) schicken. In der Beilage erhältst Du eine Liste mit den Namen der Mädchen. Der Direktor soll die Beträge für das Schulgeld eintragen. Sag ihm bitte folgendes: Das Geld ist bereits auf einem Konto in Conakry. Ich werde persönlich zur Bezahlung des Schulgeldes kommen. Das wird bis Mitte November sein. Danke für Deine rasche Arbeit. Robert

7. 10. 2009
Projektpräsentation in Waidhofen/Ybbs

11. 10. 2009
SPENDEN macht SCHULE geht Online

11. 10. 2009
Hallo Princess, genau in einem Monat komme ich zu Euch nach Conakry. Mein Flug ist für den 11.11.2009 gebucht. Princess: Bitte sprich mit Djibrill, wie derzeit die Ankünfte am Flughafen ablaufen. Kann ich wirklich kommen? Gibt es Schikanen für ausländische Gäste? Ist meine Sicherheit gewährleistet? Erst wenn ich ganz sicher sein kann, komme ich nach Conakry!

Nun zu den Aufgaben, die zu erledigen sind: Am Schluss dieser Botschaft bekommst Du noch ein Mal die Liste von Les Elites. Es sind alle Mädchen angeführt, die ab 15. Oktober wieder in die Schule gehen können. Ich werde Mitte November das Schulgeld bringen. Der Direktor muss über meine Entscheidung informiert werden. Hier ist noch einmal seine Telefonnummer: le directeur 62-98-28-14 und auch die Telefonnummer der Buchhalterin: 60-43-13-73. Alle Eltern müssen informiert werden. Der Direktor und auch Saran Traore sollen Dir bei dieser Aufgabe helfen. Da sie in Simbaya wohnen, können sie dich gut unterstützen. Anmeldung an anderen Schulen: für Saran Traore hast Du sicher schon die Anmeldung gemacht. Für Bob hast Du schon das Geld bekommen, für die Töchter von Djibrill auch. Ich hoffe, dass Du mit Beatrice in einem guten Kontakt bist. Hast Du ihre Eltern schon kennen gelernt? Hast Du das Mädchen schon in ihrer Schule angemeldet? Gruß Robert.

24. 10. 2009
Princess, ich bin am verzweifeln. Telefonieren ist unmöglich. Du gehst nicht zum Internet. Ich bekomme keine Antworten auf meine Fragen. Ich erhalte keine Berichte über Deine Tätigkeit. Ich weiß nicht, was Du mit meinem Geld machst. Ich bin unzufrieden, wie Du mit mir umgehst. Und das ist nicht gut. Ich erwarte einen genauen Bericht. Ich gebe bis dahin keine Informationen mehr. Ich versuche auch nicht mehr, Dich zu erreichen. Willst Du nicht mehr für mich tätig sein? Willst Du Deine Arbeit verlieren? Gruß. Robert.

24. 10. 2009
Hallo Saran, danke für Deine Botschaft. Es freut mich sehr, dass es Dir gut geht. Ich ärgere mich, dass Du noch nicht zur Schule gehst. Es reicht Dir anscheinend nicht, was wir von Österreich aus für Dich machen. Die politische Lage in Conakry wird immer schlimmer. Hilfe aus Österreich wird immer komplizierter. Alle Weißen, die Deutschen, die Schweizer, die Franzosen sind bereits aus Conakry abgereist. Ich kann derzeit nicht kommen. Alles was Du brauchst, musst Du mit Princess besprechen. Sie muss mit mir alles abklären. Derzeit ist Telefonieren unmöglich geworden. Leider! Ich erwarte von Dir, dass Du unverzüglich zur Schule gehst. Liebe Grüße und viele Grüße an Deine Familie. Robert

26. 10. 2009
Hallo Robert ich hoffe, dass es Dir gut geht. Robert, ich arbeite noch für das Projekt, auch wenn wir keine Kommunikation haben. Bezüglich des Geldes: Für Saran habe ich das Schulgeld eingezahlt. Auch für Bob habe ich Ausgaben bezahlt. Djibrill sagt, dass Du im November kommen kannst. Alles ist sicher am Flughafen. Robert, für Djibrills Kinder habe ich noch nichts getan, weil er noch nicht bereit ist, mich in die Schule zu bringen. Deshalb warte ich noch darauf, dass er mir die Schule seiner Töchter zeigt. Ich habe nichts mit dem Geld getan. Für Beatrice habe ich alles erledigt. Princess.

27. 10. 2009
Hallo Robert, dein Informationsmail habe ich mit großem Interesse gelesen und auch die Homepage deines Projektes gründlich studiert. Seit unserem letzten Kontakt ist eine ganze Weile verstrichen. In dieser Zeit bin ich nochmals Vater von einem Jungen geworden, ………. er und seine Mutter sind wohlauf. Beide sind zurzeit bei mir auf Besuch, reisen aber in absehbarer Zeit wieder nach Conakry. Ich hatte vor im Dezember nachzureisen, bin aber wegen der politischen Lage noch unschlüssig. Bei dem Massaker vom 28. September gab es laut TV5 über 1000 Tote. Ich befürchte noch Schlimmeres......Aus deinen Berichten entnehme ich, dass

du ein Grundstück kaufen möchtest. Nach dem Putsch hat die Regierung den Handel und Verkauf von sämtlichen Parzellen auf dem Staatsgebiet untersagt. Ich weiß nicht wie das aktuell aussieht. Ich habe Anfang Dezember 08 mit meiner Frau zusammen ein größeres Grundstück gesucht. Diese Aktion hat sich sehr schwierig gestaltet. Die meisten Grundstücke, die man uns zum Verkauf anbot, waren gar nicht verkäuflich. Die sogenannten „demarcheurs" haben uns falsche Besitzer und falsche oder gar keine Dossiers unter fadenscheinigen Argumenten präsentiert. Schlussendlich hatten wir die Nase gestrichen voll und verschoben das Ganze auf später. Apropos Schule, ich kenne einen Herrn, der als erster in Guinée Privatschulen eröffnet hat. Bis heute betreibt er solche in den Quartieren Matoto, Bellevue, Sangoya und Sonfonia. Er ist um die siebzig Jahre und war auch lange in Marokko tätig. Er hat mir gesagt, er würde seine Schule am liebsten vermieten da er in letzter Zeit einige Male krank war und sich nicht mehr so um seine Angelegenheiten kümmern konnte. Vielleicht wäre das eine Möglichkeit für dich und dein Schulprojekt? Ich finde dein Engagement wirklich bewundernswert und wünsche Dir weiterhin viel Erfolg bei all deinen Anstrengungen. Vielleicht sieht man sich einmal in Guinée. Mit den besten Grüssen. S. M.

31. 10. 2009
Princess, was im Moment klar ist: ich kann in Afrika niemanden telefonisch erreichen. Gelegentlich funktioniert die Leitung mit Yaha. Die Vorwahl 64 funktioniert also am besten. Die Vorwahl von Saran ist 65. Das funktioniert auch nicht. Und zu Dir mit der Vorwahl 66 komme ich nicht durch. Yaha und Saran kommen zu mir durch. Wenn sie wollen, dann läutet es sofort bei mir in Österreich. Du sagst, Du versuchst es oft. Das kommt bei mir nicht an. Daher ist mein Vorschlag, dass Du die Telefonfirma wechselst. Nimm die Firma mit der Vorwahl 64. Bis zu diesem Problem hast Du die Dinge immer so gut gemacht, dass ich es fast nicht glauben konnte. Nun hast Du Deine übliche Schlauheit verloren. Bitte schalte Deinen Kopf wieder ein. Deine letzte Botschaft habe ich am vergangenen Montag bekommen. Am 26. Oktober. Das, was Du schreibst, ist für mich nicht befriedigend. Der Bericht ist in einer einzigen, langen Wurst geschrieben. Bitte mache in Zukunft nach jedem Gedanken einen Punkt. Oder nach jedem Satz. Oder mache einen Absatz, wenn ein Thema abgeschlossen ist.

Und nun zum Inhalt. Saran: In jeder Schule gibt es eine offizielle Liste über die dort gültigen Schulgebühren. Bitte besorge so eine Liste. Sowohl von Sarans Schule als auch von Les Elites. Bitte mache ein pdf-Dokument (dazu muss man den Beleg einscannen) von der Einzahlung und schicke es mir. Die Männer beim Cyber helfen Dir dabei. Das musst Du lernen, wenn Du mich zufrieden stellen willst. Bob: Schicke mir bitte auch eine Liste der Schulgebühren und den Einzahlungsbeleg. Djibrill: Vielen Dank, dass Du Djibrill kein Geld gegeben hast. Das ist gut so. Das kannst du gut. Aufpassen. Beatrice: für Beatrice gilt das gleiche wie für Bob. Bitte die Liste der Schule und den Beleg.

Was mir noch fehlt:
a) Liste der Mädchen, die in diesem Schuljahr bei Les Elites weiter in die Schule gehen. Dazu brauch ich den Namen, die Klasse und den Betrag, den wir einzahlen müssen.
b) Liste der 25 Mädchen, die in die Flaming International gehen. Hier benötige ich den Namen, das Geburtsdatum, die Klasse und auch die Schulkosten.
c) Eine Abrechnung, wie sie im Geschäftsleben gemacht wird, muss auch erstellt werden. Frau Alice kann Dir dabei ganz sicher helfen.

Auf der einen Seite hast Du Geldbeträge von mir erhalten. Und auf der anderen Seite hast Du Beträge ausgegeben. Dafür brauche ich eine Aufstellung. Ich erwarte von Dir einen ersten Versuch. Also, es gibt jede Menge zu tun. Dadurch, dass ich keinen telefonischen Kontakt mit Dir herstellen kann, und Du dich nicht bei mir gemeldet hast, ist nun sehr viel Arbeit liegen geblieben. Ich bitte Dich in aller Form. Bitte setze Dich in Bewegung und mache alle diese Tätigkeiten. Berichte mir möglichst rasch über Deine geleistete Arbeit. Robert.

2. 11. 2009
Hallo Robert, leider kann ich noch nicht gut mit dem Computer umgehen. Das werde ich sicher lernen. Ich versuchte nur, alle Informationen die Du brauchst zusammenzustellen und sie Dir zu geben, wenn ich fertig bin. Sei bitte geduldig mit mir, ich wollte Dich nicht enttäuschen. Bitte gib mir die Zeit, um meine Arbeit zu beenden. Saran sagte, dass sie die Schule noch nicht angefangen hat, weil sie Bücher und Tasche für die Schule nicht hat. Ich sollte Dich darüber nicht informieren. Aber ich sagte ihr, dass ich Dir davon berichten werde. Princess.

R e i s e v e r s c h i e b u n g :

11. 11. 2009
Hallo Princess, heute ist der Tag, an dem ich nach Conakry kommen wollte. Leider wurde ich durch die unmögliche politische Situation in Guinea an meiner Reise gehindert. Ich hoffe, dass der Tag kommen wird, an dem ich wieder einen Flug buchen kann. Schon vor zwei oder drei Monaten habe ich

dafür 850 Euro bezahlt. Wenn Du den Betrag siehst wirst du viele Gedanken haben. Ja, das sind fast 6 Millionen Guineische Franc. Mit diesem Betrag könntest Du fast ein Jahr leben. Nun liegt dieses Geld bei der Air France. Gruß. Robert

26. 11. 2009 Dutzende Frauen von Soldaten vergewaltigt
Menschenrechtsgruppe: Frauen aus Krankenhaus verschleppt und unter Drogen gesetzt.[20]

28. 11. 2009
Benefiz für das Projekt bei „Folget dem Stern" in Micheldorf.

3. 12. 2009
Hallo Robert, ich hoffe, dass es Dir gut geht. Mir geht es heute nicht gut. Ich leide unter Kälte in meinem Kopf, in meinen Augen und in meiner Nase. Heute hat der Wächter seinen Dienst angetreten und mir gesagt, dass er aufgrund der Entfernung ein Honorar von 250.000 möchte und täglich 2500 für den Transport. (das ergibt 325.000). Bezüglich der Fenster: Der Hausbesitzer hat gesagt, er wird das selbst erledigen. Heute habe ich wegen der Liste der Schülerinnen den Direktor von Les Elites getroffen. Er sagte mir, ich soll dazu am Montag wieder kommen. Ich ging auch zu Sarans Schule. Der Lehrer, den ich getroffen habe, hat mir 9 Bücher gezeigt. Jedes kostet 45000. Mit Leineneinband 75000. Robert, es ist nun sehr kalt, ich habe mich selbst gezwungen, um heute auszugehen, aber es geht mir nicht gut. Ich habe auch Yaha und Saly besucht. Aber von Saran gab ich Dir die Infos zuerst. Gruß. Princess.

3. 12. 2009
Hallo Princess, wenn Dir so kalt ist, dann musst Du dich wärmer anziehen. Ich schlage vor: Du trägst ein Unterhemd und eine Bluse. Darüber ziehst Du einen Pullover an. Und darüber kannst du noch eine Weste oder einen Mantel anziehen. Für den Kopf nimmst Du eine Mütze, einen Hut oder ein Tuch. Nimm einen Slip, eine Unterhose und drüber eine warme Hose. In Conakry gibt es 25° bis 30°. Bei uns gibt es etwa -5° bis +5°. Ich hoffe, dass der Wächter wirklich in Ordnung ist. Er wollte ursprünglich 350.000. Du hast ihm 300.000 angeboten. Nun will er 250+75= 325.000. Du solltest noch einmal ein wenig handeln. Noch schlauer wäre: einen Wächter aus der Nähe zu suchen. Rede mit dem Vater von Beatrice! Wir können froh sein, wenn der Hausbesitzer die Fenstersache selber regelt. Am Montag wirst Du die

---

[20] http://derstandard.at/1256745757851/Dutzende-Frauen-von-Soldaten-vergewaltigt

Liste von Les Elites besorgen. Kannst du auch die Liste von Madame Alice organisieren? Erst dann können wir die Paten informieren. Du kannst für Saran die Bücher kaufen. Für drei Monate gibt es keinen Reis. Grüße. Robert

10. 12. 2009 Kopf des Tages: Ein Soldat, der Präsident werden wollte
Guineas Junta-Chef Camara ist in Marokko im Spital.[21]

10. 12. 2009 Junta: Frankreich hat Putsch vorbereitet
General Konaté übernimmt nach Anschlag auf Camara die Macht - Juntachef für Wiederherstellung der "Disziplin".[22]

Schulbeginn in Afrika
Start der Österreich-Schule in Guinea: Das Projekt SPENDEN macht SCHULE aus Oberösterreich trägt bereits Früchte.

In Conakry, der Hauptstadt von Guinea ist der Schulbeginn heuer anders. Denn es startet die „Österreichische Schule" (L´ecole d´Autriche) mit zwei Klassen der unteren Stufe in Kooperation mit der **Flaming International School**, die in Simbaya gare situiert ist. Derzeit werden hier hauptsächlich Flüchtlingskinder aus Liberia und Sierra Leone unterrichtet. Robert Stöckler hat die Lebenssituation und die Lebensgewohnheiten in Guinea studiert und sich mit dem Schulsystem auseinandergesetzt. Er hat fünf verschiedene Schulen kennengelernt. Die Zusammenarbeit mit einer bereits bestehenden Schule scheint für den Start eine gute Lösung zu sein. Am 5. Oktober 2009 kommen weitere 50 Mädchen (ab dem dritten Lebensjahr) neu in die „Ecole d´Autriche". Zur besseren Integration wird hier im Unterschied zu den anderen Klassen nicht englisch sondern französisch unterrichtet werden. Französisch ist die Landessprache in Guinea.

Die Flaming International School wurde gegründet von Madame Alice Momoh. Als Trägerorganisation steht Women for Jesus (wfj) zur Verfügung. Neben verschiedenen anderen auch religiösen Themen gibt es nachfolgende Ziele:

---

[21] http://derstandard.at/1259281634242/Kopf-des-Tages-Ein-Soldat-der-Praesident-werden-wollte
[22] http://derstandard.at/1259281618627/Junta-Frankreich-hat-Putsch-vorbereitet

Hilfe für Frauen, damit ihre Kinder spirituell, emotional, sozial, individuell und natürlich aufwachsen können. Erleichterung für die Erziehung und Alphabethisierung von Frauen und Kindern, Soziale Reintegration.

Im letzten Schuljahr haben bereits 50 Mädchen die Schule „Les Elites" besucht. Der Trommellehrer Robert Stöckler trommelte (im wahrsten Sinne des Wortes) Patengelder zusammen. Der Schulbesuch dieser Mädchen aus Simbaya gare wird auch heuer wieder von Österreichischen Paten finanziert.

Die Hilfsgüter, die im vergangenen Herbst in Linz und im Kremstal gesammelt wurden, sind im Juni an arme Familien verteilt worden. Im August fand in Wels ein Benefizflohmarkt statt. Der Erlös wird für die Planung und Errichtung einer eigenen Schule verwendet werden.

2010

Rede von Dadis Camara zum Volk Guineas
In seiner ersten Erklärung seit dem am 3. Dezember 2009, dem Tag des Attentates, hat der Chef der guineischen Junta Moussa Dadis Camara am Sonntag, dem 17. Januar 2010 seiner Unterstützung der zukünftigen Übergangsregierung zugesichert. Er hat die Guineer aufgerufen "die notwendige Unterstützung" dem Übergangspräsidenten, dem General Sékouba Konaté zu geben und einen Aufruf zur Ruhe gemacht. Er hat offensichtlich motorische Schwierigkeiten und tut sich beim reden schwer.

Der Chef der französischen Diplomatie, Bernard Kouchner, begrüßt "die entscheidende Etappe ", die durch die Unterschrift einer Vereinbarung für Guinea darstellt, die die Abhaltung einer baldigen Präsidentenwahl und einer Aufrechterhaltung des Auslandsaufenthaltes für Dadis Camara vorhersieht.

7. 1. 2010
Hallo Robert, Yaha habe ich den Betrag gegeben, den Du mir für Saly geschickt hast. Zu Sarans Familie habe ich einen Sack Reis gebracht. Danke für Alles. Princess

10. 1. 2010
Diese Information ist für die Schulleitung von Les Elites: Ich war zur Zahlung der Schulgebühren immer bereit. Ich habe 40 Mädchen bei Les Elites eingeschrieben. Ich habe zu Schulbeginn (am 2. Oktober) eine Liste der Mädchen nach Conakry geschickt. Ich musste mehrmals nachfragen, um eine Antwort von Les Elites zu erhalten.

Leider ist mit dem Massaker vom 28. September meine Reise nach Conakry unmöglich geworden. Die Liste von Les Elites ist am 16. Dezember ausgestellt worden. Ich habe diese Liste erst am 31. Dezember erhalten. Heute habe ich eine genaue Überprüfung vorgenommen.

Nun habe ich mir einen Überblick geschaffen: Auf der letzten Liste von Les Elites stehen 33 Mädchen. Davon haben 23 Mädchen einen Paten in Österreich. Für die zehn neuen Mädchen übernehme ich keine Patenschaft. Ein neues Mädchen möchte ich anmelden. Das ist Saly Sidibe, die Tochter von Yaha Sylla. Ich schicke noch einmal meine Liste mit den Eintragungen. Man kann genau sehen, welche Mädchen auf der Liste von Les Elites fehlen. Was ist mit diesen Schülerinnen geworden?

Von Idel Mamadamba Bamba weiß ich, dass sie nicht mehr zur Schule gehen will. Was ist mit den übrigen Schülerinnen. Ganz besonders interessiert mich, was mit Tenen Camara geworden ist. Dieses Mädchen hat bei der Schwester (Tel: 60-59-08-73 oder Tel: 62-34-25-34) von Djarriatou Kaloga gelebt.

Das Ziel unserer Organisation "Robert d´Autriche pour la Guinee" ist eine nachhaltige Hilfe. Ich will nicht glauben, dass 45 % der Schülerinnen innerhalb eines Jahres ausgefallen sind. Ich bitte daher um ganz genaue Aufklärung. Ich werde bei Les Elites keine neuen Schülerinnen mehr anmelden. Ich bitte den Direktor um eine ganz besondere Fürsorge aller unserer Schülerinnen. Ich erwarte eine Antwort innerhalb einer Woche. Anschließend werde ich die Schulgebühren direkt an die Schule überweisen. Liebe Grüße an Madame La Comptable, an Herr Direktor Baldé und an Herrn Diallo Mody Sory. Robert

11. 1. 2010
Princess, diese Information ist für die Leitung von Flaming International School: Danke für die zweite Liste. Schade, dass ich nicht persönlich in Conakry sein kann. Man könnte alles sehr einfach lösen. Ich schreibe einfach alles auf, was mir bezüglich der französischsprachigen Schule einfällt:

Das Alter der Mädchen: Im Kindergarten sind Kinder im Alter von drei bis maximal sechs Jahren. Alle Kinder, die noch nicht drei Jahre alt sind, gehören zur Mutter. Alle Kinder die über sechs Jahre alt sind beginnen in der ersten Klasse. In der ersten Klasse muss im Unterricht Lesen und Schreiben gelernt werden. Wenn ich eines Tages die Schule besuche, dann möchte ich in den zwei Klassen nur Schülerinnen vorfinden, die dieser Regelung entsprechen.

Der Wohnort der Mädchen: Die Mädchen erreichen die Schule in eigener Kompetenz und in einer Zeit von maximal 15 Minuten zu Fuß. Wenn das Reglement mit Les Elites abgeschlossen ist, dann werden wir die Regelung mit Flaming international School beginnen. Ich möchte ganz sicher sein, dass unser Geld richtig verwendet wird. Erst dann wissen wir, wie viele Patenschaften wir bei FLAMING übernehmen können. Vielleicht ist es möglich, auch eine erste Klasse teilweise zu finanzieren. In einer Woche erwarte ich die entsprechenden Informationen, sodass wir dann das Reglement mit FLAMING beginnen können. Robert

20. 1. 2010

Groupe Scolaire « Les Elites »   Conakry, le 20 janvier 2010   Le Fondateur

A Monsieur Le Président de l'ONG Robert d'Autriche Monsieur le président, merci encore une fois de nous renouveler votre confiance. Par la grâce de Dieu, nous userons de tous les moyens pour la mériter. Nous saisissons cette opportunité pour vous souhaiter à vous et à tous vos collaborateurs nos vœux les meilleurs à l'occasion du nouvel an 2010.

Herr Mody Sory Djallo dankt mir für das Vertrauen, das ich seiner Schule wieder geben möchte, so meint er. Er wünscht mir ein Gutes Neues Jahr usw. Er schreibt eine Unmenge an Informationen, die ich so nicht akzeptieren will. Daher schreibe ich ihm folgendes zurück:

24. 1. 2010
Sehr geehrter Herr Djallo, danke für Ihren Brief. Ich bin sehr froh, dass es nun einen Kontakt zwischen uns gibt. Ich habe nicht gewusst, dass Sie über das Cyber erreichbar sind. Verständnis und Einverständnis entstehen nur durch Kommunikation. Ich bezweifle, dass wir uns jemals wirklich verstehen werden. Der Unterschied unserer Kulturen ist zu groß. Ich respektiere Ihre Handlungen. Ich bitte Sie um das Gleiche.

Ich habe an Ihrer Schule für das Schuljahr 2008 - 2009 insgesamt 42 Mädchen eingeschrieben. Es sind nur 24 Mädchen geblieben. Schade. Ich habe weitere drei Mädchen angemeldet. Sie erhalten von mir genau GNF 7420000 (7,049.000). Ich überweise den Betrag auf Ihr Konto 4400243831019 bei der ECOBANK.

Zur Klarstellung: Ich suche Mädchen aus und ich melde diese Mädchen an Ihrer Schule an. Das ist **mein** Teil. Sie kümmern sich um eine hervorragende Ausbildung. Sie sorgen dafür, dass die Mädchen an Ihrer Schule bleiben. Das ist **Ihr** Teil. Ich bezahle die Schulkosten, das wieder ist **mein** Teil.

Noch etwas: nach jedem Schuljahr brauchen wir ein Foto des Mädchens und ab der 2. Klasse auch einen Brief an den Paten. Die Paten wollen wissen, was die Mädchen gelernt haben. Erst dann ist es sicher, dass wir das Geld für die Mädchen auch im nächsten Jahr wieder bekommen.
Damit Sie nicht auf die Idee kommen, irgendjemandem von unserem Geld etwas abzugeben, ziehe ich selbst 5% der Gesamtsumme ab.

Das ist nicht zu meiner persönlichen Bereicherung, sondern für das Projekt in Conakry. Ich danke für Ihr Verständnis. Robert d´Autriche.

26. 1. 2010 Oppositionspolitiker als Premier vereidigt
Jean Marie Doré gilt als einer der schärfsten Kritiker von Militärmachthaber Camara.[23]

2. 2. 2010 Vier Monate nach Massaker: Untersuchungsbericht
Militärmachthaber von Schuld freigesprochen.[24]

7. 2. 2010 Gewaltausbruch zwischen Christen und Muslimen
Behörden verfügten Ausgangssperre für die Nacht.[25]

7. 2. 2010
Hallo Princess, es war zwischen uns vereinbart, dass ich für Deinen und Bobs Lebensunterhalt sorge. Im Gegenzug dazu wolltest Du Dich um die Arbeiten im Projekt kümmern. Leider kommen wir hier nicht so weiter, wie ich mir das wünsche. **Ich** bin den österreichischen Paten verantwortlich. **Du** bist mir verantwortlich.

Ab sofort wünsche ich mir ein Mal in der Woche einen Tätigkeitsbericht. Ich will wissen:
1. wann Du für das Projekt gearbeitet hast.
2. was Du genau getan hast.
3. welche Kosten Du dabei gehabt hast.
4. welche Erfolge im Projekt erzielt wurden.
5. was Du in der nächsten Woche tun wirst.

Dazu ist es sicher notwendig, dass Du jeden Tag aufschreibst, was Du genau gemacht hast. Ansonsten weißt Du das am Sonntag nicht mehr. Ich möchte einen Überblick über die Situation. Ich merke, dass ich auch keine Energien mehr habe. Deshalb überlege ich ernsthaft, das Projekt zu beenden. Ich habe in den letzten zwei Jahren bereits mehr als 100 Millionen GNF nach Conakry gebracht. Was ist dabei herausgekommen? Was hat sich geändert? Ich glaube, dass mein Einsatz zu hoch ist.

In der kommenden Woche wünsche ich:
1) Am Montag machst Du einen Besuch bei Les Elites. Du nimmst eine Liste unserer Mädchen mit. Du schreibst auf, welche Mädchen anwesend sind. Du

---

[23] http://derstandard.at/1263705531909/Oppositionspolitiker-als-Premier-vereidigt
[24] http://derstandard.at/1263706565803/Vier-Monate-nach-Massaker-Guinea-legt-Untersuchungsbericht-vor
[25] http://derstandard.at/1263706898017/Toter-und-Verletzte-bei-Gewaltausbruch-zwischen-Christen-und-Muslimen

schreibst auf, welche Mädchen fehlen. Du wirst anschließend ein Mädchen besuchen, welches nicht zum Unterricht erschienen ist. Ich will eine Beschreibung der Familiensituation dieses Mädchens.
2) Am Dienstag besuchst Du die Flaming International School. Auch hier gilt die gleiche Regel wie für Les Elites. Liste der Anwesenden. Besuch eines fehlenden Mädchens. Ich will wissen, ob der Unterricht in Französisch abgehalten wird. Ich will wissen, was man gerade lernt am Dienstag. Du urgierst bei Alice die Fotos von den Mädchen.
3) Am Mittwoch besuchst Du die Familie von Beatrice. Ich will wissen, wie diese Familie lebt. Von welchem Volk sind sie? Wie leben sie? Von welchen Einkünften ernähren Sie sich? Welchen Status haben sie? Haben sie Kontakte zu „wichtigen" Leuten in Conakry?

4) Am Donnerstag erwarte ich die Fotos von den Mädchen, damit ich am Freitag das Geld schicken kann. Am Donnerstag wirst Du die Fotos der Mädchen gemeinsam mit Alice aufbereiten und an mich schicken.
5) Freitag kann die Abwicklung mit Western Union gemacht werden. Die Wohnung für Yaha muss bezahlt werden.

Ich wünsch Dir ausreichend Energie, um diese Aufgaben zu bewältigen. Gruß. Robert

Dieser Druck meinerseits war notwendig, weil die Projektmitarbeiterin seit September die Aufgabe hatte, mir die entsprechenden Daten zu liefern. Dafür hat sie jeden Monat einen Salär bekommen.

18. 2. 2010
Monsieur Robert, ... wir würden gerne unsere Schule erweitern und einen ersten Stock draufbauen. Können wir mit Ihrer Investition rechnen? M. S. Djallo.

20. 2. 2010
Hallo Herr Mody Sory Diallo, Danke für Ihre Erklärungen und Ihren Vorschlag. Ihr Vorschlag ehrt mich. Ich bleibe dennoch bei meiner Entscheidung. Zuerst möchte ich ein oder zwei Schuljahre beobachten, ob die Leistungen Ihrer Schule meinen Wünschen entsprechen. Anschließend können wir über eine andere Form der Zusammenarbeit weiterreden. Wahrscheinlich wurde ich getäuscht. Denn ich dachte, wir hätten die Mädchen aus der unmittelbaren Umgebung der Schule ausgesucht. Im Juni habe ich dem Direktor Ihrer Schule persönlich gesagt, dass ich im Herbst für die Mädchen das Schulgeld übernehmen werde. Warum wurde das nicht ausreichend mit den Eltern kommuniziert?

Danke für Ihre Zusage sich ab jetzt um die Mädchen zu kümmern. Ich werde bis auf weiteres keine « neuen » Mädchen zu Ihnen schicken. Ich finde das sehr schade. Anstatt die Anzahl der Mädchen zu verdoppeln, haben wir die Anzahl halbiert. Am besten ist, Sie halten Kontakt mit Frau Princess Sia Solo. Sie hat mein Vertrauen. Mit freundlichen Grüßen. Robert d´Autriche

20. 2. 2010
Frau Alice, Danke für die Liste mit den Mädchen. Wir werden für alle Mädchen der Liste die Partnerschaft übernehmen. Vorerst für dieses Schuljahr. Ich erwarte von Ihnen und Ihren Lehrern eine ausgezeichnete Leistung. Frau Prinzessin und ich persönlich werden Ihren Unterricht überprüfen. Wir werden auch die Anwesenheit der Mädchen überprüfen.

Und nun etwas ganz wichtiges: Ich erwarte bis Donnerstag, dem 25. Feber 2010 von jedem Mädchen ein Foto. Das gesamte Projekt « Robert d´Autriche pour la Guinée » wird von mir eingestellt, wenn ich von Ihnen die Fotos nicht bekomme. Ich sende dann kein Geld mehr nach Conakry. Das Leben von Bob und Princess und anderen ist damit in Gefahr. Das liegt nun in Ihren Händen. Ich will mich nicht mehr länger hinhalten lassen.
Mit besten Grüßen. Robert d´Autriche.

22. 2. 2010
Hallo Robert, wie geht es Dir. Ich hoffe gut. Bevor ich ins Internet-Cafe ging, habe ich einen Kontrollbesuch bei der Flaming International School gemacht, um zu sehen, wie dort gearbeitet wird. Ich habe gesehen, dass man schon sehr viele Fotos von den Mädchen hat. Wahrscheinlich sind morgen alle vorhanden. Dann kann ich Dir die gesamten Unterlagen schicken. Die Mädchen sind in der Schule. Sie haben mich durch Französische Repetition beeindruckt. Yaha und der Hausvermieter haben mich bis jetzt nur zum Narren gehalten. Bevor ich keine Übersiedelung sehe, werde ich keinen Cent hergeben für die Miete. Robert, bitte habe Geduld mit mir. Ich habe alles gelesen, was ich machen muss. Ich werde viel arbeiten. Dank. Princess.

11. 3. 2010
Hallo Robert, mir geht es gut, Dir? Hier ist die neue Liste der Schulmädchen aus den verschiedenen Klassen. Wir brauchen Geld für die Zahlung der Miete. Ich bin sehr dankbar für Deine Hilfe. Gott beschütze Dich und Deine Familie. Im Namen Jesu Christi. Alice

11. 3. 2010

Frau Alice, danke für Ihre Mail. Ich bin erstaunt, dass Sie mein Projekt noch immer nicht verstanden haben. Sie wissen nicht, wie Sie mich immer wieder irritieren, verärgern. Besprechen Sie bitte alles mit Princess, bevor Sie zum nächsten Schlag Richtung Europa ansetzen. Wir übernehmen in diesem Schuljahr keine weiteren Mädchen. Alle Versuche von Ihrer Seite sind zwecklos. Mit dem Schulgeld für die Mädchen ist unser Beitrag geleistet. Wir bezahlen Schulgeld und sonst nichts. Eine genaue Abrechnung werden wir machen, wenn ich persönlich in Conakry bin und mich von Ihrer Arbeit persönlich überzeugt habe. Mit dem Schulgeld müssen Sie alle notwendigen Kosten abdecken. Sie haben mir im vergangenen Jahr viele verwirrende Konzepte vorgelegt. Deshalb will ich mit Ihren finanziellen Überlegungen nichts mehr zu tun haben. Ich bezahle Schulgeld. Alles andere liegt in Ihrer Hand. Ich möchte in Hinkunft nur mehr Botschaften, die von Princess signiert sind. Guten Abend. Robert.

12. 3. 2010
Princess, in der Beilage erhältst Du einige Grundinformationen über Produkte. Diese Solarlampen sollen in Conakry gebaut und verkauft werden. Studiere vorerst einmal diese Informationen und zeige Sie Menschen, die für eine Zusammenarbeit mit uns in Frage kommen. Robert

15. 3. 2010
Hallo Robert, ich bin erstaunt, zu verstehen, dass Sie mit unserer Kommunikation nicht zufrieden sind. Alle Informationen, die ich Ihnen gegeben habe, wurden zunächst mit Princess besprochen, bevor ich Ihnen geschrieben habe. Seit Beginn dieses Projekts bin ich mit Ihren Bedingungen einverstanden. Mehr weiß ich nicht. Merci. Alice

1. 4. 2010
Hallo Robert, heute von 9 bis 12 Uhr war ich in der Schule Les Elites. Ich habe also alle Klassen besucht, wo Mädchen aus unserem Projekt sind. Kaddie Sylla war nicht in der Vorschulklasse. Ich habe anschließend die Familie besucht um der Mutter zu sagen, dass wir das Schulgeld für Kaddie bezahlen. Fatoumata Yarie Camara ist auch nicht in der Schule. Der Lehrer kennt sie nicht. Er glaubt, dass diese Schülerin nicht in diese Schule geht. Der Vater von Alphosine kolkol Gbamu (Anmerkung: Pierre Gbamou, der ehemalige Projektmitarbeiter) hat das Mädchen von der Schule genommen. Sie soll angeblich wieder zurückkommen. Die Kosten für den Transport sind heute wieder erhöht worden. Ich habe auch die Familie von Beatrice besucht. Es ist eine sehr arme Familie, wie meine. Man lebt vom Verkauf gebrauchter Kleidung. Princess

1. 4. 2010
Hallo Robert, leider kann ich die Schulgebühren für Djibrills Mädchen noch immer nicht bezahlen. Ich habe keine Informationen von ihm.

Hi Robert, wie geht es Dir? Montag werde ich die Arbeit mit Les Elites anfangen. Für das Haus hast Du mir 4,000.000 GNF gesendet. Das habe ich folgendermaßen verwendet:

Miete für 3 Monate	1,350.000
Makler	400.000
Transport zum Flughafen	50.000
Transport der Möbel	250.000
Reinigung mit Putzmittel	70.000
Lebensmittel für das Kochen für den Tag Deiner Ankunft	30.000
Insgesamt habe ich verwendet	2,200.000

1,800.000 soll ich auf mein Konto einzahlen. Das werde ich in den nächsten Tagen machen und dir darüber berichten. Erinnere dich, dass ich drei Mal im Monat zum Cyber gehe. Das kostet 45.000. Der Transport war 39.000. Ich versuche ständig zu arbeiten. Am Samstag habe ich für das Haus von Yaha 150.000 GNF gegeben. Der Vermieter war nicht da, so habe ich das Geld an Boké, ihrem Onkel gegeben. Außerdem habe ich den Reis für die Familie von Saran Traoré gekauft. Danke. Princess

Tagebuch der 3. Projektreise vom 14. April bis 19. Mai 2010

Eine Auflistung meiner Einträge im kleinen Notizbuch: Im Flughafentaxi treffe ich am 14.4.2010 eine mir bekannte Ärztin, die ebenfalls zu einem Projekt nach Afrika unterwegs ist. Sie fährt mit ihrem Mann nach Senegal.

15. 4. 2010
Wie immer geht es am ersten Tag gleich zur Zentrale der Telefongesellschaft Areeba, damit die Kommunikation mit der Heimat möglich ist. Für das mitgebrachte Solarmodul (Fotovoltaik) brauchen wir eine Batterie und Kabel mit wenigstens 15 m. Das Haus ist an sich gut vorbereitet. Bis auf ein paar Kleinigkeiten wird es sich hier leben lassen. Es muss noch eine Köchin gefunden werden und die Türen sind zu reparieren. Der Tischler verlangt für die Materialien 880.000 GNF und für die Arbeit 400.000 GNF.

16. 4. 2010

Ich besuche die Ecobank, um meine Kontoauszüge zu holen. Anschließend Geld wechseln (€ 500 Euro zum Kurs von 8700 ergeben 4,350.000 GNF). Planung der weiteren Vorgehensweise. Es steht der Besuch von „Les Elites" an. Klärende Gespräche mit der „Flaming International School". Schulgebühren für Bob, Saran und andere persönliche Bekannte sind zu bezahlen. Solarkocher, Photovoltaik, Solarleuchte müssen installiert und Gemüse angebaut werden.

Die Köchin ist aus der unmittelbaren Nachbarschaft, also keine Liberianerin, sondern eine Sousou - Frau. Sie kocht, ihre Tochter hilft bei der Reinigung. Da bereits vor meiner Ankunft eingebrochen worden ist und einiges gestohlen wurde, gibt es heuer einen Wachhund und einen Wächter. Bei den Fenstern werden vom Hausbesitzer Fenstergitter aus Eisen eingebaut. So hab ich mir das aber nicht vorgestellt.

17. 4. 2010
Besprechung mit Madame Alice et Monsieur Philipp. Madame Alice ist die Gründerin, Monsieur Philipp ist der Direktor der Schule „Flaming International School". Ich empfinde die Gespräche recht mühsam.

19. 4. 2010
Erster Besuch in der Flaming International School. Gleich beim Hingehen hört man, dass der Unterricht hauptsächlich in Englisch durchgeführt wird. Nur für mich hat man alle Klassen vorbereitet. Jede Klasse gibt eine „Darbietung" auf Französisch. Wenn ich Schülerinnen oder Schüler anrede, dann reden nur wenige ein spärliches Französisch mit mir.

20. 4. 2010
Auch heute besuche ich wieder die Schule, da ich mir ja ein gutes Gesamtbild machen will. Da ist es am besten, wenn man immer wieder unvorangemeldet vorbeischaut. Man durchschaut meine Strategie. Doch ich erfahre viel. In den höheren Klassen wird zum Beispiel in Geografie nicht über Conakry was gelernt, sondern über Monrovia, der Hauptstadt von Liberia. Das ist das Land, von dem die meisten Eltern der Schülerinnen und Schüler geflüchtet sind. Die Kinder sind alle in Conakry geboren.

21. 4. 2010
Aus Europa habe ich einige Pflanzen mitgebracht, um im hauseigenen Garten Gemüse anzubauen. Ein Gärtner wird gefunden. Er gräbt einen Teil im Hof um. Dann werden zwei Fuhren Erde gebracht und das Gemüse kann angepflanzt werden. Jetzt muss natürlich jeden Tag zwei Mal gegossen

werden. Bob bekommt die Pflegeaufgabe. Der Gärtner kommt nur alle drei Tage vorbei, um zu kontrollieren.

Der Gemüseanbau im Garten des Hauses.

Solarkocher und Photovoltaik sind auch im Hof aufgestellt und funktionieren.

Der tägliche Privat-Unterricht:

Die Flaming International School

In den Klassen und vor der Schule bei der Verabschiedung.

Gespräche mit den Eltern.

22. 4. 2010
Seit heute gibt es wieder jeden Nachmittag ab 16 Uhr Privatunterricht. Bob, Sakale, Fatim, M´mah und auch Pinkie lernen mühsam Wörter abzumalen und Wörter zu buchstabieren. Trotz Tipps aus der Heimat schaffe ich es nicht, dass diese Kinder Wörter als ganzes verstehen.

23. 4. 2010
Der Besuch bei der „Flaming International School" ist wieder sehr anstrengend. Es werden in einem großen Raum gleichzeitig vier Schulklassen unterrichtet. Das geht natürlich nicht ohne Lärm, zumal ja das Lernen in Afrika aus Repetition besteht. Vorsagen und Wiederholen. Das ist dann oft nur mehr ein Geschrei.

25. 4. 2010
Der Solarkocher funktioniert ganz gut. Die Köchin will ihn einfach nicht nutzen. Ich zeige es immer wieder vor, wie das gemacht wird. Mache mir meinen Kaffee damit. Koche Wasser für sie. Das Fotovoltaikmodul ist installiert. Die Batterie speichert den Strom. Gut zum Aufladen des Notebooks usw. Die Solarlampe leistet gute Dienste. Der Elektriker Keita Bangaly interessiert sich für diese Technik. Wir erörtern die Möglichkeiten für ein gemeinsames Projekt.

26. 4. 2010
Gespräche mit Eltern der Flaming International School. Die Eltern der Schüler kommen mir sehr eingeschüchtert vor. Sie sind von der Schulleitung für mich präpariert. Ich wollte täglich mit je fünf Eltern reden, doch Madame Alice hat gleich 40 oder mehr gleichzeitig eingeladen. Ich nehme mir Zeit für Einzelgespräche. Die anderen müssen warten. Das tun sie auch. Auch als sie erfahren, dass ich nur mit einigen reden werde, bleiben alle noch da. Man kann ja nie wissen.

28. 4. 2010
Gespräche mit den Lehrern der Flaming International School. Mit den Lehrern gibt es naturgemäß Einiges zu besprechen. Zuerst kommt ein Danke für die bisherigen Leistungen. Dann geht es um deren Salär. Es ist ein Jammer. Diese Leute werden von Madame Alice so kurz gehalten, dass sie mit ihrem Lohn nicht einmal die täglichen Anreisekosten finanzieren können. Es soll alles in Gottes Namen geschehen. Von mir bekommen sie direkt heute eine Bonifikation. Ich mache das deshalb persönlich, denn ansonsten zieht Alice gleich wieder was ab, oder sie sehen gar nichts davon. Dann reden wir von Französisch als Unterrichtssprache. Das ist auch ein Malheur, weil manche der sieben bis acht Lehrer nicht wirklich gut

französisch können. Das Engagement für meine Wünsche wird diskutiert. Über Organisation und Marketing für die französischsprachige Schule reden wir auch noch.

29. 4. 2010
Ich beende vorerst die Kommunikation mit der Flaming International School. Ich möchte, dass man nun nachdenkt und ein System für Französischen Unterricht entwickelt. Ich möchte nun mit niemandem mehr diskutieren. Doch Madame Alice verspricht sich von weiteren Gesprächen mit mir Geld für die Renovierung der Schule. Sie versucht immer wieder zu mir vorzustoßen. Sie besticht den Wächter, der sie dann doch zu mir ins Haus lässt. Ich verweigere mich.

1. 5. 2010
Mit der Reinigung und Küche bin ich nicht zufrieden. Wenn ich aufstehe ist es noch dreckig. Zu Mittag gibt es kein Essen. Meine Wäsche ist nicht da, wenn ich was brauche. Was auch immer ich sage. Es ändert sich nichts.

4. 5. 2010
Schon seit Tagen liegt mir die Projektmitarbeiterin Princess wegen eines Fischerbootes in den Ohren. Heute will ich mit ihr darüber reden. Sie hat eine Bekannte und dessen Bruder eingeladen, die mit einem Boot erfolgreich ist. Man erklärt mir, dass so ein Boot ungefähr 10 bis 12 Millionen GNF kostet. Das sind etwa 1300 €. Mir scheint das viel zu niedrig kalkuliert. Man braucht sechs Fischer und Fischverkäuferinnen. Die Saläre für die Fischer, den Treibstoff. Man muss die Gesetze dieses Geschäftes kennen, wende ich immer wieder ein. Ich halte Princess dafür nicht geeignet, was ich ihr auch sage.

Besuch bei Les elites:

Bilder der von uns geförderten Mädchen nach Klassen mit dem Gründer, dem Direktor und der Buchhalterin der Schule.

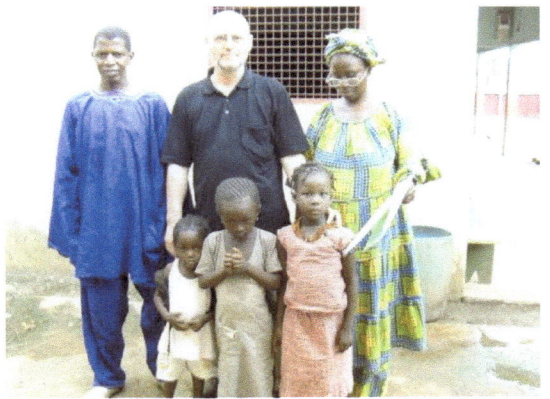

Wieder zurück in Österreich

9. 5. 2009
Herr Robert, wie war deine Reise auf Österreich? Ich hoffe, dass Du gut angekommen bist. Herzliche Grüße an Deine Familie.

Der neu geschätzte Preis für das Boot beträgt nun 15,465.000 GNF ist / (1.680 €). Ich werde dir noch einmal eine ganz genaue Aufstellung nach unserer Diskussion schicken. Dank. Princess

17. 5. 2010
Hallo Princess, ich rufe dich an. Ich sage Dir, dass ich dringend eine detaillierte Antwort auf alle meine Mails haben will. Du sagst mir für den nächsten Tag die gewünschten Antworten zu. Leider bekomme ich am Samstag keine Mail. Ich versuche, Dich telefonisch zu erreichen. Der Ruf geht zu Dir, doch Du hebst nicht ab. Am Sonntag früh sage ich Dir, Du hast noch eine letzte Chance bis heute Mittag. Du antwortest mir erst nach 18 Uhr. Du hast die letzte Chance verpasst.

27. 5. 2010
Hallo Princess, ich war zum sechsten Mal in Westafrika. Es geht mir viel durch den Kopf. Seit ich begonnen habe, mich auf die sechste Westafrikareise vorzubereiten. Es stellt sich die Frage nach dem Ziel für diese Reise. Es gibt zwei Ziele. Erstens: Es war mir wichtig, die Bekannten zu treffen. Ich wollte mein persönliches Patenmädchen und andere Menschen wiedersehen, die mir wichtig geworden sind. Zweitens: Ich wollte eine Machbarkeitsstudie für das Projekt machen.

Danke für Deine Bemühungen. Du hast viel getan, um meinen Aufenthalt gut zu organisieren. Leider hat vieles nicht so funktioniert, wie ich das wollte. Das hat letztlich zu meiner plötzlichen Abreise geführt. Erst als ich zu Hause in Ruhe darüber nachgedacht habe, kam ich zu einem Grund. Dein Gott hat sich in Deinem Geist so in den Vordergrund gestellt, dass ich mich mit dem Projekt nicht ausreichend bemerkbar machen konnte. Bis ich gemerkt habe, was los ist, sind einige Wochen vergangen.

Zum Boot: Als ich noch bei Dir war, habe ich Dir für das Boot 1.400 Euro und 1,000.000 GNF gegeben. Am Konto sind 5,800.000 GNF. Ich habe 2.300 Euro überwiesen. Bei einer Umrechnung mit 8000 ergibt das insgesamt: 11,200.000 + 1,000.000 + 5,800.000 + 18,400.000. Summe: 36,400.000 GNF. Mach das Beste draus. Liebe Grüße. Robert

29. 5. 2010
Hallo Robert, schade, dass Du so plötzlich abgereist bist. Verzeihe bitte, dass ich Dich so entmutigt habe. Für das Boot habe ich das Holz gekauft und morgen wird mit dem Bau begonnen. Wenn ich von Dir das Restgeld bekommen habe, werde ich die restlichen Materialien für das Netz und den Motor kaufen. Ich werde den nächsten Bericht am Mittwoch schicken. Du wirst wieder zufrieden sein. Gruß. Princess.

31. 5. 2010
Hallo Robert, ich hoffe, es geht Dir gut. HEUTE BEKOMMST DU EINIGE DER FOTOS DES PROJEKTES. Danke. Princess.

2. 6. 2010
Abhebung vom Bankkonto 18,100.000 GNF

Das Fischerboot

Ich kenne einige Familien in Conakry, der Hauptstadt von Guinea in Westafrika. Der Vater, meist hat er zwei oder drei Frauen und etwa zehn Kinder. Der Vater verlässt in der Früh das Haus, um die Moschee zu besuchen und sich dann irgendwo zu einem Platz zu begeben wo Kaffeetrinken und Palavern am angenehmsten möglich ist. Während die Frauen die Kinder und das Haus versorgen, müssen sie auch auf irgendeine Weise zu Geld kommen. Sie und die größeren Mädchen handeln mit etwas oder sie schneidern oder sie kochen für andere usw. Am Abend kommt der Mann nach Hause, kriegt was zu Essen, ist Autoritätsperson und empfängt in seinem Bett dann jene Frau, die heute dran ist. Ich bin sicher, dass er am nächsten Morgen Geld bekommt, damit er den ganzen Tag nicht ohne da steht.

Also ehrlich gesagt, ich frage mich schon, wem wir helfen, wenn wir den Frauen zu mehr Einkommen verhelfen. Werden die Frauen dadurch tatsächlich unabhängiger?

Eine Projektmitarbeiterin in Conakry kam mit dem Wunsch zu mir, ich möge ihr doch bei der Finanzierung eines Fischerbootes helfen. Lange Zeit habe ich mich bedeckt gehalten, weil sie mir nicht einmal ein richtiges Konzept vorlegen konnte. Ihr Bildungsniveau ist nicht sehr hoch. Sie kann lesen und schreiben, doch das Wort „Konzept" hat sie nicht gekannt oder verstanden. Dann habe ich begonnen ihr bei der Konzipierung behilflich zu sein. Sie hat sich alles ganz einfach vorgestellt. Immer wieder hat sich herausgestellt, dass etwas nicht berücksichtigt war.

Die Ideenbringerin war damit einverstanden, dass sie „nur" ein Viertel der Erlöse für sich behalten kann. Damit wird sie sich gut ernähren können und im Laufe des ersten Jahres ein Viertel der Anschaffungskosten einzahlen können. Das Boot wird aus dem Projekt „SPENDEN macht SCHULE" finanziert.

Ein Bootsbauer und ein Kundiger zum Netze herstellen wurden gefunden. Ein Motor wurde gekauft. Fischer wurden engagiert. Ein Kapitän und fünf Gehilfen. Das Boot ist fertig und wartet darauf, dass die Regenzeit zu Ende geht, damit es aufs Meer hinaus kann.

Das Boot wird jeden Tag (außer Sonntag) aufs Meer fahren und am Abend zurückkommen. Im Hafen warten meist über hundert Frauen auf die Ladung. Wir würden diese Frauen als Großhändlerinnen bezeichnen. Sie kaufen kistenweise die Fische, fahren damit in Ihren Bezirk, wo es Abnehmerinnen (also Einzelhändlerinnen) gibt, die mit einem Lavoir auf dem Kopf die wenigen Fische feilbieten, die sie mit ihrem Geld erstehen konnten.

Wie viele Familien profitieren nachhaltig von diesem Projekt?

Die Ideenbringerin, der Fisch- und Netzproduzent samt seinen Gehilfen, die sechs Fischer, der Treibstoffhändler, etwa vierzig „Großhändlerinnen" mit jeweils mindestens zehn „Einzelhändlerinnen". Außerdem die Taxifahrer und deren Chefs. Insgesamt werden also mindestens 450 Familien aus diesem Projekt teilweise oder ganz ihren Lebensunterhalt verdienen.

Das Boot wird bereits gebaut   Mr. Barry hat den Motor für kurze Zeit „im Griff"

2. 6. 2010

Hallo Robert, ich hoffe, dass es dir gut geht. Das ist der Bericht von den Dingen, die für das Boot gekauft werden müssen und die Preise. Bitte ich will, dass du verstehst, dass die meisten Preise ein bisschen höher sind als die Preise, die von meiner Freundin angegeben wurden. Und es gibt einige Dinge, die vorher nicht verzeichnet wurden. Das habe ich erst erfahren, als ich selbst am Hafen war. Alles ist wegen des Steigens des Wechselkurses der fremden Währung gestiegen. Verstehe das bitte.

Aufbau................ 5.000.000fg wurde als Anzahlung gegeben.
Weitere Zahlung   4.000.000fg
Fischnetz.................. 10.000.000fg für 10 Bündel.
Maschine..................... 18.000.000fg für 25 hp
Anker und Seil 1.000.000fg
Versicherung..................... 600.000fg
Kompass..................... 1.300.000fg

Das ist, was ich ausgegeben habe. Jetzt bleiben noch der Rest für den Aufbau und der Treibstoff (300.000fg). Das ist, was 4.300.000fg erforderlich macht, um das Projekt zu beenden. Ich habe bereits meine Transport-Gebühr für den Monat eingerechnet. Wegen der schlechten Internet-Verbindung bin ich außer Stande, die Bilder aller Materialien zu senden, die ich kaufte. Aber am Sonntag werde ich versuchen, sie wieder zu senden. Ich schätze wirklich Deine Hilfe zum Projekt. Ich bin und werde für immer dankbar bleiben. Gott segne Dich. Vielen Dank für Dein Verständnis.
Princess.

6. 6. 2010
Hallo Robert, es tut mir leid, dass alles anders gewesen ist, als Du mit mir ausgemacht hattest. Da wir von verschiedenen Kontinenten kommen, entstehen auch viele kulturelle Missverständnisse. Obwohl ich mein Bestes gab, um Deine Ankunft vorzubereiten, war es nicht genug für Dich. Ich habe alles auf afrikanisch vorbereitet, doch Du sahst alles mit europäischen Augen. Ich denke, dass ich für das nächste Mal verstanden habe, was genau Du willst und wie Du willst, dass Dinge getan werden. Es tut mir leid, dass Du so viel Ärger mit mir gehabt hast.

Der Bootsbau verlangt sehr viel von mir ab. Deshalb kommt auch die Kommunikation mit Dir zu kurz. Und wisse auch, dass wir eine sehr schlechte Internetmöglichkeit hier haben, so ist es nicht meine Schuld, wenn ich nicht in kurzer Zeit antworten kann. Wenn du anrufst, werde ich ab sofort bereit sein, um deinen Anruf aufmerksam entgegenzunehmen. Danke.
Princess.

7. 6. 2010
Princess, ich möchte Deine konkreten Antworten und Gedanken zu meinen letzten Mails. Aufgrund deines Verhaltens sehe ich mich gezwungen, einen Vertrag für unser gemeinsames Projekt zu errichten. Deinen Bootsanteil habe ich auf ¼ reduziert. Unter den gegebenen Umständen ist mir das sehr wichtig! Deine Mutter und der Pastor sollen wissen, dass wir nun auch in einer Geschäftsbeziehung sind. Ich schreibe noch einige Minuten am Vertrag und schicke ihn sofort nach Übersetzung nach! Princess, ruf mich an, wenn Du alles gelesen hast. Du lässt einfach das Telefon kurz läuten, oder du schreibst mir eine SMS. Ich melde mich, so rasch ich kann.

7. 6. 2010 19.53
Hallo Robert, ich will mich dafür bedanken, dass du diese Briefe für mich übersetzt, damit ich sie gut verstehen kann. Hier meine Antwort. Ich verstehe jetzt Deinen Ärger besser. Es war nicht mein Plan dich zu enttäuschen, mein Plan war, Deinen Aufenthalt hier in Conakry sehr gut vorzubereiten. Ich tat mein Bestes und alles, was ich konnte. Manche, auf deren Hilfe ich gerechnet hatte, haben mich im Stich gelassen. Bezüglich der Kirche habe ich mich jetzt dafür entschieden, sie zu verlassen und fernzubleiben. Ich hoffe, dass du meine Antwort auf deinen ersten Brief verstehst. Princess

7. 6. 2010 20:26:47
Hallo Robert, Ich selbst habe begriffen, dass ich den größten Teil meiner Zeit in der Kirche verbringe, so habe ich entschieden, das zu beenden. Weil ich weiß, dass ich jetzt wirklich viel andere Dinge zu tun habe. Jetzt muss ich mich wirklich auf Dein Projekt, auf das Boot und auf Bob konzentrieren.

Es nicht so leicht für mich, aber ich werde alle Anstrengungen unternehmen und in Hinkunft mein Wörterbuch verwenden. Ich dachte, dass Du die Übersetzung für uns machen würdest. Ich verspreche, mich in diesem Punkt zu bessern. Dadurch, dass ich so lange in der Kirche war, musste ich natürlich am Abend kochen. Ich habe all das begriffen, darum habe ich ein Ende mit dem Kirchenproblem gemacht. Ich habe wieder den Bootsbau überwacht. Außerdem muss ich viel am Hafen sein, um diese neue Profession zu lernen. Ich denke, dass ich auf Deinen Brief gut geantwortet habe. Dank, Princess.

7. 6. 2010 20:54
Hallo Robert, als du abgereist bist, verließest du mich mit einem Betrag für die Miete, den Gehalt der Köchin und für das Projekt. Wir haben die Kosten

für den Wachmann vergessen. Du hast mir Kleidung zum Verkaufen da gelassen. Leider konnte ich noch nichts verkaufen. Jetzt gibt es die Stromrechnung zu zahlen. Sie beträgt für Mai 61.045 GNF. Jetzt bin ich immer am Internet. Ich zahle 15.000fg einschließlich des Transports. Das Geld, das du hier gelassen hast, war für das Projekt. Doch ich musste es für andere Dinge verwenden. Verstehe bitte. Heute habe ich Geld von der Hausmiete genommen, um Amos für den letzten Monat 325.000fg und die Strom-Rechnung 61.045fg zu bezahlen, und ich habe das Geld der Telefone für die Ernährung und auch für das Internet verwendet. Verstehe bitte die Situation. Aus dem Boots-Projekt gibt es noch keine Einnahmen. So brauche ich noch Deine finanzielle Hilfe. Danke. Princess.

9. 6. 2010
Hallo Robert, Du hast mir 1400 Euro für das Projekt da gelassen. 300.000fg für die Köchin, 1,200.000fg für das Haus (3 Monate), 1,000.000fg für das Boot und 50.000fg am Flughafen. 300.000fg habe ich für die Telefone, die ich verkaufte, bekommen. Das habe ich für das Essen verwendet. 12.000fg pro Tag. So ist das mit dem Geld, das du mir gegeben hast.

10. 6. 2010
Hallo Robert, ich hoffe, dass es Dir gut geht. Ich bin für alles sehr dankbar, was du für mich getan hast. Als Du in Conakry warst, habe ich Dich gebeten, mir mit meinem Projekt zu helfen, weil ich diese Idee hatte, aber ich hatte kein Geld, deshalb entschied ich mich dafür, um Hilfe zu bitten. Ich weiß jetzt, dass du mir nicht vertraust. Das ist nicht der Robert, den ich zu kennen pflegte.

Nun versuchst Du, mir mein Projekt zu nehmen. Es ist nicht möglich, dass ich Dein Geld zurückerstatten kann, das ich bereits in das Bootsprojekt investiert habe. Es fehlt der Rest 4.500.000 GNF, um es fertig zu bauen. Du bestehst darauf, dass ich ein Papier unterzeichnen soll. Gerne unterschreibe ich einen Vertrag, wie ich Dir Dein Geld zurückgeben werde. Ich bin nicht gegen das Senden eines Wochenberichtes. Dazu bin ich bereit. Aber Du kannst von Europa aus das Projekt nicht kontrollieren.

Ich wolle, dass Du meine eigene Idee völlig unterstützt. Wenn du dich dafür entschieden hast zu helfen, tue es und sieh Dich nicht um. Ich bitte Dich, den Weg, den Du nun eingeschlagen hast, wieder zu beenden. Vielen Dank für dein Verstehen. Princess.

10. 6. 2010

Hallo Princess, obwohl Dein Verhalten mir gegenüber so unheimlich schlecht war, habe ich mich am Sonntag fünf Stunden lang mit der Errichtung eines Vertrages beschäftigt. Du kannst mir glauben, dass ich mich dabei sehr bemüht habe, auch an Dich und Deine Situation zu denken.

Am Montag war ich noch stundenlang mit der Übersetzung in zwei Sprachen beschäftigt. Du brauchtest dann bis heute, um mir zu sagen, dass Dir etwas an dem Vertrag nicht gefällt. Ich habe bisher 36,000.000 GNF (5.950 Euro) in dieses Projekt gesteckt. Von diesem Betrag könnten Du und Bob mehr als 57 Monate leben. Das sind fast fünf Jahre. Kannst Du verstehen, dass ich nach der neuen Forderung nach weiteren 4,500.000 einen Vertrag mit Dir haben möchte?

Ich denke nicht an eine Veränderung des Vertragstextes, aber ich bin bereit, Dir die Passagen zu erklären. Wenn Du mich noch lange ärgerst, musst Du damit rechnen, dass ich mein Interesse an diesem Projekt fallen lasse und ich mich gänzlich zurückziehe. Du kannst Dir bereits jetzt überlegen, ob Du mir mein Geld rückerstatten willst, oder ob ich die Übernahme vorbereiten soll. Du kannst Dich sicher noch erinnern, wie ich vor fast zwei Jahren in den Besitz meines Containers gekommen bin. (Anmerkung: Damals habe ich das Militär gebraucht, um zu meinem Besitz zu kommen). Ich fürchte sehr, dass Du den Bogen überspannst. Sei vorsichtig. Robert

10. 6. 2010 Projektpräsentation im Pfarrheim Kirchdorf mit der tam tam trommelgruppe.

11. 6. 2010
Princess, als ich Dir meine Hilfe zugesagt habe, habe ich Dir gleich gesagt, dass das eine Partnerschaft ist. Das ist ein Unterschied. Ich bin in diesem Projekt nicht Dein Helfer, sondern Dein Partner. Leider hast Du mich so verärgert, dass ich Deinen Anteil verkleinert habe. Trotzdem kannst Du in diesem Projekt (so Deine Vorausberechnungen) mit dem von mir vorgeschlagenen Reglement jeden Monat 3,750.000 GNF verdienen. Und das nur, weil ich Dir meine Partnerschaft angeboten habe. Ohne meine Partnerschaft würde das nie funktionieren.

Erst wenn Du durch die Einkünfte aus unserer Zusammenarbeit ausreichend verdient hast, dann kannst Du Dir ein eigenes Boot kaufen. Ganz alleine. Das wird nach meinen Berechnungen wahrscheinlich zwei Jahre dauern. Dann ist das Dein Projekt. Dort kannst Du tun und lassen was Du willst. Dort, wo ich investiert habe, habe ich ein Mitspracherecht. In diesem Fall ein sehr hohes, weil am Anfang das ganze Geld von mir kommt. Wer das

Geld gibt, kann sagen, was zu tun ist. Hast Du Dir eine Partnerschaft so vorgestellt, dass der Eine das Geld hergibt und der Andere tut, was er will?

14. 6. 2010
Hallo Robert, ständig ersuche ich Dir Bilder vom Boot zu schicken, doch dazu bin ich außerstande. Ich versuche es in einem anderen Internet-Cafe. Du hast mir noch die Miete für drei Monate da gelassen. Einen Teil davon habe ich genommen, um das Salär des Wächters zu bezahlen. Einen anderen Teil habe ich für die Stromrechnung verwendet. Der Hausbesitzer fordert nun von mir die Miete. Danke. Princess.

16. 6. 2010
Princess, je mehr Missverständnisse, Probleme und Komplikationen im Zusammenhang mit unserer Kommunikation entstehen, umso mehr verliere ich das Interesse an Conakry. Das ist wahrscheinlich ein Schutzmechanismus für mich und meine Psyche. Ich habe Dir gesagt, dass ich bereits einen kritischen Gesundheitszustand habe. Niemals habe ich etwas anderes gewollt, als meine Hilfe in Conakry anzubieten. Natürlich sollte das zu Bedingungen möglich sein, die für mich passen. Seit einigen Monaten passt es für mich nicht mehr.

So, wie ich Deine Zusammenarbeit mit mir erlebe, passt das für mich überhaupt nicht mehr. Ich vermisse Deine Wertschätzung. Ich habe das Gefühl, dass Du mir nicht den nötigen Respekt entgegenbringst. Ich spüre, dass Du meine Lebenserfahrung nicht würdigst. Meine Wünsche finde ich nicht berücksichtigt und akzeptiert. Und ich weiß, dass das alles nichts mit unseren unterschiedlichen Kulturen zu tun hat. Das ist ausschließlich Dein persönliches Verhalten, welches sich im letzten Jahr leider sehr verändert hat. Meine Klarheit: Ich habe alles ausreichend erklärt. Ich habe alles oftmals gesagt. Ich habe alles gegeben. Ich warte nun darauf, dass Du tust, was zu tun ist! Seit mehr als 59 Jahren lebe ich in Europa. Hier werde ich auch den Rest meines Lebens verbringen. Ab sofort werde ich mich wieder intensiver mit meinem europäischen Leben beschäftigen. Robert

17. 6. 2010
Princess,
Was willst du mir verheimlichen?
Wieso ist das Netz noch nicht fertig. Dazu war doch drei Wochen Zeit.
Wann bekomme ich einen detaillierten Bericht?
Wann wird das Netz fertig?
Wie viel hat der Motor gekostet? Wo wird er aufbewahrt?
Wann bekomme ich eine Kopie der Versicherungsunterlagen?

Wann ist das Boot fertig?
Wann wirst Du anfangen, mich ernst zu nehmen?

18. 6. 2010
Hallo Robert, ich hoffe, es geht Dir gut. Sei mir nicht böse. Mit dem Internet kann ich noch nicht so arbeiten, wie du das möchtest. Das kann ich noch nicht. Das Boot wird jetzt bald fertig. Der Mann wartet auf sein Geld. Ich kontrolliere nun, wie der Motor eingebaut wird. Seit drei Wochen muss ich täglich zur Kontrolle dort sein am Hafen sein. Wenn ich nicht da bin, wird nicht gearbeitet. Den Motor habe ich gekauft, er ist bei mir zu Hause sicher aufbewahrt. Princess

18. 6. 2010
Gesunde Gemeinde Vorderstoder – Trommelkurs

27. 6. 2010
Friedliche Wahlen in Guinea. Erste vorläufige Ergebnisse sollten nicht vor Mittwoch bekanntgegeben werden.[26]

28.6.2010
Hallo Robert, das Netz wird morgen am 30. Juni 2010 fertig sein. Ich war dort um mit ihnen viel Zeit zu verbringen. Der Motor hat 18,000.000 gekostet und bleibt im Haus. Die Kopie der Versicherungspolizze werde ich nach der Wahl bekommen. Das Boot wird am 2. Juli 2010 zum ersten Mal in See stechen. Princess

3. 7. 2010
Wahl in Guinea geht in die zweite Runde. Bei den ersten freien Wahlen in Guinea seit der Unabhängigkeit 1958 hat keiner der 24 Kandidaten die erforderliche absolute Mehrheit erreicht. Die Guinéer müssen nun in einer Stichwahl ihren neuen Präsidenten bestimmen. Die beiden bestplatzierten Kandidaten müssen nun in einer Stichwahl gegeneinander antreten. Sie soll am 18. Juli stattfinden.[27]

7. Juli 2010
Es gibt erste Fangtouren mit dem Boot.

---

[26] www.dw.de/friedliche-wahlen-in-guinea/a-5736829
[27] www.dw.de/wahl-in-guinea-geht-in-die-zweite-runde/a-5757417

24.7.2010
Hallo Robert, das ist der Bericht. Am 6. Juli 2010 das Boot zum ersten Mal mit Fischen herein. Diese wurden um insgesamt 350.000fg verkauft. 300.000fg wurde für den Brennstoff verwendet, und ich hatte einen Gewinn von 50.000fg. Am 7. Juli 2010 kam das Boot und wir verkauften um 445.000fg. Ich verwendete 300.000fg für den Brennstoff und 145000fg sind geblieben. Am 8. Juli 2010 kam das Boot mit nichts. Wegen des Windes und des starken Regens auf dem Meer mussten sie zurück, ohne Fische gefangen zu haben. Aber sie kamen mit 20 Litern des Brennstoffs zurück, weil sie nicht so lange unterwegs waren. Mir blieben 195.000fg. Und ich verwendete 36.000fg für den Transport seit drei Tagen. Der Rest 159.000fg.

Ich bemerkte, dass es unmöglich war auf Meer hinauszufahren. Andere Boote bekamen Unfälle im Meer. Viele Netze sind kaputt gegangen, Wasser kam in ihre Maschinen. Viele neue Boote wurden abgestellt, weil die Eigentümer sie nicht verlieren wollten. Nur die sehr großen Boote gingen in das Meer. Ich habe entschieden, dass unser Boot nicht hinausfahren soll.

Ich begriff, dass das Boot ein neues Boot ist und es eine Menge Geld gekostet hat: Ich wollte, dass nicht irgendetwas damit geschieht. So sagte ich den Fischern, das Boot einige Tage abzustellen bis das Wetter gut ist. Es dauerte von vom 9. bis zum 19. Juli. Als ich hörte, dass kleine Boote angefangen haben aufs Meer zu gehen, gab ich am 20. Juli 150.000fg, damit sie den Tank anfüllen können.

Am 21. Juli kamen sie mit 650000fg. Wie gewöhnlich gab ich 300.000fg für den Treibstoff. An diesem Tag wurde das Boot von Beamten am Hinausfahren gehindert. Weil es zwei Büros gibt, um das Boot einzuschreiben und zu versichern. Aber ich habe es nur in einem Büro angemeldet. So kam das zweite Büro für die Versicherung und sie verlangten USD 400. Aber ich hatte bereits mit einigen Menschen am Hafen Kontakt hergestellt, die mir schon die ganze Zeit geholfen hatten. Der Chef des Hafens, der Chef des Syndikats, der Chef der Fischer. Sie haben Fürsprache für mich gehalten und mit den Offizieren diskutiert. Sie einigten sich schließlich auf den Betrag von 750.000fg.

200.000fg sollten bezahlt werden, bevor das Boot freigelassen wird. So bezahlte ich diesen Betrag als Anzahlung. Gemäß der Abmachung sollte der Rest von 550.000fg in einer Woche bezahlt werden. Am 22. Juli bekamen sie 500.000fg. Ich gab 300.000fg für den Brennstoff. An diesem Tag blieben mir 450000fg. Ich gab wieder 100.000fg für die Versicherung, der Rest 350.000fg. Am 23. Juli kamen sie mit nichts, und sie sagten, dass sie wegen des Regens aufhören mussten. Aber sie kamen mit 20 Litern des Treibstoffs. Seit gestern ist der Regen zu viel. Das Wetter ist zu schlecht. Sie fahren nicht hinaus. Ich habe 25.000fg für den Transport ausgegeben. 225.000fg habe ich noch.

Für jetzt müssen wir geduldig sein, bis das Wetter wieder entsprechend ist. Dieses Geschäft ist gut, wenn es gutes Wetter gibt. Ich habe viele Beispiele anderer Leute in diesem Geschäft gesehen. Das ist der Bericht, den ich jetzt habe. Princess.

26.7.2010
Princess, Danke für das E-Mail mit dem Beleg vom Transportministerium. Es ist ein Beleg der Generaldirektion de l´agence de la navigation maritime. Ich bin Dir dankbar dafür. Noch immer glaube ich, dass Du alles tust, was Du kannst. Ich habe das Dokument genau geprüft und festgestellt: Es gibt zwei Möglichkeiten: entweder **Du** bist getäuscht worden oder Du willst **mich** täuschen.

30. 7. 2010
Radiosendung – weibliche Genitalverstümmelung. Gestaltung der Sendung Erika Lipnik

18. 8. 2010
Guinea hat die Wahl

12. 9. 2010
Unruhen im Wahlkampf
Am vergangenen Sonntag waren bei Zusammenstößen zwischen Anhängern der beiden Kandidaten für die Stichwahl mindestens 50 Menschen verletzt worden. Laut Augenzeugen wurde ein Mensch getötet. Die Polizei ging bei den Ausschreitungen mit Tränengas gegen die Menschenmenge vor. Alle Wahlkampfveranstaltungen wurden bis auf weiteres verboten.[28]

13. 9. 2010
Ein Toter und zahlreiche Verletzte im Wahlkampf. Alle Kundgebungen und Wahlkampfveranstaltungen bis auf weiteres abgesagt.[29]

---

[28] www.dw.de/stichwahl-in-guinea-wird-verschoben/a-6000685
[29] http://derstandard.at/1282979543423/Ein-Toter-und-zahlreiche-Verletzte-im-Wahlkampf

16. 9. 2010
Guinea wartet mit der Wahl

16. 9. 2010
Aufgrund organisatorischer Probleme wird die Wahl verschoben.

17. 9. 2010
Heiße Wahlvorbereitung in Guinea. Gestern ging das Lagerhaus in Flammen auf, in dem wichtige Unterlagen für die guineische Präsidentschaftswahl gelagert waren.[30]

25. 9. 2010
Hallo Robert, ich habe Barry das Boot gezeigt. Hier sind die Fotos. Heute hat er begonnen, mich anständig unter Druck zusetzen. Die Bemerkungen, dass er keine Zeit hat. Er hat andere Dinge zu tun. Aber am Ende bekamen wir die Fotos, die Du wolltest. Du hast mich gezwungen, mit Barry zu arbeiten, aber ich bin mit seinen Statements nicht zufrieden, und wie er mit mir spricht. Er ist sehr aggressiv. Ich will nicht, dass wir denselben Fehler wie mit dem Container machen. Er suchte nach einer Gelegenheit und jetzt willst Du, dass er an diesem Geschäft teilnimmt. Sei bitte informiert, dass die Schule am 4. Oktober anfangen wird und Eltern angefangen haben, mich nach den Schulgebühren zu fragen. Princess

25. 9. 2010
Hallo Princess, danke, dass Du Barry das Boot gezeigt hast. Es wurde ja schon Zeit. Das war nach zwei Monaten sehr wichtig. Bei Barry bist Du sehr empfindlich. Ich kann ihn verstehen, dass er beginnt, dich zu drängen. Du warst sehr lange zu einer Zusammenarbeit nicht bereit. Princess, mit dem Kampf gegen Barry kannst du aufhören. Ich dulde keine Widerrede mehr gegen das, was ich will. Zu Deinem persönlichen Schutz wird Keita Bangaly da sein. Ich habe ihn darum gebeten. Er wird für Dich und für mich mitdenken. Wenn Du das nicht willst, so sag es mir. Ich übergebe dann das Boot jemand anderem. Ist das klar?

Leider verstehst Du manches nicht. Was ich immer gedacht habe und auch gesagt habe, ist leider Realität. Du hast keine Ahnung davon, wie man Geschäfte macht. Noch weniger kennst Du die rechtliche Situation. Wenn Du Dich von Barry und Keita begleiten lässt, dann wirst Du das lernen. Wenn Du dagegen kämpfst, wirst Du alles verlieren. Meine Geduld ist auch

---

[30] www.dw.de/hei%C3%9Fe-wahlvorbereitung-in-guinea/a-6013490

schon am Ende. So, wie die von Barry. Er hat kaum Geduld. Lass Deine Kritik gegen Barry bleiben. Ich will davon nichts mehr hören. Meine anderen Berater haben den Container damals nicht befreien können. Als sich Barry darum gekümmert hat, konnte der Container einen Tag später vom Hafen abgeholt werden. Barry hat sich anständig benommen. Er hat nichts dafür bekommen. Er hat den Container in Ruhe gelassen. Er hat mich zum Sicherheitsminister geführt, damit ich Ruhe bekomme. Er hat mich zum Polizeikommissariat begleitet. Er hat mir damals wirklich geholfen.

Barry wird an unserem Geschäft nicht beteiligt, das musst Du hören. Er hilft nur, um einen Normalzustand herzustellen. Du warst dazu nicht in der Lage. Er kennt die Gesetze! Du bist im Unrecht! Akzeptiere, dass Du vollkommen unwissend bist! Hättest Du von Beginn an auf mich gehört, dann hätten wir im Moment keine Probleme. Ich möchte Dich so lange begleiten lassen, bis Du tatsächlich eine Expertin für den Fischfang bist. Ich erwarte Deine Bereitschaft zur Zusammenarbeit.

Du hast die ganze Zeit gegen mich gearbeitet. Du hast mich bis zur Unerträglichkeit geärgert. Zuerst regeln wir die Sache mit dem Boot. Sobald ich damit zufrieden bin, reden wir über mein eigentliches Projekt. Du hast mich mehr als zwei Monate blockiert. Wenn das alles geklärt ist beginne ich an die Mädchen zu denken, die in die Schule "Les Elites" gehen. Und ganz zum Schluss denke ich an die Schülerinnen von "Flaming International School".

26. 9. 2010
Hallo Barry, ich habe Dich gebeten, das Schiff zu suchen. Dann habe ich Dich gebeten, dass Du auf den Motor aufpasst. **Nun ist Princess abgehauen.** Vor zwei Jahren wurde mir in Conakry Geld gestohlen. Um einen Container mit Hilfsgütern nach Conakry zu bringen habe ich eine große Summe bezahlt. Für über 130 Mädchen habe ich drei Jahre lang das Schulgeld bezahlt. Außerdem habe ich sonst noch vielen Menschen geholfen. Für das Boot habe ich sehr, sehr viel investiert. Hier die Prokura

Zur Kontrolle meiner Investitionen bevollmächtige ich Herrn Barry Oumar zu folgendem:
1) Feststellung des Ortes der Aufbewahrung des Bootes, des Fischernetzes, des Motors, des Ankers samt Kette und des Kompasses.
2) Installation von Princess Sia Solo als rechtmäßige Besitzerin des Bootes.
3) Feststellung aller rechtlich notwendigen Schritte zum Betrieb eines Fischerbootes in Guinea.
4) Abschluss einer entsprechenden Versicherung für das Boot.

5) Gemeinsam mit Princess:
Das Boot zum Fischfang vorbereiten und einen Kapitän samt Mannschaft finden und einsetzen, der vertrauenswürdig und professionell ist. Schriftliche Vereinbarung mit dem Kapitän!
6) Gemeinsam mit Princess:
Die Bewachung und Lagerung des Bootes organisieren. Und einen entsprechenden Anlegeplatz und Lagerplatz finden. Schriftliche Vereinbarung mit dem Eigentümer!
Robert Stöckler, genannt Robert d´Autriche.

2. 10. 2010
Trommeln für Afrika in der Volksschule Inzersdorf und Projektpräsentation in Schlierbach im SPES

6. 10. 2010
Stichwahl um Präsidentenamt in Guinea. Die mehrfach verschobene Stichwahl soll nun am 24. Oktober stattfinden. Das kündigte ein Sprecher der Präsidentenkanzlei im staatlichen Fernsehen an. Ursprünglich sollte der zweite Wahlgang am 18. Juli stattfinden. Auch eine für den 19. September geplante Stichwahl wurde abgesagt und der Termin ausgesetzt.[31]

20. 10. 2010
Wieder Tote bei Demonstrationen in Guinea.

21. 10. 2010
Stichwahl am Sonntag. Eine Wahl zwischen den Völkern.
Die beiden Kandidaten kommen aus unterschiedlichen Lagern des Vielvölkerstaats. Diallo gehört zu den Peul, der stärksten Bevölkerungsgruppe in Guinea, die aber noch nie einen Präsidenten gestellt hat. Condé ist Malinke, zu den auch zahlreiche führende Putschisten zählen, die das Land seit 2008 regieren.[32]

22. 10. 2010
Termin für Präsidenten-Stichwahl abgesagt

25. 10. 2010
Angst vor Bürgerkrieg in Guinea - Guineas Stichwahl verschoben. Mit Wut und Enttäuschung haben die Anhänger der zwei Präsidentschaftskandidaten

---

[31] www.dw.de/stichwahl-um-pr%C3%A4sidentenamt-in-guinea/a-6083271
[32] www.dw.de/wieder-tote-bei-demonstrationen-in-guinea/a-6129095

in Guinea auf die erneute Verschiebung der Stichwahlen reagiert. In der Hauptstadt Conakry lösten Sicherheitskräfte Demonstrationen beider Lager auf. Dabei kam es zu gewaltsamen Zusammenstößen. Auch aus anderen Städten wurden blutige Auseinandersetzungen gemeldet.[33]

3. 11. 2010
Bangaly Keita besorgt Reis für die Familie Sylla und bezahlt das Schulgeld für Fatim und M´mah.

7. 11. 2010
Schicksalswahl in Guinea. Die Stichwahl um das Präsidentenamt im westafrikanischen Guinea ist friedlich verlaufen. Bei der Abstimmung am Sonntag, dem 07.11.2010 trat der Oppositionspolitiker Alpha Condé gegen den ehemaligen Regierungschef Cellou Dalein Diallo an. Mit einem Ergebnis der Abstimmung wird erst für Mittwoch gerechnet. Übergangspräsident General Sékouba Konaté bekräftigte am Tag vor der Wahl, dass das Militär die Macht an den gewählten Präsidenten abgeben werde. Schon der erste Präsident Guineas nach der Unabhängigkeit von Frankreich, Sekou Touré, war ein Malinke. Als er eine "Peul-Verschwörung" gegen sich zu erkennen behauptete, flohen Tausende Peul ins Ausland. Unzählige wurden zu Tode gefoltert oder verhungerten im Gefängnis.[34]

7. 11. 2010
Condé erklärt sich in Guinea zum Sieger der Präsidentenwahl Zusammenstöße in Conakry.[35]

---

[33] https://gpodder.net/podcast/fokus-afrika-deutsche-welle/angst-vor-burgerkrieg-in-guinea
[34] www.dw.de/schicksalswahl-in-guinea/a-6199925
[35] http://derstandard.at/1288659698630/Conde-erklaert-sich-in-Guinea-zum-Sieger-der-Praesidentenwahl

15. 11. 2010
Condé gewinnt offiziell Präsidentschaftswahl. Wahlbeteiligung lag bei 67 Prozent - Ein Toter und Dutzende Verletzte bei Unruhen.[36]

16. 11. 2010
Diallo spricht von Wahlbetrug. Er hat bereits am Sonntag angekündigt, er werde das Wahlergebnis nicht akzeptieren.[37]

17. 11. 2010
Blutige Unruhen nach Machtwechsel in Guinea. Die Regierung des westafrikanischen Landes Guinea hat nach dreitägigen Krawallen am Mittwoch den Notstand ausgerufen. Ab sofort gilt eine nächtliche Ausgangssperre. UN-Generalsekretär Ban Ki-moon rief die Bevölkerung auf, den Wahlausgang zu akzeptieren.[38]

Was gibt es dazu für Kommentare im Internet?
Ich hoffe für Guinea, dass der demokratische Wandel alsbald einzieht, was leider nicht danach aussieht. Wenn erst einmal Demokratie herrscht, könnten vorhandene Ressourcen wirtschaftlich genutzt werden und in Folge dessen das Land aufgebaut werden. Vorausgesetzt, die Korruption sinkt. Bis dies aber der Fall ist, ist Guinea schon 5mal von EU USA-CHINA INDIEN völlig ausgesaugt worden...
Reiner2 17.11.2010 22:56[39]

Isolation. Es wäre auch zwingend erforderlich und klug, dass Europa die Isolation dieses Landes aufgibt. Aber dafür ist es wahrscheinlich schon zu spät. Meine Frau lebt derzeit in ihrer Heimat Guinea dank überbordendem Enthusiasmus der hiesigen Ausländerbehörde und berichtet, das zur Absicherung der Wahl vom 7.11. Chinesische Einsatzkräfte eingesetzt wurden. Das lässt irgendwie tief blicken.
MrTee 18.11.2010 08:27[40]

Das ist aber ein Problem, was man auf ganz Afrika umwälzen kann. Wenn es nämlich um Isolation seitens EU USA kommt. Ist doch klar, dass sich die

---

[36] http://derstandard.at/1289607931509/Conde-gewinnt-offiziell-Praesidentschaftswahl
[37] http://www.dw.de/guinea-hat-einen-wahlsieger/a-6231613-1
[38] http://derstandard.at/1289608078967/Ansichtssache-Blutige-Unruhen-nach-Machtwechsel-in-Guinea
[39] ebendort
[40] ebendort

Ressourcenhungrigen Chinesen das fette Stück vom Kuchen holen. Es wird dann der Zeitpunkt kommen, wo Europa durch die Finger schaut, die Amis ihr Recht so wie eh und je mit Waffengewalt durchsetzen und die Chinesen mit Schadenfreude das ganze Spektakel von außen beobachten.
David Mungo 17.11.2010 13:43[41]

17. 11. 2010
Seit Bekanntgabe des Ergebnisses der Präsidentschaftswahl kommt es in Guinea immer wieder zu Gewaltausbrüchen. Jetzt herrscht Notstand. Es hagelt Kritik an den Sicherheitskräften. Der Vorwurf: willkürliche Gewalt.

18. 11. 2010
Notstand in Guinea. Wahlsieger Condé plädiert für Zusammenarbeit. Ausgangssperre soll andauern. Nach zwischenethnischer Gewalt und der Ausrufung des Notstands im westafrikanischen Guinea hat der Sieger der Präsidentenwahl, Alpha Condé, seine Landsleute zur Ruhe aufgerufen.
In einigen Städten wie in Labé im Norden gilt die Ausgangssperre auch tagsüber. Es gab Berichte über Plünderungen. In Online-Foren Guineas machten unterdessen Gerüchte über ethnische Gewalt bis hin zu einem befürchteten Völkermord an der Volksgruppe der Peul die Rede.[42]

19. 11. 2010
Foltervorwürfe gegen Militär. Amnesty: Willkürliche Festnahmen und exzessive Gewalt. "Wenn die Behörden die willkürlichen Verhaftungen und die exzessive Gewalt des Militärs nicht sofort stoppen, droht sich die Lage noch weiter zu verschlechtern", warnte Amnesty-Experte Gaetan Mootoo.[43]

---

[41] ebendort
[42] http://derstandard.at/1289608237015/Notstand-in-Guinea-Wahlsieger-Conde-plaediert-fuer-Zusammenarbeit
[43] www.n24.de/n24/Nachrichten/Politik/d/1152010/angst-vor-blutiger-eskalation-in-guinea.html

2011

Tagebuch der 4. Projektreise vom 19. Jan. bis 23 Feb. 2011

Bereits am 20. 1. 2011 mache ich einen für den weiteren Verlauf des Projektes sehr wichtigen Eintrag in mein Tagebuch: Ich glaube, dass ich gerade dabei bin, mich vom Afrikavirus zu befreien.

Schon am zweiten Tag hat Monsieur Sylla mit mir über seine Einkünfte gesprochen. Salär für Monsieur Sylla GNF 1,500.000 (163 €). Das ist drei Mal so viel als ich geben wollte. Ich habe es ihm zugesagt im Wissen, dass nach meiner Abreise seine Tätigkeit beendet sein wird.

L´ecole d´Autriche – Die Österreichische Schule wird Realität.

Während meiner fünften Reise nach Conakry werde ich mein Ziel erreichen. Eine Österreichische Schule wird entstehen. Noch vor meiner Abreise soll die Schule eröffnet werden.

Bei meiner Ankunft am Abend des 19. Jänner 2011 gibt es ein Willkommensessen der Familie Sylla. Monsieur Sylla stellt mir seine Familie vor. Zuerst seine erste Frau, dann seine zweite Frau, dann seine fünf oder sechs Söhne, dann ebenso viele Mädchen. Am Flughafen, der seit dem letzten Jahr renoviert (internationalisiert) wurde läuft alles glatt. 10 Euro für den Abholer und 5 Euro für die Zollbeamtin. Fatim und M´Mah begleiten ihren Vater und Monsieur Keita. Es freut mich, meine Bekannten wieder zu sehen.

Das für die Dauer meines Aufenthaltes gemietete Haus ist afrikanisch sauber. Man hat sich alle Mühe gegeben. Um ein Haus so zu präparieren arbeiten meist mehrere Frauen einen ganzen Tag. Ich habe hier ein Bett mit Moskitonetz, einen Tisch, ein Nachtkastl, ein funktionierendes WC mit Waschbecken und Dusche. Alles höchst komfortabel! Es gibt eine Köchin und jemanden, der sich um die Reinigung und die Wäsche kümmert. Es gibt keinen Strom. Die Elektroinstallation ist noch nicht gemacht worden in diesem Haus. Derzeit gibt es in der Region nur zwei Mal die Woche während der Nacht einen Strom. Zwischen Mitternacht und sieben Uhr Früh. Mit meiner Solarlampe und Taschenlampen werde ich wohl das Auslangen finden müssen.

Seit 21. Jänner 2011 haben wir täglich eine „revision". Die erste Nachmittagslernstunde mit der Raupe nimmersatt: „la chenille qui fait de trous." Die Lernstunden sind sinnvoll. Da weiß ich, was ich tue. Einige Kinder aus der Nachbarschaft kommen zu mir um den Stoff der Schule mit mir zu wiederholen. Mit meinen pädagogischen Interventionen scheitere ich kläglich. Die Kinder der 3. – 5. Klassen lernen nicht lesen. Nicht in der Schule und nicht mit mir.

Die Kinder, auch die, die schon lange in die Schule gehen, können kaum schreiben und schon gar nicht lesen. Sie sind es gewöhnt die Bilder/Muster, die der Lehrer mit seiner Schrift an die Wand malt, einfach abzuzeichnen. Sie sind in meinem Sinne „verbildet". Sie können zwar die Buchstaben einzeln benennen, sie scheitern aber, sobald sie zwei oder gar drei zusammenfügen müssen. Vielleicht bekomme ich daheim Nachhilfe von erfahrenen Grundschulpädagogen.

Die Zusammenarbeit mit der „Flaming International School" beende ich. Das ist bitter für die Kinder. Aber nicht nur, dass sie nicht lesen und schreiben lernen: die Schulgründerin hat es nicht geschafft vom Englischen Unterricht auf Französischen Unterricht umzustellen.

Seit drei Jahren Schulgeld für mehr als 120 Mädchen.

Bei Projektbeginn im Herbst 2008 haben wir 43 Mädchen mit dem Geld von österreichischen Paten in die Schule (les Elites) schicken können.

Die Zusammenarbeit mit der „Flaming International School" werde ich am Ende dieses Schuljahres beenden. Über 80 Mädchen werden dort mit unserem Geld unterrichtet. In Guinea ist die Landessprache französisch, deshalb ist es unerlässlich, die Kinder französisch zu unterrichten. Die Schulleiterin hat es nicht geschafft den Unterricht von englisch auf Französisch umzustellen. Eine weitere Investition an dieser Schule kann ich vor den österreichischen Paten nicht verantworten.

Die für heuer geplante Schuleröffnung wird Wirklichkeit.

Nun arbeite ich im Stadtteil Yattaya mit zwei Männern zusammen(Aboubacar Sylla und Keita Bangaly), die mir von sich aus ein Projekt vorgelegt haben, das sich mit meinen Vorstellungen deckt.

Baubesichtigung und Besprechung bei der L´ecole d´Autriche (Österreichische Schule).

Am 26. Jänner wird mit dem Bau der kleinen, aber feinen Schule begonnen. Ein Rohbau kann gemietet werden. Wir decken das Gebäude mit einem Dach, es wird verputzt, der Estrich gemacht, Türen und Fenster eingebaut. Mit den Investitionen wird eine Mietvorauszahlung „konstruiert". Die Klassenzimmer sind ziemlich klein. Den hiesigen Verhältnissen entsprechend. Das Gebäude wird außen an einer Wand rot-weiss-rot gefärbt. Die andere Wand trägt die Farben Guineas. Die Raupe „Nimmersatt" (la chenille qui fait des trous) dient als Maskottchen. Die Beschriftung der Österreichischen Schule mit der Raupe Nimmersatt wird von einem Künstler vorangetrieben.

Ein alter, sehr erfahrener Lehrer, ein junger Absolvent der hiesigen pädagogischen Hochschule und eine junge Frau werden als Lehrer tätig sein. Anstatt wie üblicherweise mindestens 40 werden in drei Klassen je maximal 24 Kinder unterrichtet. Es wird eine Vorschule, eine 1. und eine 2. – 3. Klasse geben. Jedes Jahr wird mit einer neuen Vorschulklasse begonnen.

Die Kosten für den laufenden Betrieb der Schule sollen wie bisher durch Übernahme von Schulpatenschaften durch OÖ-Paten übernommen werden. Durch die dringend notwendige Halbierung der Schüleranzahl je Klasse werden die Patengelder verdoppelt werden müssen. Damit wird eine maximale Qualität der Bildungsarbeit gewährleistet.

Die Schüler werden vor Ort mehrmals extern kontrolliert. Spätestens am Ende der 2. Klasse müssen die Mädchen lesen und schreiben können. Ein entsprechendes Honorierungssystem für die Pädagogen ist in Ausarbeitung. Derzeit trifft man zB Mädchen in der 11. Klasse an, die zwar die Buchstaben schön abmalen, aber keinesfalls lesen können.

Die ausschließlich armen Eltern zahlen lediglich einen Beitrag von GNF 5000 (50 Cent) pro Monat in eine Gemeinschaftsversicherung ein. Falls eines der Kinder krank wird, wird mit diesem Geld die ärztliche Versorgung sichergestellt, sodass das Kind möglichst bald wieder die Schule besuchen kann. Jedes Kind bekommt in der Pause ein kleines Jausenbrot, damit soll ein Anreiz geschaffen werden, dass die Kinder schon auch alleine wegen des Brotes in die Schule kommen.

Während der Schulbau zügig voranschreitet, sind wir nicht untätig. Die Patenmädchen der Schule „Les Elites" werden getestet. Erschreckende Erkenntnisse. Mir fällt die Pisa-Studie ein. Ich besuche einige Familien, um den Lebensstandard kennenzulernen. Wir wollen sicher gehen, dass wir keine „reichen" Familien fördern. Für die Österreichische Schule werden die

Mädchen rekrutiert. Die Kriterien sind in gemeinsamer Arbeit festgelegt worden. Man will sich genau daran halten.

Die Kosten für den Bau der Österreichischen Schule be aufen sich auf etwa 5000 Euro. Dazu kommt die Erstausstattung der Mädchen für Rucksäcke, Schuluniform, Sandalen, Hefte, Bücher in der Höhe von etwa 30 Euro für jedes der 72 Mädchen.

31. 1. 2011

Schon in der Vorbereitung habe ich darauf geachtet, nicht mehr von einer einzigen Person abhängig zu sein. Diesmal habe ich auf eine Ausgewogenheit geschaut. Zum einen zwei Männer, zum anderen zwei Frauen. Die Herren Bangaly Keita und Aboubacar Sylla sollten sich die Agenden im Projekt und Maningbe und Saran Traoré die Agenden um das Haus teilen. So muss immer nach der besten Lösung gesucht werden. Im Falle des Projektes gab es diesbezüglich vom Beginn weg immer wieder einmal Ärger. Jeder der Herren versucht immer wieder sich selbst und seine Idee ins Zentrum zu rücken.

8. 2. 2011

Die Schule ist fertig. Es fehlen nur noch Tische und Bänke. Monsieur Sylla holt Angebote ein, ohne sein Wissen ist auch Monsieur Keita diesbezüglich aktiv. Es gibt einen Preisunterschied von fast 200%. Ich lasse je einen Mustertisch produzieren. Das Angebot des Herrn Keita ist nicht nur um die Hälfte billiger, sondern auch von der Qualität her besser. Herr Sylla manövriert sich offensichtlich in ein Licht, das mir zeigt, dass er mich und das Projekt nur ausnehmen will.

Die Mädchen aus besonders armen Familien werden rekrutiert. Herr Sylla trägt für die Bedürftigkeit der rekrutierten Mädchen die Verantwortung. Ich weiß nun, dass auch das zu kontrollieren sein wird.

9. 2. 2011

Täglich bewerben sich Lehrer, die bei „uns" unterrichten wollen. Ich führe die Bewerbungsgespräche und lasse mich von meinen Projektmitarbeitern vorerst nicht beeinflussen, obwohl sie bei den Gesprächen dabei sind. Jeder möchte „seinen" Kandidaten durchdrücken. Nachdem ich alle objektiven Kriterien dargestellt habe, können sich die beiden Herren auf die von mir favorisierten Kandidaten einigen.

Eine der neuen Lehrerinnen ersuche ich um eine Beschreibung, wie sie die Situation der Mädchen derzeit sieht.

Sie beschreibt, dass die Kinder dazu bestimmt sind, den Eltern bei der Alltagsarbeit zu helfen. Sie sind eine gute Einnahmequelle. Kinder sollte man nur bekommen, wenn man verheiratet ist, damit sie legitimiert sind. Sie schreibt über die Erziehung von Kindern ebenso, wie von der Ernährung. Außerdem erklärt sie, dass Kinder die mütterliche Liebe brauchen.

Sie erläutert auch die unterschiedlichen Gründe für ungewollte Schwangerschaften bei jungen Mädchen und erwähnt dabei sowohl den ökonomischen als auch den biologischen und sozialen Faktor. Zur Verhütung empfiehlt sie die Abstinenz, Kondome oder die Pille. Sie schließt mit der Aussage, dass die Hebung des Bildungsniveaus die Armut bekämpfen wird.

10. 2. 2011
Heute werden die Utensilien für die Schule besorgt. Der Schuldirektor und seine beiden Lehrer sind unterwegs, um Schulbücher, Hefte, Kreide usw. einzukaufen. Die Schwester von Herrn Keita ist Schneiderin, sie wird die ersten Schuluniformen schneidern. Sie und Herr Sylla sind unterwegs, um den Stoff zu besorgen.

12. 2. 2011
Es wird heute zum ersten Probeunterricht kommen, auch wenn die Uniformen noch nicht fertig sind. Außerdem steht der Abschluss des Mietvertrages für das Schulgebäude an. Der Unterricht ist gut gegangen. Die Kinder, Lehrer und Eltern sind zufrieden. Die Vertragserrichtung macht Probleme. Herr Sylla versucht hier wieder durch sehr überhöhte Forderungen zu einem guten Zusatzeinkommen zu kommen. Nachdem Herr Sylla und ich in Anwesenheit von Herrn Keita unsere Argumente mehrfach ausgetauscht hatten, gebe ich nun Herrn Keita die Vollmacht für mich im Sinne des Projektes weiterzuverhandeln. Die beiden sollen ohne mich eine gute Lösung finden.

13. 2. 2011
Monsieur Keita Bangaly hat mich niemals persönlich um eine Unterstützung gebeten, wohl aber in Briefen.

1. Er möchte, dass ich ihm als Entlohnung ein Salär von 5 bis 7 Millionen GNF (550 oder 750 Euro) bezahle. Je nachdem, was ich zahlen kann. Er bedankt sich auch gleich für mein gutes Verständnis.

Er hat für das Projekt nun etwa fünf Wochen gearbeitet und möchte dafür den 20igfachen Monatsbezug eines Lehrers. Dafür kann er mein gutes Verständnis nicht wirklich erwarten.

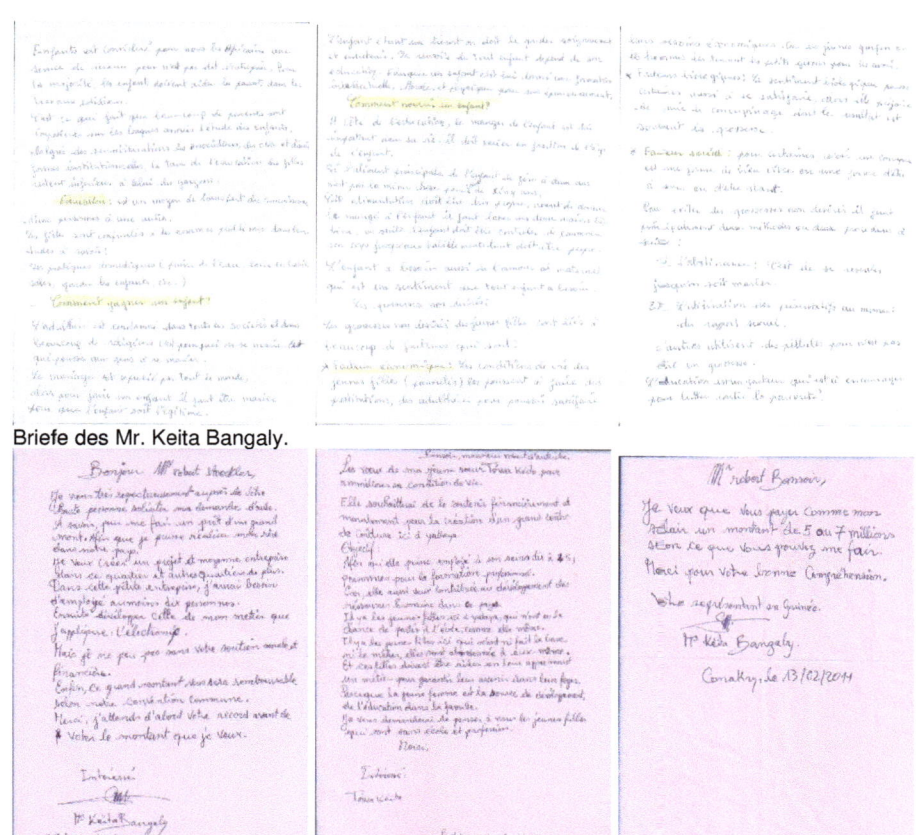

Briefe des Mr. Keita Bangaly.

2. Er möchte eine kleine Firma gründen. Dazu braucht er wenigstes zehn Mitarbeiter. Er möchte seine Firma im dem Bereich weiterentwickeln, den er kennt, im Bereich Elektronik. Ohne meine moralische und finanzielle Hilfe kann er das nicht. Den großen Betrag, den er erst nach meinem Einverständnis nennen will, würde er zurückzahlen. So, wie wir uns das ausmachen.

3. Er beschreibt mir auch noch die Wünsche seiner Schwester Téwa Kéita. Auch sie möchte ihre Lebenssituation verbessern. Dazu möchte sie ein großes Zentrum für Mode in Yattaya eröffnen. Sie möchte zwischen zehn und 45 junge Frauen beschäftigen, um sie professionell auszubilden. So wie sie selbst haben in Yattaya viele junge Mädchen niemals die Möglichkeit gehabt, eine Schule zu besuchen. Ich soll an die jungen Mädchen denken, die ohne Schule und ohne Beruf dastehen.

Die Österreichische Schule wurde Wirklichkeit. Auf den Bildern sehen Sie neben der rotweißroten Fassade auch die Innengestaltung, eine Versammlung mit den Eltern und unten rechts Mr. Aboubacar Sylla mit dem Lehrkörper.

13. 2. 2011
Heute stehen die Lehrer und Schüler vor verschlossenen Toren. Herr Sylla demonstriert nun seine Macht. Wir haben einen Rohbau, der in seinem Besitz ist, für die Schule hergerichtet. Der Rohbau hatte nicht einmal ein Dach. Wir haben ein prima Haus draus gemacht. Ich war wieder einmal vom Beginn weg zu blauäugig. Dass hinter der Eifrigkeit des Herrn Sylla ausschließlich seine eigenen persönlichen Interessen standen, das hatte ich nicht angedacht.

14. 2. 2011
Herr Sylla ist nicht bereit einzulenken. Er sperrt die Schule nicht auf. Ich bin auch nicht mehr bereit, mit ihm zu sprechen. Ich erwarte, dass die beiden Herren eine Lösung zustande bringen. Bangaly Keita, obwohl Afrikaner, macht einen gravierenden Fehler. Gemeinsam mit Unterstützung seines Vaters sucht er nach einer Lösung. Es fällt ihnen nichts Besseres ein, als die Gendarmerie zu Hilfe zu rufen. Herr Sylla wird verhaftet. Das kenne ich doch schon. So etwas habe ich schon drei Jahre vorher einmal erlebt. Man versucht damit Herrn Sylla klein zu kriegen.

17. 2. 2011
Heute bekomme ich Besuch von der Gendarmerie, weil ich mich weigere, mich mit Bangaly Keita und der Gendarmerie an einer Kreuzung zu treffen. Das ist ja fast klar. Die Heftigkeit des „capitain" ist mir neu. Er bläst sich vor mir auf, schreit mich zusammen. Was ich mir erlaube, einfach nicht zum Treffpunkt zu kommen. Zuerst bin ich schon sehr erschrocken. Vor dem Haus steht ja der Range Rover mit einigen bewaffneten Gendarmen, deren Chef nun bei mir sein Männchen macht. Einer Eingebung folgend versuche ich, ihm sehr leise mit einer Einladung zu Niedersetzen zu antworten. Ich sage, er muss sich doch sehr geärgert haben, wenn er nun so wütend ist. Ich sage, dass ich hier in Afrika bin, um armen Familien zu helfen und nicht, um die Gendarmerie in Aufruhr zu versetzen. Er will, dass ich aufs Kommissariat mitkomme. Ich sage, dass ich dazu nicht bereit bin. „Ich habe nichts angestellt".

Während wir hier so diskutieren, gesellt sich ein Mann zu uns. Ich weiß nicht in welchem Zusammenhang er auftaucht. Ich glaube, das ist ein Bekannter des eingesperrten Herrn Sylla. Er gibt mir seine Visitenkarte. Er arbeitet im Ministerium, das für Importe und ausländische Unternehmungsgründungen in Guinea zuständig ist.

19. 2. 2011

Bangaly Keita kommt ganz aufgeregt zu mir. Man hat in der Früh Herrn Sylla freigelassen, weil er sich bereit erklärt hat, dass er die Angelegenheit gütlich regeln will. Ich bleibe gelassen. Ich sage ihm, dass ich mich damit nicht mehr beschäftigen will. Er hat die Vollmacht von mir, einen anständigen Vertrag auszuhandeln. Wenn man sich näher gekommen ist, dann soll er mir die Verhandlungsfortschritte bekanntgeben.

21. 2. 2011
Herr Sylla hat sich überhaupt nicht bewegt. Er will eine so überhöhte Miete für sein Objekt, dass Bangaly Keita sich mit ihm nicht einigen kann. Wir einigen uns darauf, dass wir nur die Schulmöbel und die Unterrichtsmaterialien haben wollen. Bangaly Keita will andere Räume für die Schule suchen. Doch Herr Sylla ist nicht mehr bereit mit ihm zu reden. Er sagt, dass er nur mehr mit mir persönlich verhandeln will. Das verweigere ich. Bangaly Keita berät sich wieder mit seinem Vater, einem pensionierten Militärmajor.

Am Nachmittag kommt ein junger Mann. Ein Mädchen aus der Nachbarschaft hat ihm gezeigt, wo ich wohne. Er sagt, sein Vater hat ihn geschickt. Er übergibt mir eine „Convocation". Das ist ein Zettel, der ausschaut wie ein Strafmandat mit der Überschrift „Convocation". Der amtliche Stempel ist vom Chef de quartier, Gendarmeriekommandant. Zum einen frage ich mich, warum ein junger Mann in Zivil damit kommt. Zum anderen kenne ich das Wort „Convocation" nicht. Ich frage den Buben, was das bedeutet. Er sagt mir, er weiß das auch nicht und gibt mir die Telefonnummer seines Vaters, damit ich ihn anrufen kann.

Zuerst versuche ich zu klären, was dieses Wort bedeutet. Der Google-Übersetzer sagt mir, dass es sich um eine Sitzung handelt. Der Pons sagt mir: 1) Einberufung, Einladung 2)Vorladung 3) Aufforderung (zu kommen). Bei Langenscheidt steht unter Kon-vo-ka-ti´on, die – Einberufen, Zusammenrufen der Mitglieder (von Körperschaften). Dies scheint sogar ein deutsches Wort zu sein. Warum bekomme ich eine Vorladung?

Ich rufe den Chef de quartier an. Das ist der oberste Chef des Kapitän, der mich vor ein paar Tagen so lautstark besucht hat. Nachdem auf der Vorladung steht, dass ich unverzüglich nach Erhalt der Vorladung auf dem Kommissariat zu erscheinen habe, ob es möglich ist, den Termin gleich morgen in der Früh wahrzunehmen. „Pas de problèmes!" Also, keine Probleme. So bedanke ich mich und versichere ihm, dass ich morgen in der Früh verlässlich kommen werde.

Am Abend, es ist schon finster, gibt es großen Tumult auf der Straße vor meinem Haus. Ich erfahre, dass die Gendarmerie Herrn Sylla wieder verhaftet hat. Die Familie und die Nachbarn machen einen großen Wirbel auf der Straße. Ich versperre die Türen, man weiß ja nie. Die Köchin und ihre Schwester telefonieren mit einer Bekannten. Mir erzählen sie, dass diese Frau, Madame Kaba kommen wird, um mir in dieser Situation zu helfen. Als sie da ist, weiß ich noch immer nicht, wie diese aufgetakelte Dame mir helfen will. Sie zeigt mir einen Ausweis. Sie ist Majorin bei der Polizei. Sie kam in Zivil, um kein Aufsehen zu erregen. Sie lässt sich von mir alle Vorgänge schildern, fragt mir Löcher in den Bauch. Am Ende denkt sie lange nach, um mir zu sagen, dass sie selbst zu wenig Macht hat, um mich aus dieser brenzlichen Situation zu ziehen. Sie schlägt mir vor, zuerst mit der Gendarmerie zu telefonieren.

In dem sehr langen Telefonat fragt sie den Kapitän, ob er gedenkt eine Bewachung meines Hauses für die Nacht zu organisieren. Das ist nicht vorgesehen. Da sagt sie, dass sie mich in Sicherheit bringen wird. Der Kapitän meint, ich darf das Haus nicht verlassen. Die beiden schreien sich lange Zeit an. Also Krieg zwischen Gendarmerie und Polizei. Sie legt auf und ruft wütend ihren Chef an, um ihn um Rat zu fragen.

Nach langer Wartezeit wird der Wirbel auf der Straße größer. Es kommt ein Range Rover. Zwei muskulöse Männer in Zivil steigen aus. Der Fahrer bleibt im Auto. Die Sechs uniformierten, bewaffneten Polizisten sorgen dafür, dass sich der Tumult vor dem Haus auflöst. Die Männer in Zivil kommen zu uns ins Haus.

Nun muss ich meine Geschichte wieder erzählen. Zu guter Letzt beschließen die beiden und Madame Kaba, mich sofort in Sicherheit (in ein Hotel) zu bringen, für morgen einen der besten Anwälte Conakrys zu organisieren, damit dieser mich auf meinem Weg zum Chef de quartier begleitet. Sie werden mich bis zu meinem Abflug am Mittwoch nicht mehr aus den Augen lassen. Und mich vor der Gendarmerie schützen!

Da ich schon am Nachmittag begonnen hatte, alle meine Habseligkeiten einzupacken, war ich schnell fertig, als zum Aufbruch gerufen wurde. Ich wurde also in das Polizeiauto verfrachtet, mein Koffer hinten von sechs Polizisten bewacht. So fuhren wir viele Hotels an und landeten schließlich im Hotel du golf in Hamdallaye.

22. 2. 2011

Nach dem mickrigen Frühstück im Hotel holt mich Madame Kaba ab. Ich soll den Tag bei ihr und ihrer Familie verbringen. Hier warte ich auf den Advokaten Alpha Bakar Barry. Wie ich später herausfinde, steht dieser Anwalt auf der Empfehlungsliste der Deutschen Botschaft von Guinea. Es ist eine lange Zeit des Wartens.

Saran Traoré ruft mich an und berichtet mir, dass zwei Lastwagen voll mit Gendarmen in Simbaya gare ausgeströmt sind. Sie haben ein Foto von mir und suchen mich. Bei Madame Kaba bin ich in Sicherheit.

Der Advokat kommt erst gegen Abend, und so fahren wir zum Kommissariat der Gendarmerie ans andere Ende der Stadt. Der Chef de quartier empfängt uns sehr, sehr höflich. Er wurde von oberster Stelle zurückgepfiffen. Alles, was jetzt noch folgt, ist ein reiner Formalakt, damit die Gendarmerie ihr Gesicht nicht verliert. Ich bin dennoch wütend und zeige das auch. Hatte man mich doch wie einen Verbrecher gesucht. Der Kapitän verteidigt sich. Sie hätten Angst um meine Sicherheit gehabt. War ich doch aus dem Haus verschwunden. Zum Schluss der Verhandlung wurde noch palavert. Der Anwalt bat mich, dem Kapitän 100.000 GNF für seine Unkosten zu geben. Ich sagte zu, doch zog ich ihm dann den Betrag von seinem Honorar ab, das für diese Intervention soviel betrug, wie ein Arbeiter hier in einem Monat verdient.

23. 2. 2011
Am Abend begleitet mich Madame Kaba zum Flughafen und bleibt, bis ich durch die Kontrollen durch bin.

Ein Geschäft für Familie Traoré

Bevor ich aus Conakry abgereist bin, habe ich mit Maringbe Traoré eine Möglichkeit gefunden, wie sie ihre Schwester und ihre Kinder selbst für sich sorgen können. Ich habe ihr Geld gegeben, damit sie ein Geschäft aufmachen kann.

Was passiert ist, dass dieses Geschäft nicht mehr existiert, beschreibt Saran in einem Brief, den sie im Hof von Mansa Camio abgibt, in der Hoffnung, dass sie mich dort trifft.

Fotos vom Laden der Familie Traoré.

Der Brief von Saran Traoré. Die Übersetzung finden Sie am 18. 10. 2011

Tagebuch der 5. Projektreise vom 15. Okt. bis 30. Nov. 2011

Conakry
Am 15. Oktober um 23 Uhr 45 werde ich in Inzersdorf abgeholt. Am Flughafen Conakry treffe ich Djibrill in Polizeiuniform. Er hilft mir durch den Zoll. Er hat nicht gewusst, dass ich komme. Das hat doch wunderbar geklappt. Mansa Camio erwartet mich mit seinem „Sohn" Sory am Parkplatz. Wir fahren nach Sangoya, wo Mansa mit seinen drei Frauen 11 Söhnen und 9 Töchtern wohnt. Nicht alle wohnen hier. Einige sind schon verheiratet. Viele Nachbarn kommen um den Toubabou (mich) willkommen zu heißen. Mansa und ich planen noch ein wenig für die nächsten sechs Wochen. Dann falle ich erschöpft ins Bett. Nicht ganz mein Standard, aber immerhin. In der Nacht regnet es. Der Verkehrslärm weckt mich mehrmals auf.

17. 10. 2011
Nach dem Frühstück brechen wir auf, um ins Zentrum zu fahren. Zur Telefongesellschaft Areeba, wegen Telefon und Internetzugang. Dann folgt der Lebensmitteleinkauf, wie Reis, Kartoffel, Zwiebel, Tomatenmark und Öl.

18. 10. 2011
Saran Traore beschreibt in ihrem Brief, wie es zuging, dass ihre Schwester den Laden und alles Geld wieder verloren hat. Kaum zu glauben: Zuerst war sie selbst im Laden. Ihre Schwester war unterwegs, um eine Wohnung zu finden. Als die Wohnung gefunden war, haben sie getauscht. Sie hat sich um den Haushalt gekümmert und hat anschließend im Geschäft geholfen. Am 2. Mai 2011 haben sie Fotos gemacht, um sie mir zu schicken. Auf dem Weg zum Internet hatte sie auf der Kreuzung in Cosa einen Unfall. Sie konnte eine Weile nicht gehen. Sie berichtet auch von der Kontrolle durch den Vater von Beatrice (, die ich angeordnet hatte). Der muss dann etwas später ganz gut gelaufen sein. Eines Tages sind sie nach Madina gefahren, um Warennachschub bei den Großhändlern zu besorgen.

Nur Gott weiß es. An diesem Tag wurden sie von einer Gruppe Banditen verfolgt. Sie haben sie angegriffen und (anscheinend) auch Waffen gegen sie erhoben. Wenn die anderen Leute nicht gewesen wären, dann wären sie an diesem Tag gestorben. Aber die Banditen sind mit der Tasche und dem Telefon ihrer Schwester abgehauen. Seit diesem Tag war ihre Schwester nicht mehr normal. Sie hat nichts gegessen, nicht mit ihnen gesprochen und auf einmal war sie verschwunden. Es war schwierig. Sie hat ihre Tochter dagelassen. Vor zweieinhalb Wochen hat uns auch noch der Vermieter hinausgeworfen.

Kartoffel und Zwiebel für die Familie (S 198)   Die jüngsten Kinder von Mansa Camio.

Versammlung der djembefolas (Trommelkünstler) Sängerinnen und Tänzerinnen Guineas in der Nähe einer Moschee.

25. 10. 2011

Anscheinend ist das Aufschreiben der Ereignisse „un peu compliquée!".
Zwei Wochen ohne Eintrag, das passt irgendwie zum System hier. Eine
Woche davon verbringe ich in der Hauptstadt Conakry. Die zweite Woche
erlebe ich in Baro. Sowohl in Conakry als auch in Baro ist das
Familiensystem von Mansa nicht durchschaubar.

Mansa oder Sory sind in den ersten Tagen meine Chauffeure. Natürlich nicht
unentgeltlich, denn ich kaufe für Mansas Familie ausreichend Lebensmittel
ein. Ich wollte, dass wir einen Sack Reis einen Sack Zwiebel, einen Sack
Kartoffel, Öl, Tomaten, Zucker besorgen. Er sagt, das geht so nicht, ich
muss für jede seiner zwei anwesenden Frauen einen Sack Reis, einen Sack
Zwiebel, einen Sack Kartoffel, Öl, Tomaten, Zucker usw. einkaufen. Sonst ist
das nicht gerecht.

Sory fährt mit mir zu Familie Traoré, zur Familie von Princess, um auch dort
Lebensmittel hinzubringen. Ich treffe mich auch mit Mabinty, Maimounata
und Beatrice. Das sind die Mädchen, die bei Les Elites das Lesen gelernt
haben. Sie bzw. ihre Familien haben bis heute meine Unterstützung. Es wird
auch das Schulgeld für diese Mädchen eingezahlt.

Dauernd heißt es „Morgen fahren wir nach Baro." Doch am nächsten Tag ist
es wieder das gleiche. Als es endlich so weit ist, komme ich aus dem
Staunen nicht mehr heraus.

Die Strassen kämpfen mit den extremen Wetterbedingungen und geben
irgendwann einmal auf. Es ist in Guinea ein halbes Jahr sehr, sehr heiß und
trocken, ein halbes Jahr Regen. Mansa Camio scheint wirklich jedes Loch
auf dieser Strecke zu kennen. Die Strecke zwischen Mammou und
Kouroussa wurde erst vor einigen Jahren fertig. Sie ist in der Zwischenzeit
auch schon wieder kaputt, von Schlaglöchern übersät. Wir schaffen die rund
600km von Conakry bis Baro in einem Tag und einer halben Nacht.

Wir fahren von Sangoya weg, passieren den großen Markt Enta und schön
langsam stellt sich ein Gefühl ein, als wären wir im Land unterwegs. Die
ersten Berge werden sichtbar und bald geht es aufwärts ins "Fouta Djalon"
der Heimat der Fulbe und Peul. Wir fahren lange am Rande des Fouta
Djalon entlang und nähern uns allmählich der Hochebene von Obergunea.
Hier ist das Kernland der Malinké. Nach ca. 600km befinden wir uns in der
ehemaligen Hauptstadt der Region "Kouroussa". Die Region um Kouroussa
herum nennen die Malinké "Hamanah" und die Region, die sich nach Osten
hin anschliesst "Gberedou (G´beredou)". Hier stärken wir uns in für die

letzten 90 km bis nach Baro. Wir verlassen Kouroussa in östlicher Richtung und biegen nach knapp 30km von der Hauptroute ab. Baro liegt in der Region Gberedou an der Grenze zu Hamanah. Wir kommen gegen zwei Uhr früh in Baro an.[44]

Baro

27. 10. 2011
Am Morgen stelle ich fest, dass ich in einer ganz anderen Welt angekommen bin.

Der Name von Baro leitet sich ab von Schmieden aus der Gegend des heutigen Mali, die "ballu" genannt wurden. Die "ballu" wurden in den Kriegen der "Condé" , die aus Siguiri kamen, vertrieben. Die "Condé" sind auch noch heute eine der wichtigsten Familien in Baro. Auch der nun amtierende Präsident Alpha Condé hat eine Villa in Baro.

Baro ist ein Dorf - allerdings ein großes. Baro ist eingebettet in die natürliche Umgebung des Savannenplateaus. Der Dorfkern grenzt an den Heiligen Wald an. Die Randbezirke reichen weit in den Busch hinein.

Baro liegt in der Republik Guinea an einer sehr markanten Stelle, die auf jedem Globus zu finden ist nämlich dort, wo die einzige, seit etwa 50 Jahren stillgelegte Eisenbahnlinie des Landes den Niger überquert. Durch die ländliche Abgeschiedenheit und außergewöhnliche Geschichte der Republik Guinea befinden sich hier Dörfer, die authentischer geblieben sind als anderswo in Westafrika. Dies gilt besonders auch für Baro.[45]

27. 10. 2011
Heute geht es nach Kankan, der Hauptstadt der Region[46]. Während Mansas Auto repariert wird bin ich in der Filiale der Eco-Bank, um meine Geldgeschäfte zu machen. Ich muss auch Geld wechseln. Es muss ein Stromgenerator gekauft werden. Den darf ich Mansa als Geschenk machen.

---

[44] Einige Details entnommen aus: http://www.tamana.de/Das-Land/Bar-das-Dorf.html
[45] ebendort
[46] Kankan hat nach den Berechnungen des World Gazetter (http://www.xn--bevlkerungsstatistik-59b.de/wg.php?x=&men=gpro&lng=de&dat=32&geo=-89&srt=npan&col=aohdq&pt=c&va=&geo=361421069) im Jahr 2013 etwa 165.000 Einwohner. Kankan liegt am Fluss Milo, einem Nebenfluss des Niger. Sie ist Hauptstadt der gleichnamigen Präfektur und Region Kankan und Region Kankan. Mir wurden dort nicht nur die Universität sondern auch der alte, sowie der neue (nicht genutzte) Flughafen gezeigt.

Ich bin sicher, dass ich teures Geld dafür ausgebe, dass es aber ein billiges und schlechtes Gerät ist. Diese Überlegung wird mir später bestätigt.

28. 10. 2011
Der Bruder von Mansa Camio ist Schulleiter. Er erzählt mir, dass ein Mädchen verunglückt ist. Sie ging alle Tage zu Fuß über die Eisenbahnbrücke. Nur gestern hat sie verbotener Weise das Fahrrad genommen. Auf dem schmalen Steg auf der Brücke hat sie ein Pedal verloren, kam ins Schleudern und konnte sich nicht mehr halten. Sie fiel samt Fahrrad ins Wasser und ertrank. Sie konnte nicht schwimmen.

Die Gegend um diesen Fluss "Niandang" ist dennoch ganz besonders schön für mich. Der Niandang mündet ganz in der Nähe in den Niger.

Der Fluss in dem das Mädchen ertrunken ist.　　　Autoreparatur auf afrikanisch in Kanan.

Vor der Brücke. Der Schulleiter mit einem KTM-Moped auf dem Weg zum Begräbnis.

29. 10. 2011

Während ich hier im Hof in Baro sitze, sind sechs Jugendliche mit Teetrinken beschäftigt. 50 Gramm grüner Tee und 100 Gramm Zucker mit Trockenmilch und Haselnüssen werden verkocht und hin und her geschüttet. Anschließend in ganz kleine Tässchen gegossen. Die Ruhe wird gestört durch den Besuch einer jungen Frau, die mit einem der Männer herumschäkert. Sie haben eine Mordsgaudi. Man sagt mir, sie soll die Frau von Mansara, einem Sohn von Mansa werden. Der bestreitet das vehement.

Aisha, die kochende Sklavin, sitzt am Feuer. Sie ist mit der „preparation" des Abendessens beschäftigt. Ein Mädchen, eine Nichte von Mansa, hilft ihr dabei. Inzwischen kommt das Auto von Mansa in den Hof gebraust. Mansa, seine Frau Missy, die Zwillinge und der Chauffeur steigen aus.

30. 10. 2011
Einer der jungen Männer kommt zu mir und zeigt mir sein aufgeschnittenes Knie. Ich gebe Heilsalbe drauf und ein großes Pflaster. Mansa bringt mir eine Einladung der Messe von Kankan, die morgen beginnen wird. Gleichzeitig wird der Mamaya gefeiert und das Tabaskifest.

Missy verschlingt einen ganzen Topf voller Reis, während einer der Zwillinge an ihrer Brust nuckelt. Mansa verabschiedet sich. Er geht noch zur Trommelschule, um den Fortschritt der heutigen Reinigungs- und Renovierungsarbeiten zu kontrollieren. Bah, der größere der Zwillinge will gerade aus dem Hof verschwinden.

Der neu gekaufte (von mir finanzierte) Stromgenerator wird nun zum dritten Mal aus Kankan zurückgebracht und ausprobiert. „On va voir", man wird sehen, ob er am Abend auch noch funktioniert.

Die Trommelschule hier in Baro ist etwas für Afrika einzigartiges. Es ist ein kleines Dorf mit den Originalhütten der Region. In der Mitte dieses kleinen Dorfes ist ein „Saal" für die Trommelkurse. Mansa zeigt mir auch voller Stolz ganze Landstriche die ihm oder seiner Familie gehören.

31. 10. 2011
Seit heute besuche ich die Volksschule. Ich bin in jeder Klasse, um den Unterricht der unterschiedlichen Lehrer zu sehen. Das Unterrichtssystem hier in Baro ist genauso, wie in Conakry. Die Fähigkeiten der Lehrer sind sehr, sehr unterschiedlich.

Der Besuch in der öffentlichen Schule von Baro.
1. 11. 2011
Beim Besuch der sechsten Klasse bemerke ich, dass die meisten Schüler den Lehrer nicht verstehen, wenn er französisch spricht. Das heißt, viele Schüler befinden sich bereits in einer höheren Klasse und verstehen kein Französisch. Bei meinen Nachforschungen komme ich drauf, dass vor einigen Jahren der Kindergarten, den Baptisten aus Amerika betrieben hatten, zugesperrt wurde. Dieses Bildungsangebot war jedoch wichtig für das Gesamtsystem hier in Baro. Als ich das mit Mansa bespreche, hat er eine Idee. Er zeigt mir ein Klassenzimmer direkt auf seinem Hof. Hier betrieb er einmal eine Koranschule.

Wir fahren an die Grenze zu Mali, um Daniel, einen Trommelschüler abzuholen.

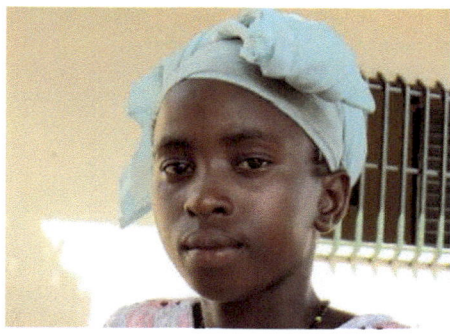

Die Tochter des Schulleiters und die „Slavin" Aisha im Hof von Mansa Camio in Baro.

3. 11. 2011
Das Tabaski – Fest wird gefeiert. Es dauert mehrere Tage. Ein Kalb wird geschlachtet und unter einigen Familien aufgeteilt. Am Hof spürt man eine festliche Stimmung. Es ist anders als an den anderen Tagen.

Es wird ein Rind geschlachtet.

Am Dorfplatz wird gegen Abend unter dem Jubel der Bevölkerung getrommelt und getanzt. Auch Daniel, der Trommelschüler von Mansa aus Irland spielt mit.

4. 11. 2011
Manche Leute sieht man heute nicht. Man sagt mir, viele haben gestern zu viel Fleisch gegessen und sind daher heute krank.

6. 11. 2011
Als es schon finster ist machen wir eine kleine Reise in ein ganz kleines Dorf, das ist dann wirklich das tiefste Afrika. Hier habe ich das Gefühl genau dort angekommen zu sein, wo die ursprünglichste Form der Malinke – Rhythmen gespielt wird. Ich bin in der Heimat der Malinke – Musik angekommen.

Einige Kilometer von Baro entfernt, im Dorf von Kebré höre ich zum ersten Mal live echte traditionelle Malinke-Musik.

Die Koran-Schule wird eine Französische Schule.

7. 11. 2011
Obwohl ich mir vorgenommen hatte nichts mehr zu investieren, habe ich mich zur Unterstützung bereit erklärt, den Raum der ehemaligen Koranschule als französische Schule einzurichten. Ein Lehrer wird gesucht, die Renovierung wird geplant.

Bei der Besichtigung und Sitzprobe der Schulbänke mit Mansa Camio. Sie sehen den Eingang zum Klassenzimmer und das Klassenzimmer vor der Renovierung.

7. 11. 2011
Der Lehrer kommt, um mir sein Konzept für die französische Schule zu erörtern. Es erscheint mir schlüssig, was er zu erzählen und schwärmen weiß. Er beschreibt ziemlich genau ein Reglement. Er beginnt damit, dass ich nach Baro gekommen sei um das Terrain zu sondieren, was die Ziele sind, wie angefangen werden soll und wie ich auf dem Laufenden gehalten werden soll. Alles schön penibel auf Seiten eines Schulheftes aufgelistet. Der junge Mann versteht sein Geschäft. Es soll eine einzige Klasse entstehen, in der Kindern eine Basis in der französischen Sprache beigebracht werden soll, damit sie in der Regelschule verstehen, was die

Lehrer zu sagen haben. Also so etwas, wie einen Ersatz des „maternell", will sagen, Kindergarten bzw. Vorschule. Jene Einrichtung, die von den Paptisten vor einigen Jahren geschlossen wurde. Zugegeben, das ist ein Tropfen auf den heißen Stein. Aber immerhin.

8. 11. 2011
Mansa Camio lässt keine Zweifel offen, dass er die Renovierung in seinem Haus leiten wird. Ich brauche nur das Geld herzugeben. Immer mehr, als es wirklich kostet. Ich habe unzählige „kleine" Erlebnisse in diese Richtung, bis ich beschließe, wieder in die Hauptstadt zurück zu fahren und ihn mit seinem Haus, mit seiner Schule und mit seinem afrikanischen System zurück zu lassen. Mansa bedeutet in der Malinkesprache so viel wie König. Auch wenn es nur sein älterer Bruder ist, der der Dorfälteste ist. Mir scheint, dass dies nur ein Platzhalter für Mansa ist. Ohne Mansa geht hier nichts.

10. 11. 2011
Während ich mich auf die Rückreise vorbereiten will, kommt immer wieder Mansa um mich „aufzuhalten". Er müsse mir noch zwe schöne Grundstücke zeigen, die ihm gehören. Hier könnte man eine richtig große Schule bauen, ich solle mit unserer Regierung reden, damit jemand die Kosten übernimmt. Beide Grundstücke sind ungeeignet. Außerdem will ich sicher nicht mehr irgendetwas hier beginnen. Und zu guter Letzt sagt er mir dann, das soll eine ganz große Schule werden, wo die Kinder Schulgeld zu entrichten haben. Wie ich schon weiß, streift der „fondateur" das Geld ein und lässt üblicherweise die Lehrer dabei verhungern. Wir kommen auch an der einzigen prächtigen Villa vorbei. Die gehört angeblich dem derzeit amtierenden Präsidenten Alpha Condé. Kein Wunder, dass dieser kaum einmal sich in sein Heimatdorf verirrt, bei den schlechten Verkehrsverhältnissen.

Um 15 Uhr fahren wir weg, damit ich um 16 Uhr in Kankan sein kann. Um diese Zeit beginnen die Taxifahrten nach Conakry. Ich bekomme den Beifahrersitz für mich allein. Das ist ein Privileg. Hinter sitzen Sory, mein Begleiter und drei weitere junge Männer. Die Fahrt geht so weit ganz gut. In der Nacht versuche ich dann doch einzuschlafen. Gerade, so glaube ich, als ich endlich einmal eingenickt bin, macht es einen fürchterlichen Knall. Der Fahrer kam bei einem Ausweichmanöver von der Fahrbahn ab und krachte gegen ein Brückengeländer. Das Auto hängt über einem Fluss, die Windschutzscheibe, genau an der Stelle vor mir, ist blind. Ich habe offensichtlich mit meinem Kopf die Windschutzscheibe kaputt gemacht. Wir befinden uns mitten in Afrika. Ich muss auf der Fahrerseite hinausklettern, voller Angst, dass das Auto umkippen und in den Fluss fallen könnte. Es dauert noch eine geraume Weile, bis ich auf Umwegen nach Conakry komme. Vorerst werden alle Koffer und Schachteln aus dem Kofferraum und vom Dach genommen. Wir lassen uns am Straßenrand unter ein paar großen Bäumen nieder. Nachdem der Schock von uns weicht, unterhalten wir uns um Gott und die Welt, das Leben in Conakry und in Guinea, mein Projekt usw. Nach und nach kommen die Mitfahrenden in oder auf anderen vorbeifahrenden Autos unter. Schön langsam wird es hell. Sory will warten bis er einen Fahrer findet, der uns gut und sicher weiterbringt. Wir bemerken, dass wir ganz nahe an einem Dorf unser Lager aufgeschlagen haben. Es kommt Leben in und um die Hütten. Frauen gehen mit Plastikkanistern auf dem Kopf um Wasser. Das holen sie anscheinend aus dem Fluss in den wir – Gott sei Dank - nicht gefallen sind. Wir wissen nicht welcher Volksgruppe diese Frauen angehören. Eine Kommunikation mit ihnen ist nicht möglich, denn sie verstehen Malinke und Susu nicht.

Wir kommen mit einem sehr desolaten Taxi bis in die nächste Kreisstadt. Er will von uns einen Vorschuss, damit er Treibstoff kaufen kann. Er kommt mit einer Literflasche voller Benzin zurück und weiter geht die Fahrt. Bis wir in Conakry ankommen, sollte es Mittag werden.

Zurück in Conakry

11. 11. 2011
In Conakry bleibt mir noch eine Woche Zeit. Ich versuche mich mit allen Menschen zu treffen, denen ich in den letzten Monaten von Europa aus geholfen habe. Es ist immer wieder gut, Statusberichte parat zu haben, sollte in Europa sich ein Spender für den Verbleib seines Geldes interessieren.

Jeden Nachmittag machen wir im Hof eine Stoffwiederholung. Die Kinder sind immer wieder sehr begeistert, wenn sie dabei sein dürfen. Schön langsam geht es auch darum, die Abreise vorzubereiten.

Es gibt ein Fest mit einer traditionellen Trommelgruppe aus dem Dunstkreis von Mansa. Ich lasse alle im Unklaren, dass ich gleich nach dem kleinen Fest zum Flughafen fahren muss. Es ist immer das Beste, wenn die Phase des Abschiedes kurz und schmerzlos über die Bühne geht.

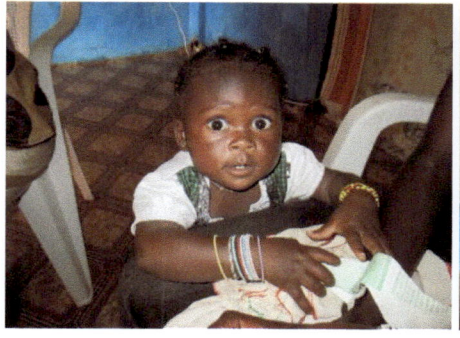 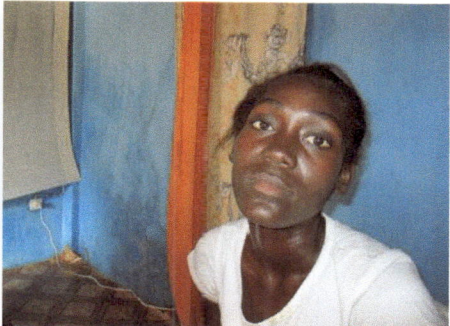

Idel kommt mit ihrer Tochter zu Besuch.

 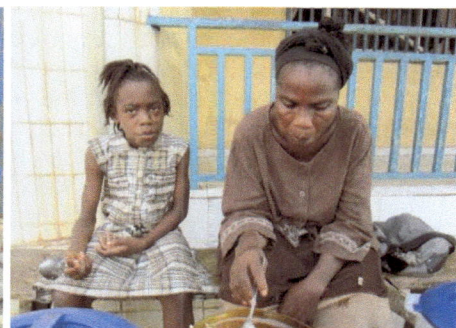

Die tägliche „revision" im Hof von Mansa.   Pinkie ist mit ihrer Oma zu Besuch.

Beim Abschiedsfest wird anständig getanzt, getrommelt und gegessen.

Mit einem Muslim habe ich mich des Öfteren über den Koran unterhalten. Eine Zeit lang hatte ich mich schon zu Hause mit einer deutschen Übersetzung des Koran beschäftigt. Wir kamen auf das Thema Polygamie zu sprechen. Ich erklärte ihm immer wieder, dass wir Christen nur eine Frau heiraten. Das findet er sehr komisch, denn er selbst hatte nur eine Frau und die ist ihm gestorben. Wenn ich das nächste Mal nach Conakry komme, dann soll ich ihm eine gesunde, blonde Frau mitbringen.

Der Brief an Mansa Camio

Hallo, Mansa Camio,

ich habe mir Zeit genommen, um zu reflektieren, was seit dem 17. Oktober passiert ist.

Schon bei meiner Ankunft habe ich darüber gesprochen, dass ich diesmal keine Investitionen machen will. Hast Du das gehört?

Du und Deine Familie (Deine Frau) habt den Besucher als Kreditgeber benützt und am Ende habe ich Dir 150 Euro und Deiner Frau 50 Euro nachgelassen. Das macht 2,000.000 GNF aus. Insgesamt habe ich (nicht immer freiwillig) Lebensmittel gekauft und ich habe für die Ausgaben mehr als 2.500.000 GNF gegeben.

Die Beträge, die ich Dir geliehen habe, sind nicht wirklich zu mir zurückgekommen. Sie sind nun in Dein Gebäude investiert. Du warst sehr darauf aus, dass in Deinem Hof ein Projekt gemacht wird, nicht ich! Du hast mit mir Geld verdient, weil unbedingt du selbst die Materialien kaufen wolltest. Du hast mich betrogen. Außerdem hast du mich gebeten, Deiner Frau zu helfen! Das ist komisch! Mansa, Du bist reich!

In Conakry angekommen, habe ich Deine Frau Saran krank angetroffen. Sie hat nichts zum Leben. Ich habe festgestellt, dass sie (Saran und die vielen Kinder, die Du bei ihr gelassen hast) ganz auf sich gestellt sind. Man hat mich gebeten, dass ich helfen soll. Saran möchte Handeln, wie Missy. Mansa, es ist an Dir, dich um die Entwicklung Deiner Frauen zu kümmern. Das ist überhaupt nicht mein Problem. Es ist notwendig, dass Du selbst Deine Kraft für Deine Familie einsetzt.

Und ich möchte Dir sagen, dass ich kein Interesse mehr habe, auch noch irgendetwas mit Dir zu tun. Den Gehalt für den Lehrer werde ich noch bis Juni bezahlen. Dann ist Schluss!

Ich bin nicht nach Afrika gekommen, um den Reichen zu helfen, aber Du wolltest das nicht respektieren! Ich bin mit einem sehr traurigen Gefühl nach Europa zurückgekommen. Ich werde alles vergessen. Ich möchte keinen Kontakt mehr mit Afrikanern.

Respektiere das!
Aus!

Robert   24. 11 2011

2012

Im Frühjahr 2012 habe ich eine Möglichkeit zu finden, hier in Europa Reis und andere Lebensmittel einzukaufen und diese dann in Conakry direkt zu den Menschen liefern zu lassen. Nach einer ersten Probe habe ich in diesem Jahr mehrfach den Weg über Paris genützt. Wenn die Nahrung via Master Card bezahlt wird, dann wird binnen 24 Stunden die Ware zugestellt. Wenn man einen Beweis will, dann bekommt man auf Wunsch auch ein Foto von der Übergabe. [47]

Mabinthy Sakho, Oma Cecilia mit Pinkie und Princess Sia Solo bei der Lebensmittelübergabe.

---

[47] Infos unter: www.wontanara.com (zum Zeitpunkt der Drucklegung hat sich dieser Service in Luft aufgelöst.)

Bericht aus Baro

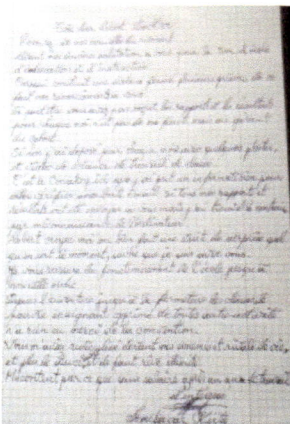

Der Lehrer Aboubacar Keita gibt sich alle Mühe, doch noch Geld von mir zu erhalten. ler gestaltet den Unterricht sicher mustergültig.

Tagebuch der 6. und letzten Projektreise vom 29. Okt. bis 6. Nov. 2012

1. 11. 2012
Drei Nächte habe ich nun schon im Motel Aliance verbracht. Eigentlich eine fürchterliche Bude. Hier kann man stundenweise Zimmer mieten. Ich schlafe, wie schon gesagt, die ganze Nacht hier für GNF 200.000 (24€). Ich muss mich erst wieder daran gewöhnen, wie schmutzig und einfach hier alles ist. Den ersten Vormittag habe ich gleich wieder in der Zentrale von Areeba verbracht, um mein freigeschaltetes iPhone afrikatauglich zu machen. Alles funktioniert. Auch Skype!

Es ist nicht einfach, ein Haus für mich zu finden. Ich bleibe im Hintergrund, denn sonst erhöht sich der Preis für die Miete sofort. Vielleicht haben wir morgen Glück. Der Bruder von Sory hilft bei der Suche.

Vorgestern Abend haben wir den Geburtstag von Pinky gefeiert. Sie ist 9 Jahre alt geworden. Da konnte ich also gleich mitgebrachte Geschenke anbringen. Sie hat sich sehr gefreut. Als ich mich verabschiedete, hat sie sehr geweint.

Idel war auch gekommen, um sich bei mir zu zeigen. Sie hat ein wenig an Farbe gewonnen. Hört sich komisch an bei einer Schwarzen, doch nach der Geburt ihres Mädchens kam sie mir ganz grau vor. Nun ist ihre Tochter fast zwei Jahre alt und Idel konnte ein wenig zunehmen.

Wir feiern den Geburtstag von Pinkie. Sie ist sehr glücklich, weil ich kleine Geschenke für sie mitgebracht habe. Die übrigen Familienmitglieder sind eher grantig, weil sie nichts bekommen.

Mit der Hitze komme ich dieses Mal nicht zu Rande. Auch wenn ich sehr viele trinke, fühle ich mich schwach. Mein Blutdruck wird immer niedriger. Ich krieg es mit der Angst zu tun. Zu guter Letzt buche ich bei air france meinen Rückflug zum nächstmöglichen Termin. So kommt es, dass meine letzte Projektreise nach einer Woche zu Ende ist.

Am 5. 11. 2012 bezahle ich noch das Schulgeld für Pinkie und am Abend geht es wieder heimwärts.

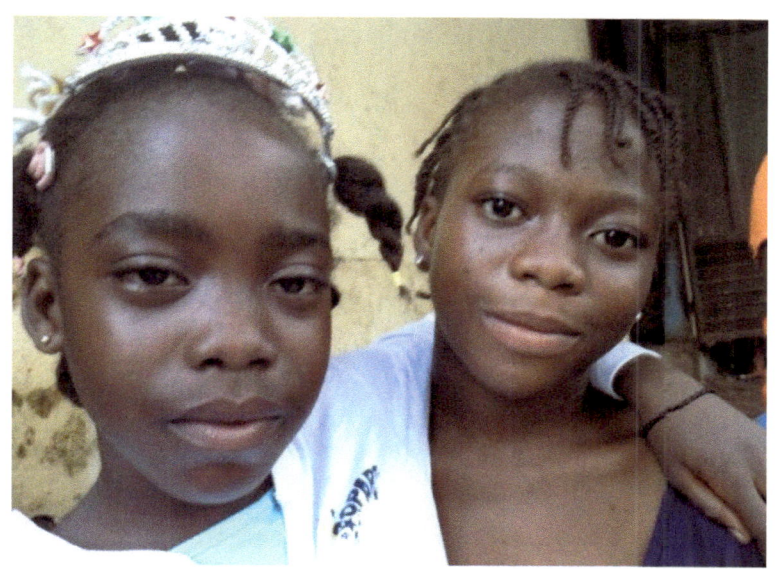

Pinkie (mit der Krone) ist neun Jahre alt. Ihrer Schwester Sarafina feiert mit. (Seite 214)

Die Schule in Baro ist in Betrieb. Die Mädchen haben keine Uniform. Hier wird Französisch gelernt.

Berichte, die mich zum Ausstieg bewegt haben

Die nachfolgenden Artikel haben mich bestärkt, das Projekt für Guinea zu beenden.

Afrika: Entwicklungshilfe landet bei Diktatoren und Konzernen[48]

500 Milliarden US-Dollar, das Volumen von vier Marshall-Plänen, haben die Industrieländer in 50 Jahren in die Entwicklungshilfe gesteckt. Profitiert haben westliche Konzerne und korrupte afrikanische Eliten. Die Masse der Menschen ist ärmer denn je.

Seit einigen Jahren geht die Kritik an der klassischen Entwicklungspolitik schon um, in den vergangenen Monaten ist sie schärfer denn je geführt worden, in Afrika ebenso wie in Europa. Aktuell im Schussfeld der Kritik: der neue deutsche Entwicklungshilfeminister Dirk Niebel.

Der Freidemokrat hat in der Opposition eine radikale Umkehr und die Abschaffung des Ministeriums gefordert. Nun leitet er es selbst und beteuert, die Hilfe fortzuführen. „Niebel wusste vorher, dass sein Ministerium fest in der Hand der entwicklungspolitischen Szene ist, eines Milieus aus Kirchenvertretern, Funktionären von Spendenorganisationen, staatlichen und halbstaatlichen Beratungsprofis und den ideologischen Überbleibseln des Imperialismus, deren gemeinsames Interesse darin besteht, das Konzept Entwicklungshilfe, von dem sie leben, am Leben zu erhalten", kritisierte Michael Miersch am 28. November in der Tageszeitung „Die Welt".

Sein Kollege Christoph Bertram hatte schon 2006 in der „Zeit" geschrieben, dass die Entwicklungshilfe „tyrannische Herrscher stärkt, traditionelle demokratische Institutionen zerstört und neue behindert". Marktkräfte und Handelsaustausch würden erstickt, Bürokratie und staatlicher Dirigismus gemästet. Die Hilfe begünstige Korruption, Rüstung, Umweltzerstörung und sei Betrug an den Menschen in Afrika.

Kritik fruchtet nicht
Deutschland führt die kritische Bewegung an, weil es selbst ein Land der schlimmsten Auswüchse der Entwicklungspolitik ist. Deshalb hat sich vor rund einem Jahr eine große Gruppe kritischer Experten und Publizisten zum

---

[48] www.nachrichten.at/nachrichten/weltspiegel/Afrika-Entwicklungshilfe-landet-bei-Diktatoren-und-Konzerne;art17,308401 - Ein Artikel von Josef Lehner vom 14. 12. 2009

„Bonner Aufruf" zusammengetan: Die Entwicklungspolitik „hat versagt". Es sei nicht gelungen, Afrika zu einem selbsttragenden, seinem Bevölkerungswachstum entsprechenden wirtschaftlichen und sozialen Fortschritt zu verhelfen.

Trotz Reformansätzen durch die Entschuldungsinitiative der Weltgemeinschaft 1999, den Millenniums-Entwicklungszielen von 2000, G8-Erklärungen und einer angeblich neuen EU-Strategie habe sich rein gar nichts gebessert. Die Hilfsstrategie habe die afrikanischen Länder entmündigt. Das Bewusstsein, selbst Verantwortung zu übernehmen, sei „zerstört worden, weil ausländische Helfer zu viel Verantwortung an sich zogen".

Nicht die Europäer sind aber führend in der Kritik an der westlichen Hilfe, sondern Afrikaner selbst. Die Autorin Axelle Kabou aus Kamerun hat den Westen schon vor 18 Jahren in ihrer Streitschrift „Weder arm noch ohnmächtig" dazu aufgefordert, die Hilfe zu unterlassen, weil sie dem Volk mehr schade.

Afrikaner gegen Hilfe
Der kenianische Ökonom James Shikwati kritisiert seit Jahren, dass Entwicklungsgelder die Regime stabilisieren und gewaltsame wie repressive Politik finanzieren. Es entstehe Abhängigkeit, der Unternehmergeist und die Handelspolitik würden unterdrückt. Er nennt als schlimmes Beispiel: Das einst blühende Simbabwe sei von Robert Mugabe abgewirtschaftet worden. Seine Soldaten würden aus der Welthungerhilfe gespeist, um dann das eigene Volk zu unterdrücken.

Heuer haben zwei Buch-Bestseller, einer in Afrika, einer in Deutschland, Aufsehen erregt: Die schwarze Volkswirtin Dambisa Moyo (40), ausgebildet in den USA, tätig bei Weltbank und Goldman Sachs, fordert, die Entwicklungshilfe sofort einzustellen. Die Länder sollten ihre Entwicklung selbst in die Hand nehmen. Als Mittel dazu sieht sie u. a. Kleinkredite.

In Deutschland hat der Ex-Diplomat Volker Seitz mit dem Buch „Afrika wird armregiert" die Hilfsmaschinerie in seinem Land und in Afrika verurteilt. Sie habe nur das Interesse, die eigenen Arbeitsplätze zu sichern. „Deshalb ist es nicht in ihrem Interesse, in einem Land die Zelte abzubrechen, nur weil es dort keine gute Regierungsführung gibt. Die Myriaden von Entwicklungshelfern helfen vor allem sich selbst."

Das nützt nur Diktatoren
Afrikanische Länder würden von Hilfsangeboten überschwemmt; sie könnten sie nicht aufarbeiten.
Fatal seien Kurzvisiten von Stars der Popmusik oder der Filmwirtschaft, die damit nur ihr Image aufpolieren möchten. Sie würden die Fehlentwicklungen verstärken. Seitz: „Die Wohltätigkeitsaktivisten machen sich zu willigen Helfern der Regime."

Die Kritik: Korrupte Regierungen[49]

• Milliarden Dollar, die die westlichen Länder jedes Jahr in die Entwicklungshilfe stecken, werden von einer korrupten afrikanischen Führungsschicht abgezweigt.

• Um die Verantwortung zu stärken, gibt der Westen mehr direkte Budgethilfe, jedoch ohne die Zielländer genau zu kontrollieren und Betrug zu bestrafen, so der Deutsche Volker Seitz.

• In den Hauptstädten Afrikas gibt es neben blanker Armut unvorstellbaren Luxus: Limousinen, Champagner, Nobelvillen. Politiker und Topbeamte legen ihr Geld in Steueroasen an, halten sich feudale Wohnsitze von Monte Carlo bis New York.

• 200 bis 400 Hilfsorganisationen konkurrieren in Afrikas Hauptstädten, kritisiert Seitz. Nur wenn sie Zielprojekte auftreiben, können sie Steuer- und Spendengelder loseisen und ihre Arbeitsplätze sichern. In Deutschland seien schon 100.000 Jobs von Entwicklungshilfe abhängig.

• Die Vereinten Nationen vergeuden Geld mit Überorganisation: UNDP, UNICEF, UNHCR, UNCTAD, UNIDO, WHO, UNIDI, UNEP...

• Viele Länder Afrikas sind reich an Bodenschätzen: Nigeria, Kongo, Angola, Guinea, Äquatorialguinea. Trotzdem gibt es Hilfe.

• **Afrikanische Potentaten eisen vom Westen mit Verweis auf die Schuld der Kolonialzeit Geld los – für sich selbst.**

---

[49] www.nachrichten.at/nachrichten/politik/aussenpolitik/Die-Kritik-Korrupte-Regierungen;art391,306278 10. 12. 2009

Das Ergebnis

Bildung & Erziehung

Stärkung des Bewusstseins
Durch Erhebungen in den Regionen und viele Gespräche mit Männern und Frauen wurde das Bewusstsein gestärkt, dass alle Mädchen in die Schule gehen müssen.

Das Schulgeld
Für bis zu 130 Mädchen in Simbaya gare wurde ab 2008 für den Zeitraum von mehr als drei Jahren das Schulgeld eingezahlt. Nach Wissensüberprüfungen stellte sich jedoch heraus, dass trotz Schulbesuchskontrolle maximal 20 Prozent der Mädchen lesen und schreiben gelernt haben. Dennoch waren einige „unserer" Mädchen Klassenbeste. Für die erfolgreichen Schülerinnen finanzierten wir das Schulgeld weitere zwei Jahre.

Die Österreichische Schule in Yattaya
Es wurde eine Österreichische Schule errichtet. Den Bau samt künstlerischer Gestaltung, die Einrichtung mit Tafeln und Möbeln und die Erstausstattung mit Kreiden, Büchern, Heften, Linealen usw. und sogar rot-weiss-rote Schulgarnituren für alle 70 Kinder haben wir finanziert. Im Februar 2011 wurde die Schule an die Pädagogen in eigene Kompetenz überlassen.

Die französische Schule in Baro
Die ehemalige Koranschule wurde renoviert und zur Französischen Schule umgebaut. Es wird aktiv eine Art Vorschule betrieben.

Gesundheit & Ernährung
Unzählige Zahnbürsten und Zahnpasten habe ich zuerst aus Europa mitgebracht, später dann in Guinea direkt gekauft und verteilt. Immer wieder einmal als Geschenke bei Haus- oder Schulbesuchen mitgebracht. Mehrmals habe ich Besuch in Krankenhäuser finanziert und sehr, sehr oft die Kosten für verschriebene Medikamente übernommen.

Im Jahr 2012 habe ich für die Ernährung von einigen Familien von begabten bzw. fleißigen Schulmädchen gesorgt. Etwa eine Tonne Reis, einige hundert Kilo Kartoffel und Zwiebel und andere Lebensmittel direkt zu den Familien liefern lassen.

Einkünfte & Hilfsgüter

Saläre
für Dienstleistungen wie Projektmitarbeit, Küche, Reinigung, Wäsche. Immer, wenn ich in Afrika war, hatte ich immer Bedarf an diesen Handreichungen. Die Menschen, die für mich tätig waren, sind von mir immer entsprechend wertschätzend (also aufgewertet) entlohnt worden. Insgesamt waren dies bei meinen Aufenthalten insgesamt etwas mehr als 30 Monatsgehälter. Etwa ebenso viel habe ich für die laufenden Erledigungen bezahlt, wenn ich nicht vor Ort war.

Das Fischerboot
Wesentliche Erträge dieses Ausfluges in die fremde Profession waren Hoffnung und Erkenntnisgewinn. **Hoffnung** sowohl für die Projektmitarbeiterin als auch für mich als europäischer Begleiter. Die Projektmitarbeiterin wollte sich durch das Fischerboot mit einem Schlag aller ihrer finanziellen Sorgen entledigen und ich wollte durch das Fischerboot mit einem Schlag das Gesamtprojekt von Spendengeldern unabhängig machen. Dieser Versuch, von fremder Hilfe zur Selbsthilfe zu kommen, hat nicht zum gewünschten Ergebnis geführt. Die Erkenntnisse daraus gaben wichtige Impulse zur langsamen Beendigung des Projektes.

Energie
Solange ich selbst den Solarkocher bediente, wurde er sinnvoll eingesetzt. Die Ersparnis der Grillkohle, die in Guinea zum Kochen verwendet wird, scheint zuwenig lukrativ zu sein. Das Fotovoltaik-Modul und die SOLUX-Solarlampe haben während meiner Anwesenheit gute Dienste geleistet.

Die Werbung

Name - Logo - Werbemittel
Der Projektname für Österreich „Kann Spenden Sünde sein" schien uns am Anfang marketingmäßig schlau. Wie sich durch Gespräche herausstellte, gibt es Ressentiments für diese Bezeichnung. Deshalb machten wir aus dem Projektzweck den Namen: „SPENDEN macht SCHULE".

Die Homepage
www.spendenmachtschule.at

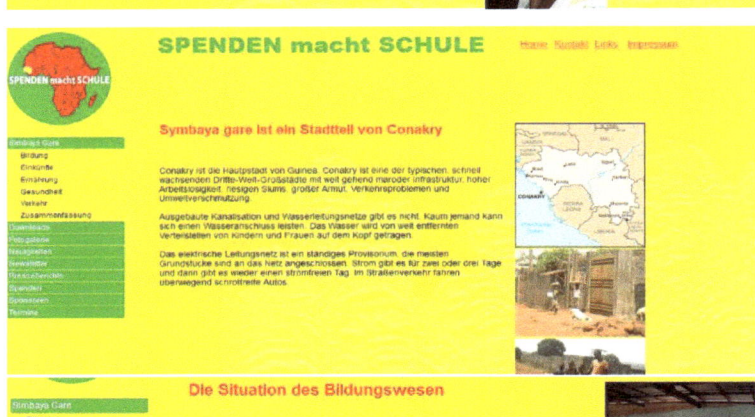

Die Zeitungsartikel

Ein Auszug aus der Menge der erschienen Artikel vor Allem in der regionalen Presse:

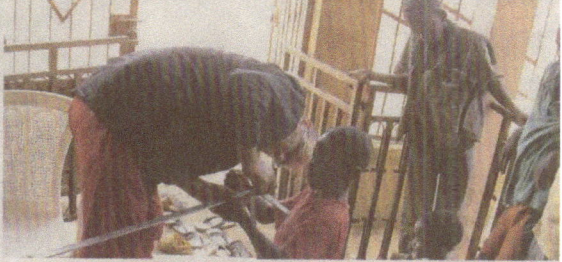

Inzersdorfer hat Herz nach Afrika verloren

Schulprojekt in Afrika

Robert Stöckler mit Kindern in der westafrikanischen Stadt Conakry

Ein Traum wird Wirklichkeit
Inzersdorfer baut Schule in Afrika, die noch heuer eröffnet werden soll

Inzersdorfer will in Afrika Schule bauen

Das ORF - Fernsehen
Vor meiner ersten Projektreise gab es im Oktober 2008 in „Oberösterreich heute" einen mehrminütigen Beitrag. Hier der kompakte Beitrag, der dem Film entnommen wurde.

Ein Oberösterreicher trommelt für Afrika. Ein Oberösterreicher trommelt für Afrika, im doppelten Sinn. Einerseits als Trommellehrer und andererseits rührt der Kirchdorfer Unternehmensberater die Werbetrommel für sein eigenes Hilfsprojekt.

Der Unternehmensberater Robert Stöckler aus Inzersdorf im Kremstal trommelt für Afrika auf seiner mit Ziegenfell bespannten Konzerttrommel. Im westafrikanischen Staat Guinea hat er seine Kenntnisse perfektioniert. Seit zehn Jahren arbeitet der 58-jährige nebenbei als Trommellehrer. Wie z.B. alljährlich in Grünau im Almtal, wo die Erstklassler der Musikhauptschule Kirchdorf ihre Kennenlerntage verbringen.

„Das Trommeln bedeutet für mich Lebenskraft, Lebensfreude, Energie. Wenn man trommelt, regelmäßig trommelt, dann bringt man auch was weiter." sagt er. In seinem Brotberuf berät der gelernte Buchhalter Klein- und mittelständische Unternehmer oder Ärzte in Führungspositionen. Bei seinem letzten Besuch in Conakry, der Hauptstadt von Guinea hat er trotz der Bedenken seiner Frau beschlossen, ein eigenes Hilfsprojekt zu starten. Im Vorjahr hat er begonnen, Spenden für den Bau einer Mädchenschule zu sammeln. Auch Hilfsgüter wurden gesammelt und nach Afrika verschifft. „Bei einem eigenen Hilfsprojekt kommt die Hilfe genau dorthin, wo ich sie haben will! Da kann ich mitsteuern und mitbestimmen und so helfen, wie die Menschen es dort brauchen", sagt Robert Stöckler, der als Zwölfjähriger Missionar werden wollte.

Seit Anfang 2008 war Robert Stöckler nun bereits drei Mal in Conakry. Je näher jedes Mal die Abreise rückt, desto größer wird auch die Angst. „Gerade jetzt gibt es wieder Unruhen, weil die Parlaments- und Präsidentschaftswahlen bevorstehen. Ende September wurde just zum 51. Jahrestag der Unabhängigkeit eine friedliche Demonstration blutig zerschlagen. Man kann nie wissen, wenn man hinfährt, was passiert."

Zur Einstimmung auf seine jährliche Herbstreise trommelt der zehnfache Großvater gemeinsam mit den Kirchdorfer Musikhauptschülern für Afrika.

Was nicht!

Ärzte ohne Grenzen
2008 machte ich mich auf die Suche, ob diese Organisation in Guinea im Einsatz ist. Damals war angegeben, dass 306 Mitarbeiter in Guinea im Einsatz sind. Daher war ich motiviert eine Zusammenarbeit zu suchen. Meine Kontaktaufnahme mit „Ärzte ohne Grenzen" war nicht von Erfolg gekrönt. Meine Mail wurde so beantwortet, dass man mit mir nicht zusammenarbeiten möchte, dass die von mir geförderten Mädchen in die Einrichtungen von Ärzte ohne Grenzen besuchen könnten. Auf meine Frage, wo in Conakry solche Einrichtungen zu finden sind, bekam ich keine Antwort mehr. Solange ich in Guinea unterwegs war habe ich niemals eine Einrichtung dieser Organisation sehen können. Die im Internet beschriebenen Projekte von Ärzte ohne Grenzen scheinen mir erfolgreich zu sein.

SOS-Kinderdorf
Meine Versuche, in Guinea eine Vernetzung zustande zu bringen, sind gescheitert, obwohl ich mehrere Anläufe mit der Landeszentrale gemacht und ein Gespräch mit dem Landesleiter geführt habe.

Spendengütesiegel
Nach dem Studium der Unterlagen stand für mich fest, dass ich das für mein Projekt nicht beantragen werde. Das Siegel bestätigt lediglich, dass die Buchhaltung einwandfrei geführt und die entsprechenden Belege vorhanden sind. Um ein paar Euro kann man in Afrika fast jeden Beleg bekommen. Es wird nicht überprüft, ob das Projekt sinnvoll oder hilfreich oder gar nachhaltig ist. Sicher ist, dass Projektgelder (zB. Spenden) für den Wirtschaftsprüfer auszugeben sind.

Persönliche GeDANKen

Mein Wille, mich auszudrücken und „Ausdruck" zu fördern war schon in meiner Kindheit und Jugend sehr stark ausgeprägt und hält bis heute an. Sei es im Schlierbacher Knabenchor, als Jungscharführer, als Bassist bei den Dreamers oder Mit-Reaktivierer der Kirchdorfer Kolpingsfamilie, oder als Mitbegründer des Jugendinformationszentrums. Auch als Begleiter meines tauben Vaters mit seiner Kunst in der Galerie Schloss Neupernstein und anderorts habe ich Beiträge geleistet, ebenso mit der Gründung des Kirchdorfer Jazzclubs. Viele internationale Künstler konnten sich in den 70iger und 80iger Jahren in Kirchdorf durch meine Vermittlung „ausdrücken". Eine Hochzeit erlangte diese meine Fähigkeit in den 90 ger Jahren. Da hatte ich meine Berufung zum Persönlichkeits- und Managementtrainer verwirklicht, um ab 2000 nach professioneller Ausbildung zusätzlich als Supervisor und Coach tätig zu werden. Durch meine Beschäftigung mit dem Trommeln wurde ich auch zum Experten für Malinke - Musik. Seither habe ich einigen hundert Menschen die Polyrhythmik näher gebracht und mich nicht nur als Djembe - Solist, sondern auch meine Töchter und einige meiner Enkel als Interpreten afrikanischer „Kunst" der Öffentlichkeit präsentiert.

Zu guter Letzt bin ich auch noch unter die Sendungsmacher beim Radio B138[50] gegangen. Im Einzugsgebiet dieses freien Regionalradios gibt es zwar nur etwa 35.000 Einwohner und entsprechend weniger Hörer, doch ist es mir gelungen, dass meine Sendungen (AbisZ mit Jazz vom Feinsten, Afrika im Kremstal und GehörtGehört) auch in Linz, in Vorarlberg und neuerdings auch in Thüringen ausgestrahlt werden.

Obwohl Schreiben nie eine besondere Fähigkeit von mir war, erscheint aus meiner Feder dennoch ein Buch. Zweimal flog ich nach Westafrika, um mein Projekt abzuschließen. Als dies nicht gelang, suchte ich nach einer anderen Möglichkeit, mein Projekt „sauber" zu beenden. Das vorliegende Buch ist der Abschluss meines Einsatzes in Guinea.

Dazu noch einige persönliche Gedanken:

Die gegenseitige Unfähigkeit, einander zu verstehen ist im Nachhinein offensichtlich. Wie haben sich manche Situationen so entwickelt, dass sie dann so gewesen sind? Es ist nicht immer klar, warum manche Situationen so waren.

---

[50] Den Live-Stream zu den Sendungen des Radios finden Sie unter www.radio-138.at

Gut, dass ich dieses Projekt und die dazugehörige Beschreibung darüber gemacht habe. Nun können die Leser urteilen!

Wenn für Sie noch Fragen offen sind, etwas unklar beschrieben ist, oder Sie mir etwas sagen wollen, dann nehmen Sie bitte Kontakt mit mir auf (robert@stoeckler.at). Das gilt auch dafür, wenn Sie mir sagen wollen, welche Gedanken/Gefühle beim Lesen zwischendurch aufgetaucht sind und wie es Ihnen nach dem Lesen des Buches geht, oder wenn Sie eine Meinung darüber äußern wollen, ob ich nun mit meinem Projekt gescheitert oder gescheiter geworden bin.

An dieser Stelle will ich Danke sagen: zuerst meinem Mentor P. Joseph Kaufmann, der mich mit seinem Tipp zur Männerwoche auf den Weg nach Afrika gebracht hat. Meiner Frau, die es zuließ, meinem Ruf zu folgen und mich immer wieder auffing, wenn ich enttäuscht und ausgelaugt aus Conakry zurückkam. Erika Lipnik und Lukas Eibensteiner die mich gemeinsam mit anderen Linzern und Menschen aus dem Kremstal – u. a. Renate und Emmerich Hotz und Mag. Rudolf Oberdammer - tatkräftig unterstützt haben. Dadurch konnte ich Erfahrungen mit einem Hilfsgütertransport machen. Sie haben außerdem die Werbung für das Projekt aufgebaut und die Administration der Spendengelder abgewickelt. Danke auch den vielen Spendern und Schulpaten, die Mädchen aus Afrika eine Wissenserweiterung ermöglicht haben.

Zum Schluss möchte ich meinem Freund Mag. Dr. Fritz Weilharter danken, dass er mich ermuntert hat aus dem Abschlussbericht ein Buch zu machen, bei dem ich „meinen" Universitätsprofessor Dr. Klaus Zapotoczky neu kennengelernt habe. Danke für das Vorwort. Die unzähligen Gespräche mit ihm haben mir gezeigt, dass ich mit den offenen Fragen, die mich nach Beendigung des Projektes beschäftigen, nicht alleine bin.

So bleiben zum Schluss viele Fragen offen. Hier ein kleiner Auszug: Warum habe ich so lange durchgehalten? Sprache als Barriere? Ist Unehrlichkeit ein afrikanisches System? Wie beeinflusst ein Kulturenkonflikt eine gedeihliche Zusammenarbeit? Was wollen die Menschen Afrikas wirklich? Können sie das überhaupt wissen? Brauchen sie eine Anleitung dazu, um das zu wissen? Unter welchen Umständen macht Entwicklungszusammenarbeit wirklich Sinn?

Wie steht es um den sozialen und wirtschaftlichen Fortschritt Afrikas und wo geht die Reise hin?

Mit dieser Frage beschäftigt sich der Africa Progress Report 2012 „Jobs, Justice and Equity", der Anfang Mai 2013 vom Africa Progress Panel[51] herausgegeben wurde. Dem Gremium von Expertinnen und Experten sowie Prominenten gehören unter anderem Kofi Annan und Bob Geldorf an. Es wird zwar ein positives Bild über die Entwicklung gezeichnet, dennoch versagen die Regierungen noch immer, wenn es darum geht, für Verteilungsgerechtigkeit zu sorgen. Besonders Frauen und Kinder in ländlichen Gebieten sind die Leid tragenden. In Afrika können noch immer 30 Millionen Kinder im Schulalter nicht zur Schule gehen. Und jene, die zur Schule gehen können, haben nicht viel Nutzen, weil der Unterricht so schlecht ist. Die afrikanischen Staatschefs und -chefinnen werden in dem Bericht aufgefordert, vor allem den Kampf gegen die grassierende Jugendarbeitslosigkeit voranzutreiben, Rechtsstaatlichkeit zu fördern und für Verteilungsgerechtigkeit zu sorgen.

Charles Dickens, der von 1812 bis 1870 gelebt hat, beschreibt das Leben der Armen. Eine zum Teil drastische Schilderung von Kinderarbeit, Verbrechen und Massenarmut zur Zeit der Frühindustrialisierung. Eine breite Bevölkerungsschicht war nicht mehr in der Lage, für das eigene Auskommen zu sorgen.

Bevor ich mein Projekt gestartet habe, sah das in Guinea noch so aus, wie seinerzeit um 1838 in England.

Heute, fünf Jahre später, bei Beendigung meines Projektes, sieht das in Guinea für das einfache Volk noch ganz genau so aus wie seinerzeit für Oliver Twist & Co: keine Medikamente, keine Spitäler, keine regelmäßige Ernährung, keine Schulen, keine bezahlte Arbeit, keine Sicherheit, keine persönliche Autonomie.

Ich möchte schließen mit den Worten von O. Univ. - Prof. Dr. Roman Sandgruber, Vorstand des Instituts für Sozial -und Wirtschaftsgeschichte an der Universität Linz. Er schreibt in seinem Artikel vom 13. April 2013 in den OÖN: Hauptsache „nachhaltig": . . . Dass Nachhaltigkeit das wichtigste Anliegen jeder Gesellschaft ist, darüber wird man sich leicht einig. Erreichen allerdings kann man sie nur, das lehrt die Geschichte, wenn es einen

---

[51] www.africaprogresspanel.org – es liegt nun auch schon der Bericht 2013 vor

ernsthaften Grundkonsens darüber gibt und die entsprechenden Sanktionsmittel vorhanden sind, um die Einhaltung durchzusetzen.[52]

---

[52] Oberösterreichische Nachrichten (OÖN) vom 13. April 2013. Hauptsache „nachhaltig".

Orts- und Sachregister

Abwirtschaftung 41
Afrika 1, 17, 18, 19, 20, 21, 22, 23,
 24, 25, 26, 29, 33, 34, 35, 37, 41,
 49, 50, 53, 54, 55, 62, 66, 72, 75,
 76, 81, 82, 85, 96, 97, 127, 130,
 133, 134, 151, 155, 158, 167, 173,
 189, 191, 202, 212, 216, 219, 223,
 228, 229, 231, 233, 237, 238, 247
afrikanisch 83, 91, 219, 229
Apotheke 36
Arbeitslosenquote 39
Arbeitslosigkeit 34
Arbeitssituation 13, 37
Armut 17, 19, 29, 40, 41, 43, 57, 127,
 149, 196, 197, 202, 228, 229, 231
Ausbeutung 29, 32
Ausbildung 30, 32, 36, 44, 52, 57,
 76, 137, 147, 162
Bauxit 27, 34
Befragung 65, 67, 68, 70, 71, 116
Belgien 10, 18
Berichte 84, 88, 154, 156, 192, 228
Bevölkerung 22, 23, 24, 26, 27, 28,
 29, 34, 37, 39, 41, 46, 49, 50, 52,
 191, 216, 229
Bewässerungssysteme 38
Bildung 18, 32, 36, 44, 46, 50, 51,
 57, 62, 74, 89, 91, 100, 103, 105,
 110, 120, 124, 144, 198, 232
Blutbad 46
Bodenschätze 29, 41, 231
Botschafter 43
Brunnen 18, 35, 72, 92, 100, 102,
 108, 111
Conakry 1, 13, 14, 16, 23, 26, 27, 28,
 31, 33, 34, 36, 37, 43, 44, 45, 46,
 48, 49, 50, 52, 56, 57, 59, 60, 62,
 63, 65, 66, 67, 68, 70, 71, 72, 73,
 74, 78, 80, 81, 82, 88, 90, 92, 93,
 105, 106, 112, 113, 116, 117, 119,
 128, 129, 130, 132, 134, 135, 137,
 142, 145, 149, 150, 152, 153, 154,
 156, 157, 158, 160, 161, 162, 163,
 164, 165, 166, 168, 177, 180, 181,
 183, 188, 190, 193, 205, 207, 209,
 213, 219, 220, 222, 223, 224, 237,
 238
Container 53, 54, 66, 72, 73, 76, 77,
 79, 80, 83, 84, 85, 92, 98, 100,
 103, 106, 107, 108, 109, 110, 111,
 114, 116, 119, 121, 124, 125, 126,
 136, 137, 151, 182, 187, 188
Demokratie 37, 41, 42, 45, 46, 191
Demonstration 28, 46, 189, 190, 192,
 237
deutsch 41, 42, 43, 88, 154, 190,
 205, 228
Deutschland 26, 43, 44, 228, 229,
 231
Diktatoren 34, 42, 228, 230
Diktatur 41
Einkommenssituation 37
Elend 34, 83
Elfenbeinküste 13, 14, 26
Eltern 14, 31, 32, 36, 51, 69, 91, 149,
 153, 164, 168, 173, 187, 196, 198
Entwicklung 19, 24, 25, 45, 52, 229
Entwicklungshilfe 228, 229, 231
Entwicklungspolitik 228
Entwicklungszusammenarbeit 17, 49
Ernährung 40, 57, 89, 91, 92, 97,
 100, 102, 103, 106, 144, 147, 181,
 232, 241
Erziehung 51, 89, 91, 97, 100, 110,
 120, 124, 144, 159, 232

Europa 47, 64, 68, 78, 136, 147, 148, 166, 168, 181, 183, 191, 192, 220, 223, 224, 228, 232
Europäer 13, 35, 55, 56, 148, 229
Fischerboot 177, 233
Fragebogen 63, 64, 65, 66, 69, 89, 101, 111
Frankreich 34, 46, 49, 158, 190
Franzosen 41, 154
Frauen 30, 35, 38, 45, 50, 55, 62, 69, 73, 74, 83, 89, 90, 91, 98, 99, 102, 103, 105, 108, 112, 125, 134, 137, 143, 144, 157, 159, 177, 178, 193, 197, 207, 209, 220, 223, 232
Geld 14, 18, 21, 24, 29, 40, 55, 56, 58, 59, 62, 64, 66, 68, 69, 70, 71, 76, 78, 79, 80, 93, 95, 96, 97, 98, 100, 106, 108, 109, 111, 112, 116, 121, 125, 128, 130, 132, 134, 136, 148, 152, 153, 154, 156, 157, 161, 162, 164, 165, 167, 168, 174, 177, 178, 181, 182, 184, 185, 188, 194, 196, 205, 207, 210, 219, 223, 231
Geschichte 13, 33, 47, 53, 204, 210, 241
Gesundheit 18, 19, 21, 24, 25, 26, 36, 51, 52, 65, 80, 81, 89, 91, 92, 96, 101, 103, 108, 120, 144, 232
Gewalt 27, 28, 45, 48, 192
Großvater 12, 13, 14, 93, 113, 237
Grundstück 35, 58, 100, 101, 104, 107, 125, 155
Guinea 13, 23, 26, 27, 29, 31, 32, 33, 34, 36, 37, 38, 39, 41, 42, 43, 44, 46, 47, 48, 49, 50, 51, 56, 57, 59, 61, 62, 64, 72, 75, 80, 83, 91, 128, 129, 130, 135, 137, 142, 156, 158, 160, 163, 177, 184, 186, 187, 188, 189, 190, 191, 192, 194, 196, 202, 205, 209, 210, 220, 228, 231, 232, 233, 237, 238, 241

Hafen 34, 84, 92, 124, 135, 136, 178, 179, 180, 184, 185, 188
Haus 14, 16, 37, 40, 56, 57, 58, 63, 64, 73, 74, 75, 76, 77, 80, 82, 88, 93, 94, 95, 97, 98, 100, 106, 108, 110, 111, 113, 116, 121, 124, 125, 129, 132, 133, 136, 137, 142, 147, 148, 149, 167, 174, 177, 181, 184, 193, 197, 202, 204, 205, 219, 226, 232
Hilfe 17, 18, 20, 21, 23, 26, 32, 55, 56, 74, 75, 83, 84, 95, 129, 134, 143, 154, 159, 161, 165, 179, 180, 181, 182, 183, 202, 228, 229, 230, 231, 237
Hilfsgüter 53, 54, 55, 72, 79, 81, 82, 83, 84, 85, 91, 92, 113, 159, 233, 237
Hilfsorganisationen 17, 231
Hoffnung 17, 41, 44, 47, 233
Infrastruktur 28, 34
Isolation
   politische 34, 191
Kanalisation 35, 83
Klima 33
Kolonialmacht 10, 44, 46, 47
Kolonie 26, 33, 41
Kongo 10, 24, 231
Korruption 18, 26, 28, 34, 43, 47, 48, 131, 142, 191, 228
Krankenhaus 26, 36, 45, 51, 66, 89, 90, 92, 95, 96, 97, 116, 157, 232
Krankenversicherung 18, 22, 23, 25, 36
Land 17, 26, 27, 28, 29, 33, 34, 39, 41, 42, 43, 47, 50, 53, 57, 59, 62, 74, 85, 110, 131, 142, 145, 168, 189, 191, 209, 210, 228, 229
Landwirtschaft 18, 37, 57
Leben 10, 13, 17, 20, 27, 28, 40, 41, 50, 61, 74, 101, 102, 124, 129,

132, 133, 142, 158, 165, 183, 220, 223, 228, 241
Lehrer 58, 60, 62, 76, 101, 144, 146, 147, 152, 157, 166, 173, 194, 196, 197, 198, 202, 213, 214, 218, 219, 223
Leichen 45
Liberia 26, 104, 112, 136, 158, 168
Luxus 231
Macht 28, 41, 42, 43, 44, 45, 46, 48, 49, 119, 142, 158, 163, 190, 202, 204
Mädchen 13, 26, 29, 30, 31, 32, 50, 51, 55, 62, 63, 64, 65, 73, 76, 89, 91, 97, 98, 101, 102, 105, 108, 113, 114, 115, 116, 135, 136, 137, 143, 146, 147, 149, 150, 152, 153, 156, 158, 159, 160, 161, 162, 163, 164, 165, 166, 167, 177, 188, 193, 194, 196, 197, 203, 209, 211, 212, 232, 238
Mali 19, 23, 24, 26, 31, 210, 214
Malinke 13, 105, 113, 189, 190, 216, 219, 220
Männer 38, 55, 96, 104, 106, 155, 197, 204, 212, 219
Männerwoche 11, 13
Massaker 44, 45, 49, 154, 160, 163
Massenpanik 45
Medikamente 19, 36, 50, 51, 65, 66, 81, 89, 90, 92, 96, 97, 102, 125, 133, 142, 232, 241
medizinische Einrichtung 36
Militär 26, 41, 49
Militärregierung 44, 45, 49
Moschee 34, 98, 177
Motivation 13, 52, 126
Müllentsorgung 40
Mutter 10, 11, 13, 14, 30, 68, 71, 76, 88, 90, 93, 96, 98, 103, 106, 108, 136, 142, 150, 154, 161, 166, 180

nachhaltig 50, 72, 178, 238, 241, 242
Nahrungsmittel 38, 40
Nahrungsmittelerzeugung 38
Neger 10
Opposition 28, 44, 45, 46, 48, 152, 228
ORF
 Fernsehen 81, 237
Österreich 11, 53, 56, 60, 63, 65, 66, 67, 72, 85, 98, 106, 107, 112, 113, 119, 120, 125, 131, 137, 143, 145, 151, 154, 155, 158, 160, 176, 233
Paris 33, 37, 46, 47, 49, 135, 224
Patenschafter 73, 91, 100, 116, 161
politische 34, 41, 45, 46, 154, 156
Präsident 27, 28, 41, 43, 45, 46, 47, 48, 49, 81, 129, 142, 158, 184, 189, 190, 210, 219
Preissteigerungen 39, 41
Projekt 50, 52, 53, 54, 56, 57, 58, 59, 61, 66, 67, 68, 69, 70, 72, 73, 74, 75, 76, 77, 81, 83, 84, 85, 88, 89, 91, 95, 98, 107, 108, 109, 110, 111, 114, 120, 121, 122, 123, 124, 126, 127, 129, 130, 131, 132, 134, 142, 143, 147, 148, 154, 157, 158, 162, 163, 165, 166, 167, 173, 176, 178, 179, 180, 181, 182, 188, 194, 197, 220, 223, 228, 238, 241
Putsch 41, 42, 43, 48, 49, 155, 158, 189
Ramadan 40, 78
Regenzeit 28, 35, 40, 41, 178
Regierung 22, 27, 28, 29, 31, 36, 39, 41, 42, 43, 46, 58, 67, 116, 120, 155, 191, 219
Reichtum 41
Reis 38, 40, 57, 62, 94, 104, 148, 152, 158, 160, 167, 190, 207, 209, 212, 224, 232

Republik 24, 34, 44, 46, 47, 48, 49, 50, 210
Rohstoffe 27, 28, 34, 41, 47, 128
Ruin 34
Schienenverkehr 39
Schule 14, 31, 32, 36, 57, 58, 59, 61, 62, 63, 64, 69, 73, 83, 85, 89, 91, 92, 97, 98, 100, 101, 102, 105, 107, 108, 110, 114, 116, 124, 126, 134, 136, 144, 145, 146, 147, 149, 150, 151, 152, 153, 154, 155, 156, 157, 158, 159, 161, 162, 164, 165, 166, 168, 174,187, 188, 193, 194, 196, 197, 198, 202, 203, 218, 219, 232, 241
See 1, 184, 247
Sehenswürdigkeiten 34
Selbsthilfe 17, 50, 51, 52, 233
Selbstverwaltung 26
Senegal 23, 24, 26, 72, 167
Sierra Leone 26, 30, 158
Simbaya gare 13, 34, 50, 52, 63, 65, 74, 79, 85, 117, 137, 158, 159, 205, 232
Situation 19, 26, 27, 28, 31, 33, 36, 37, 40, 41, 46, 60, 108, 111, 112, 129, 147, 156, 163, 181, 182, 187, 204
Sklavin 30, 212
Slums 34
Solarkocher 142, 148, 168, 170, 173
Soldaten 44, 45, 46, 152, 157, 229
sowjetisches Vorbild 41
Spendengelder 113, 231, 233
Staat 39, 46, 83, 128, 237
Stadion 43, 44, 45, 48
Straße 35, 38, 39, 41
Strategien fürs Alleinsein 10
Strom 35, 48, 76, 77, 78, 79, 80, 90, 103, 104, 106, 142, 148, 149, 173, 181, 193

Telefon 39, 58, 60, 108, 148, 180, 207
Todesopfer 47
Transparency International 29
Trommeln 12, 13, 53, 54, 81, 82, 83, 85, 95, 189, 212, 237
Übergriffe 41, 48
Überlebensstrategie 10, 142
Unabhängigkeit 22, 26, 34, 37, 41, 44, 46, 51, 184, 190, 237
Unglaubliches 91
Unicef 19
Universitätsklinik 45
Unruhen 41, 186, 191, 237
Untersuchungskommission 28, 46
Veranstaltung 54, 62, 72, 73, 75, 81
Verbrechen 28, 32, 241
Vergewaltigung 30, 32, 157
Verkehr 34, 39
Versicherung 18, 19, 20, 21, 22, 24, 25, 179, 185, 188
Versorgung 41
Wahl 41, 43, 48, 184
Währung 39, 77, 82, 179
Wasser 16, 28, 30, 35, 40, 41, 48, 78, 79, 80, 89, 93, 94, 102, 103, 104, 105, 112, 136, 149, 173, 185, 211, 220
Welthungerhilfe 229
WHO 19, 231
Wohnung 37, 57, 74, 117, 133, 147, 148, 164, 207
Yattaya 34, 135, 136, 137, 142, 194, 232
Ziel 18, 19, 25, 26, 32, 50, 51, 62, 70, 83, 98, 107, 110, 113, 120, 122, 124, 125, 134, 143, 145, 158, 161, 176, 193, 218

Zum Buch: Afrika

Afrika ist wie die Oberfläche eines trüben Sees. Du kannst nicht auf den Grund sehen. Selbst Leute, die den See kennen, werden Dir gegenteilige Aussagen machen über die Tiefe des Wassers. Du kannst nicht wissen, ob es Steine unter der Oberfläche gibt, oder ob das Krokodil unter den Büschen lauert.

In diesem Buch lesen Sie, wie es zum Projekt kam. Über die Anstöße des Mentors, den ersten Besuch in Afrika, die Geschichte einer jungen Mutter und verschiedene Berichte, die Robert Stöckler am Beginn des Projektes gelesen hat. Erst nach der Beschreibung von Guinea und der Situation in diesem Land erfahren Sie in Tagebuchform, wie er das Projekt angelegt hat und was dann erfolgt ist. Dazwischen die Aktivitäten in Österreich.

Am Schluss wird das Ergebnis aus diesem Projekt beschrieben. Über die Stärkung des Bewusstseins, die Übernahme des Schulgeldes für bis zu 130 Mädchen, die Errichtung und Installierung der Österreichischen Schule in Conakry, die französische Schule in Baro, die Beiträge zu Gesundheit und Ernährung. Außerdem wird über die Anschaffung eines Fischerbootes und den Umgang mit Solarenergie berichtet.

Sie finden Informationen, wie das Projekt in Österreich angegangen wurde, von der Entwicklung eines Logos und der Schaffung einer Homepage. Es gibt Auszüge aus den unzähligen Zeitungsartikeln, die in Österreich erschienen sind, auch über einen Bericht im OÖ Fernsehen werden Sie lesen.

Das neue Buch von Robert Stöckler erscheint im Frühjahr 2017:

Gescheitert und noch immer nicht gescheiter?

Nachforschungen über Entwicklungshilfe in Medien

1955 – 2007

Von „**Frankreichs Rüstungsprojekt in Guinea** 12. 1. 1955) Doch Frankreichs Zeit ist abgelaufen." über die Bilanz „**Der Weg in die Freiheit** (22. 5. 2007) Die koloniale Herrschaft hatte in den afrikanischen Ländern lediglich eine unterentwickelte Staatlichkeit hinterlassen. Die afrikanischen Politiker erbten gleichsam ein Haus ohne Fundament."

2007 – 2016

und „**Schwarz oder Weiß – Sinn oder Unsinn von Entwicklungshilfe in Afrika** (August 2007) Sämtliche Extremforderungen, wie beispielsweise nach vollständiger Abschaffung der Entwicklungshilfe in Afrika, sind sicherlich ebenso unsinnig, wie die unkritische Fortführung der Entwicklungshilfe der letzten fünf Jahrzehnte." bis zum UN-Missbrauchsskandal „**Soldaten sollen Mädchen zu Sodomie gezwungen haben**" (1. 4. 2016) Es ist wirklich ungeheuerlich."

Interessiert?

Kontaktieren Sie den Autor unter robert@stoeckler.at